종말이 오면 지구는 잔혹하게 파멸되고 구원받은 사람들은 하늘로 올라가는 것일까? 기독교인들은 죽은 자는 천국으로 갔다고 생각한다. 그러나 반대로 예수의 재림을 믿으면서 예수는 이 땅으로 다시 온다고 믿는다. 그렇다면, 사람들은 이 세상을 떠나가고 예수는 이 세상으로 돌아오는 것이다. 켈러에 따르면, 구원받은 자들이 이 땅을 벗어나 위로 들려 빨려 올라감을 뜻하는 "휴거"는 요한계시록에 없다. 세계는 파멸되고 사람이 하나님에게로 가는 것이 아니라 하나님이 이 세계로 내려오셔서 이 세계를 새롭게 창조하신다. "보라, 내가 모든 것을 새롭게 한다"(계 21:5). 켈러는 이 말씀을 하나님께서 이 세계를 **대체**(replacement)하지 않고 **갱신**(renewal)하시는 것으로 읽는다. 이것은 자연세계를 철저히 회복하는 것이지, 초자연적인 대체를 의미하지 않는다. 그녀에 따르면, 요한계시록은 새로운 **것들**(things)을 만들어내는 것에 대한 기록이 아니라 모든 것을 **새롭게**(new) 하는 것에 관한 기록이다. 신적인 공간은 탈우주적 공간이 아니라 우주적 공간이며, 새 예루살렘이 땅으로 내려오는 것이다.

— 이찬석 (협성대 조직신학)

이 책은 경이로운 책이다. 감동과 놀라움의 연속을 경험하게 한다. 단순히 요한계시록을 생태-정치적으로 읽고 오늘의 세계가 당면하고 있는 기후위기에 대응하라는 교훈을 넘어서기 때문이다. 저자는 '묵시종말론을 지워버릴 수 없다면, 그것에 대해 **마음을 집중해야 한다**'고 주장한다. 마음 집중을 통해 묵시적 종말론의 은유들의 의미가 되살아나온다. 은유의 상징들은 파멸이 아니라 새로운 생명 세계를 향하는 멈춤의 기회로 받아들여진다. 생태학적 자살을 넘어 새 하늘과 새 땅, 공생공락(共生共樂)의 삶의 축제성을 향하는 미래를 꿈꾸게 한다. 그것이 요한계시록을 제대로 이해하는 길이기 때문이다.

— 홍인식 (한국기독교연구소)

인류문명이 초래한 생태계 파괴로 인해 인간 자신이 멸종위기종이 된 시대에, 희망을 말하는 것 자체가 기득권자들의 자기 합리화이며 집단적 저항을 차단하는 수단처럼 보인다. 기독교가 착취와 파괴의 구조악에 편승한 채, 자신들만 초자연적으로 구원받는다는 거짓 희망과 탈정치적 평안을 불어넣는 혹세무민의 종교인지 아닌지 판가름할 기준은 특히 계시록 해석에 달려 있다. 동방교회에서 아직도 예배 중에 계시록을 읽지 않는 이유는 '하느님의 어린 양'의 **잔인성**(계 19장)이 예수와 바울의 **자기 비움**(*kenosis*)을 뒤엎기' 때문이다 (Karen Armstrong 2019: 228-9). '로마제국의 잔인성과 영원함에 대한 **정반대와 대안적 미래**'로 고백된 '**처형된** 어린 양'이 이처럼 정복자와 대량학살자가 된 것은 초대교회가 너무 처절하게 박해받은 결과일 게다. 이처럼 학살당한 공동체가 꿈꾸었던 최후승리를 문자적으로 읽는 제국주의적 기독교는 **심판과 폭력의 종교**가 되기 십상이다. 이 책은 계시록에 대한 전통적 해석이 초래한 근본주의자들의 승리주의와 폭력, 그리고 자유주의자들의 절망과 체념에 맞서, 인류의 **마지막 희망**의 신학적 돌파구를 여는 책이다. 한강의 소설들처럼, 아이들까지 학살당한 극한적 고통을 견디는 저자의 몸부림이 절절하다. 그 고통을 통해 얻은 믿음과 연대가 우리를 치유하기 시작하며, 대량학살 시대의 절망을 돌파하는 계시록의 믿음이기 때문이다.
— 김준우 (무지개신학연구소)

저자가 포착한 요한계시록의 일곱 장면 가운데 하나는 해산의 진통을 하는 여인이다. 이 여인의 진통에서 기후위기 시대의 아픔을 보고, 그녀의 투쟁에서 묵시적 현실의 마지막 기회를 찾는다. 가부장적 힘의 문명이 간과해 온 요한의 비전, 로마제국의 잔인한 어둠 속에서 그가 본 '태양을 입고 달을 밟고 열두 개의 별이 박힌 월계관을 쓴 여인의 우주적 산고'는 이 책에서 시적인 언어를 입고 오늘의 위기와 모험으로 재연된다. 잡힐 듯 말 듯 이어지는 리듬을 타고 증폭된 상상력은 놀랍게도 현실을 절대 놓치지 않는다. 용을 피해 달아나는 이 여인의 몸부림치는 가능성을 광야에서 그녀와 함께 하는 사람들이 살려낼 수 있을까? 저자는 묻는다. 이 묵시종말적 현실에서 과연 어떤 새로운 백성이 태어나며, 어떤 투쟁이 이어질 것인지.
— 김희헌 (향린교회 담임 목사)

이 책은 과정신학자이고 여성신학자이며 정치신학자로 알려진 저명한 신학자 캐서린 켈러가 읽는 요한묵시록에 관한 해석이다. 묵시적 종말론은 더 이상 가망 없는 현재를 **닫고** 도래할 종말의 시간을 이야기하는 담화 양식을 가리킨다. 통념상 그렇다. 이런 통념에 따르면, 묵시적 종말론을 말하는 지금은 **예외상태**다. 사회가 지탱되는 한 필요불가결한 법의 효력도 정지시키는 상태다. 독일의 법학자인 카를 슈미트는 그러한 통념적인 묵시적 종말론적 신학을 '정치신학'(Politische Theologie)이라고 불렀다. 그의 이런 정치신학적 문제인식은 예외상태의 정치적 형태로서 나치체제를 지지하는 것으로 나타났다. 그런데 캐서린 켈러는 묵시적 종말론의 예외상태 해석에 반대한다. 묵시적 종말론은 비루하기 짝이 없는 현재를 **폐절**시키고 도래할 미래가 아니라, 그런 현재라는 땅을 굳건히 밟고서 도래할 미래를 이야기한다. 비루한 현재는 밑바닥으로 떨어진 존재들(the undercommons)로 가득하다. 사람만이 아니라 자연 환경도 그렇게 나락으로 떨어졌다. 켈러는 이처럼 밀려난 존재들의 상생적 연대, 그런 존재들의 꿈을 말하는 것이 묵시적 종말론이라고 주장한다. 하여 이 책에서 우리는 언더클래스화된 세계의 민중들, 자연 환경과 그 속에 사는 모든 존재들, 그리고 기후까지 연결된 **새로운 상생의 정치신학**을 접하게 될 것이다.
— 김진호 (제3 그리스도교 연구소)

"도대체 왜 기독교 역사의 대부분을 통해서 대부분의 기독교인들이 믿었던 신앙이 단순히 **삶 자체**(*life itself*)에 대한 희망이라기보다는 **내세**(*afterlife*)에 대한 희망인가?"(1994: 331). 몰트만이 〈희망의 신학〉에서 주장한 현실변혁적 종말론을 구체화한 켈러의 이 질문은, "마지막 또는 궁극"을 뜻하는 종말(*eschatos*)에 관한 신학적 논의를 획기적으로 바꾸어놓은 질문이었다. 이 질문을 통해 켈러는 휴거와 영혼부활과 천국 같은 **내세 중심의 종말론**에서부터, **현재의 생명 중심의 종말론**으로 그 방향을 전환시켰기 때문이다. 인류가 집단적으로 당면한 핵전쟁과 기후위기 때문이다. 켈러에게 신앙과 신학은 불의한 현실을 포기하고 내세로 **도피하는** 것이 아니라, 희망을 찾기 어려운 현실을 마지막 순간까지 **치유하는** 것이기 때문이다. 켈러가 특히 계시록의 묵시종말론과 계속 씨름하는 이유는 그 묵시종말론 담론이 매 시대마다 다른 모습으로, 즉 도착적으로 혹은 퇴행적으로 정치적 남용을 겪기 때문이다. 진보와 보수를 막론하고 말이다. 그 와중에 망각되는 것은 우리가 매 순간 종말을 맞이하면서, 새로운 시작을 개시하고 있다는 가장 평범하면서도 가장 순수한 진실이다. 계속되는 팬데믹 사태와 기후변화, 그리고 생태 위기가 가중되는 시대, 여섯 번째 대멸종이 이미 진행되고 있는 시대에 '종말'이 정말로 무엇을 의미하고, 또 교회는 지금 무엇을 해야 하는지를 이 책을 통해 정독할 필요성이 여기에 있다. 그 종말의 기호들은 모든 것이 멸망하고 파괴될 것을 예언하는 대신, 자본주의의 폐허 아래서 피어나는 버섯의 생명력(안나 칭)을 가리키는 것이 아닐까? 우리가 실패해왔던 문명의 노력들을 가리키며, 새로운 시작을 준비해야 한다고 말하는 것이 아닐까? 이 책이 종말론적 언어로 위기를 강조하며, 생태운동을 촉진하려 해왔던 우리들에게 새로운 언어의 가능성을 가져다 줄 것으로 믿어 의심치 않는다.

— 박일준 (감신대)

묵시적 종말에 맞서서

묵시적 종말에 맞서서: 기후, 민주주의, 그리고 마지막 기회들
지은이/ 캐서린 켈러
옮긴이/ 한성수
펴낸이/ 홍인식
초판 1쇄 펴낸날/ 2021년 10월 15일
펴낸곳/ 한국기독교연구소
등록번호/ 제8-195호(1996년 9월 3일)
경기도 고양시 일산동구 고봉로 32-9, 331호 (우 10364)
전화 031-929-5731, 5732(Fax)
E-mail: honestjesus@hanmail.net
Homepage: http://historicaljesus.co.kr.
표지와 장정/ 디자인명작
인쇄와 제본/ 조명문화사

Facing Apocalypse: Climate, Democracy, and Other Last Chances
Copyright © 2021 by Catherine Keller
All rights reserved. Korean Translation copyright © 2021 by Korean Institute of the Christian Studies. The Korean translation right arranged with the author c/o Orbis Books. Printed in Seoul, Korea.

이 책의 한국어판 저작권은 Orbis Books사와의 독점계약으로 한국어 판권을 한국기독교연구소가 소유합니다. 저작권법에 따라 국내에서 보호받는 저작물이므로 무단전재와 무단복제를 금합니다.

ISBN 978-89-97339-77-8 94230

ISBN 978-89-97339-55-6 94230 (세트)

값 16,000원

카이로스 시리즈 03

묵시적 종말에 맞서서

기후, 민주주의,
그리고 마지막 기회들

FACING APOCALYPSE

캐서린 켈러 지음 한성수 옮김

한국기독교연구소

Facing Apocalypse

Climate, Democracy, and Other Last Chances

by

Catherine Keller

Maryknoll, New York: Orbis Books, 2021.

Korean Translation by Sungsoo Hahn

> 이 책은 박영자 권사님(옥인제일교회)의
> 문서선교비 후원으로 간행되었습니다.

Korean Institute of the Christian Studies

목차

두루마리를 펼치기 전에 __ 11

요한의 묵시록 요약 __ 25

1장. 오, 구름들아 펼쳐져라
        요한의 묵시록을 꿈으로 읽어내기 / 29

2장. 슬피 우는 새들
        불타는 나무들, 독소로 물든 바다들 / 75

3장. 땅의 아픔들
        마지막 기회들의 어머니 / 107

4장. 포도주로 복수하기
        거룩하고 치명적인 포도들 / 137

5장. 묵시록의 포르노 여왕
        전 지구적 경제의 지금과 그때 / 173

6장. 말씀으로 무기 삼기
        두 차례 만찬 이야기 / 203

7장. 땅 위에 내려와서
        도시, 나무, 물 / 243

두루마리를 닫고 / 285

감사의 말씀 / 301

일러두기

1. 원서에서는 성서 인용이 모두 *New Revised Standard Version* (National Council of the Churches of Christ, 1989)에서 인용되었고, "K"라고 붙인 곳에선 Craig Koester, *Revelation: A New Translation with Introduction and Commentary*, Anchor Bible (New Haven: Yale University Press, 2014)에서 인용된 것입니다.
2. 번역서는 공동번역 개정판을 참조했으며, 독자들의 이해를 돕기 위해, 원서에 없는 경우에도 요한계시록 본문의 장절을 표기했습니다.
3. apocalypse는 문맥에 따라 "묵시"나 "묵시적 종말"로 번역했습니다. apocalypticism은 "묵시종말론"으로 번역하여, 천지개벽처럼 세상의 철저한 변화를 뜻하는 특수한 묵시종말론보다 훨씬 큰 범위의 일반적인 "종말론"을 뜻하는 eschatology(하느님 나라와 부활, 또는 내세처럼, 현실 체제를 부정하고 획기적인 치유가 일어나는 마지막 때를 위해, 현실 권력에 대한 저항의 신학 담론)와 구별하였습니다.
4. 저자가 이탤릭체로 강조한 것은 이 책에서 **굵은 명조체**로 표기합니다.
5. 요한계시록 자체에 상징들이 매우 많이 나올 뿐 아니라, 저자의 문체가 매우 시적이며 압축적이기 때문에, 특히 평신도들과 젊은이들이 이 책의 의미를 좀 더 쉽게 이해하도록 핵심적 용어들에 영어를 병기하여 강조했으며, 풀어서 설명할 필요가 있는 곳에서는 괄호 속에 설명을 넣었고, 별도로 역자주와 편집자주를 넣기도 했습니다.

두루마리를 펼치기 전에

햄릿: 무슨 소식이라도 있느냐?
로젠크란츠: 주인님, 아무것도 없어요. 그러나 세상은 정직하게
　　되었다네요.
햄릿: 그럼 세상의 마지막 날이 가까워졌군.

― 윌리엄 셰익스피어

　우리가 옛 사람들보다 더 잘 알지 못한다는 것이 아니다. 우리가 더욱 잘할 수 없다는 것도 아니다. 수천 년 전에도, 심지어 세계적 제국들이 등장한 뒤에도, 서로 서로를, 낯선 사람들을, 외국인들을, 전체 피조물을 돌보는 풍토를 실천하는 공동체들이 있었다. 억압 체제를 비난하고, 지구를 새롭게 갱신하자고 선언한 스승들이 기록에 남아 있다. 지금도 그런 스승들이 있다. 우리들 모두가, 아마도 우리들 대부분이 우리의 생물학과 잘 일치해서 살아가고 있지는 않지만, 최근의 생물학에 의하면, 경쟁보다는 협동을 더 좋아한다고 한다. 그런데 도대체 왜 탐욕과 권력은 끝도 없이 승리하는가? 옛날의 그런 스승들 가운데 한 분은 우리들도 섬뜩하게 하는 말로 당시의 전 지구적 경제와 정치를 비난했다. 그는 세상이 더 좋아지기 전에 훨

씬 나빠질 것을 경고하는 긴 두루마리 편지를 썼다. 도대체 왜 우리는 아직도 요한의 **묵시록**(John's *Apocalypse*)이 말하는 어두운 꿈들을 실행하고 있는가?

계시록(Revelation)으로도 알려진 그 책은 그리스도교 성서의 마지막 책으로서, 1세기 말에 로마제국의 일부였던 소아시아 지역의 몇몇 초기 공동체들에게 쓴 편지 형태를 하고 있다. 저자인 요한은 (종종 요한복음서의 저자와 혼동되는데) 아시아의 서쪽 해안에서 좀 떨어진 밧모(Patmos)라는 그리스의 섬에, 자발적이든 아니었든, 유배된 상태에서 이 편지를 썼다. 그는 편지 두루마리에 자신이 알고 있는 세계를 식민지화한 로마제국에 대해 치밀하게 암호화된 언어로 상당히 비판적으로 썼다. 처음부터 많은 신학자들이, 후대의 루터를 포함하여, 그 편지가 갖고 있는 권위에 대해 주저하면서 서로 상반된 감정을 표현했다. 그럼에도 불구하고 그 편지가 표면 아래 감추고 있는 정치성, 풍부한 은유, 집단적인 트라우마(마음의 상처)와 희망에 대한 극적인 단서들로 인해서, 계시록은 그리스도교 정경(cannon) 안에서 클라이맥스의 위치를 차지했고, 사실상 지금도 그렇다.

그 클라이맥스의 의미는 시대에 따라서 종교적 의미에서나 세속적 의미에서 서로 다르게 읽혀져 왔다. 이제 우리 시대에도 독특한 "묵시종말적(apocalyptic)" 클라이맥스로 위협당하고 있다. 기후 대파국이라는 클라이맥스다. 그러나 수십 년 동안 "세계의 종말(the End of the World)"이란 말은 대체로 근본주의자들이나 공상과학 소설의 환상 속에서나 찾아볼 수 있었다. 지난 세기의 핵무기 경고들을 제외하고는, "픽션"이란 딱지를 붙이지 않은 "현재의 묵시종말"은 단지 히스테리에 걸린 것으로 그냥 무시된다. 그러나 모든 신뢰할 만한 자료들은 현재진행형 시제로 "곤충들의 최후(the Insect Armageddon),"

"거주 불능 지구(the Uninhabitable Earth)," "기후 파멸(Climate Doom)" ―그리고 물론 "인류세의 종말(Anthropocene Apocalypse)"―을 선포한다. 1년 전에 서부의 친구들을 방문했다가, 나는 지역신문의 머리기사가 "지구의 미래는 급속히 녹아내리는 그린란드의 얼음 위에 쓰이고 있다."인 것에 놀랐다. 그 기사는 존경할 만한 대기과학자이자 해양과학자의 말을 인용해서, 그 빙하의 녹아내림을 "지구의 종말"로 추정한다.[1] 비록 햄릿(Hamlet)의 비극적인 아이러니는 없지만, 그런 생태학적 선언은 이제 너무 비극적으로 정직하게 보인다.―과학적으로, 공개적으로 말이다. 그러나 지난 수십 년 동안 일반 대중은 그런 "묵시종말적" 경고들에 대해 낄낄거리며 웃을 수 있었다.

그런 낄낄거림은 이제 심각하게 난색을 표하는 것으로 바뀌고 있다. 지난 천년기에 일어난 대로, 나를 떠다밀어서 처음으로 "그리스도교의 세계 종말" 전통에 대해 심각하게 다루도록 만든 것은 핵전쟁의 공포였다. 요한계시록, 즉 요한의 묵시록이 마침내 옳았다는 것이 **아니었다**. 정말 아니었다. 세계 종말에 대한 서구의 오랜 상상이 스스로 성취하는 예언(a self-fulfilling prophecy)으로 작용한다는 것을 나는 깨닫기 시작했다. 즉 그 책의 피에 젖은 이야기가 여러 세기 동안 그리스도교의 폭력과, 이어서 세속적 폭력의 물결들에 대한 정당화를 해왔다는 사실을 깨달았다. 그래서 우리는 1980년대에 〈죽어버린 위대한 지구 행성, *The Late Great Planet Earth*〉의 저자와 매우 친했던 한 대통령을 선택했다. 서로 수소폭탄을 발사하여 자신들이 살아있는 동안, 지구의 종말을 가져올 것이라고 그들은 점잖게 동의

---

[1] "그는 미래보다는 지리적 변화를 가리키고 있다"고 그 신문은 지적한다. See Seth Borenstein, "Earth's Future is Being Written in Fast-Melting Greenland," *The Associated Press* (August 20, 2019).

했다. 그 두 사람 가운데 하나는 핵폭탄을 발사할 단추를 누를 손가락을 갖고 있었다. 미국에서 자유주의적/진보적 신학자들이 그런 묵시적 종말(the apocalypse)과 그 영향들을 무시하고 있는 것 같아서, 나라도 나서게 되었다.

다행스럽게도 내가 〈묵시종말론, 지금과 그때: 세계 종말에 대한 여성신학적 접근, *Apocalypse Now and Then: A Feminist Approach to the End of the World*〉을 끝냈을 때쯤엔 핵전쟁 위협이 다소 완화되었다. 그 연구를 하는 동안, 나는 성서의 이 마지막 책—이 책의 견디기 어려운 결정론, 여성차별주의, 선/악 이원론, 폭력적인 대량 죽음에 대한 예보들에도 불구하고—을 간단히 고려할 가치가 없는 책으로 여길 수는 없다고 깨달았다. 요한계시록에는 급진적인 비전보다 더한 무언가가 있었다. 서구의 인류 평등주의나 혁명 운동들, 민주주의를 위한 투쟁들, 사회주의, 여성의 권리, 노예 해방, 마틴 루터 킹의 "꿈"에 이르기까지, 모두 엄청난 환란과 변혁에 대한 묵시종말적 은유들에서 영향을 받았다는 걸 깨달았다. 즉 "새 하늘과 새 땅(new heaven and earth)"을 향한, 모두에게 정의롭고 계속 누릴 수 있는 삶을 위한 그들의 투쟁에서, 그들은 "새로운 창조(new creation)"라는 고대 유대인들의 예언자 전통에서 그 동력을 끌어왔다. 매우 두드러지게도, 요한의 묵시록과 새 예루살렘을 포함해서 말이다.

그러나 최종적인 파괴와 구원에 대한 그 위험한 희망은 여전히 지속되고 있다.—우파(the right)만 그런 것은 아니지만, 주로 우파에서 그렇다. 그것은 역사와 자연이 직선형 궤도를 따라 움직여, 마지막 종착점(the Last Stop)에까지 내려간다고 상상한다. 그것이 엄청난 문화적 힘을 행사하기 때문에, 종말에 대한 그런 상상은 반복해서 해체될 필요가 있다. 그리고 그런 해체는 세계에 대한 신선한 비전으로부터 제공되는 신학적 대안들을 요구한다. 성별, 인종, 계급, 생태학 등에 관심하는 대안들 말이다. 그처럼 새로 진화하는 이야기들이—오, 그 신랄한 것들이—나로 하여금 신학자가 되게 했고, 아직도 신학자로 남아 있게 한다. 그런 것들은 종교간 서로 배움과 다중적인 세속적 실천들을 행사하는 깊은 다원주의 신학들을 포함한다. 불의를 비난하고 생태사회학적 치유를 선언하면서, 예언자적 담론의 이런 유산들은 지속되고 있다. 그 활기가 넘치는 시의적절함이 지속되듯이 말이다. 어떤 시대든, 어떤 종말이든, 우리는 맞서야만 한다.

그러나 뭔가가 이 새로운 (세 번째) 천년기 초에 섬뜩하게 변했다. 종말은 더 이상 단순한 망상이라고, 종교적 멍청이들의 희망이라고, 혹은 어떤 세속적인 '모두-다-써버리는' 진보의 부산물이라고 빈정댈 것이 아니다. 내가 1996년에 낸 책의 제목에서 "지금과 그때(*Now and Then*)"라는 표현은 약간 잘못되었다. 우리는 전대미문의 특이한 시대를 살아가고 있기 때문이다. 많은 사회적, 정치적, 그리고 생태학적 붕괴는 아직 멈출 수는 있지만, 뭔가 되돌릴 수 없는 것이 결국 이 세계에 진입하고 말았다. 지구온난화로 인해 서서히 온도가 올라가는 것을 측정할 수 있는데, 그 과정은 헤아릴 수 없을 만큼 엄청난 영향을 끼친다. 그게 바로 "세계의 종말"을 가져올 뚜렷한 요소인가? 아니다. 그러나 아마도 "인간 세계의 종말"을 가져올 요소일 수는 있다. 그리고 코로나19 바이러스가 뛰어 들어왔다.—우리 인류의 파멸은 아니겠지만, 미국의 민주주의, 전 세계의 경제, 그리고 전 지구적인 건강이 서로 연결된 불안정성을 폭로하고 있다. 코로나 바이러스가 지구온난화로 생겨난 것은 아니지만, 코로나 희생자들의 발열과 전 세계의 발열은 함께 음산한 집단적인 경고를 울리고 있다. 그것이야말로 **묵시**(*apokalypsis*), 즉 "계시"에 대한 성서의 의미가 될 것이다. 인간들은 서로서로와 비인간인 것들과의 균형에서 벗어나버렸다. 전염병 대유행(pandemic)이 우리로 하여금 이런 묵시적 종말을 **직시하는 데** 도움이 되었을까? 그 경고를 지나치게 언급하는 것과 말할 수 없는 것 사이에서, 그 경고에 대해 과연 주의를 기울이도록 만들었는가?

19세기 초에 가장 반어적인(ironic) 신학자였던 쇠렌 키에르케고르에게 기후변화란 개념이 없었던 것과 마찬가지로, 셰익스피어에게도 그 개념은 없었다. 그렇지만 다른 무대에서 그의 비유적 우화는 예언자적이다: "극장의 무대 뒤에서 불이 났다. 어릿광대가 나와서 관중들에게 이를 알렸다. 그들은 그게 익살이라고 생각했고 박수를 쳤다. 그는 다급하게 경고를 되풀이했지만, 관중들은 더욱 크게 환호했다. 그래서 일반 대중이 그걸 농담이라고 믿고 그 재치에 박수를 치는 가운데 세상이 끝나게 될 것이라고 나는 생각했다."[2] 환경론자들은 종종 자신들이 바로 그런 어릿광대라고 느꼈다.

현재 역사의 무대 속으로 그 연기가 쏟아져 들어오면서, 웃음은 사라지고 있다. 뜨거운 열기가 상승하고 있다. 그러나 정치인들, 즉 탄소 배출로 추진되는 경제를 규제할 수 있고, 대기권에서 탄소를 제거할 그린 뉴딜을 추진할 수 있는 정치인들은 오히려 기후변화에 대한 책임을 미루거나 솔직히 부인해왔다. (전염병학자들의 충고를 무시하는 대통령이 팬데믹 사태로 증거해 보여주었듯이, 과학에 대한 부인이 깊게 또 위험스럽게 퍼져 있다.) 그러는 동안 보다 고귀한 사회적 인물들은 인종적, 사회적, 경제적 불의로 기울어지고 있는

---

[2] Soeren Kierkegaard, *Either/Or,* vol.1, trans. David F. Swenson and Lillian Marvin Swenseon (Princeton, N.J.: Princeton University Press, 1971), 30.

거대한 체제를 만족해하고 있음에 틀림없다. 인간이 아닌 환경에 초점을 맞추는 것은 **비인간적**(*inhuman*)으로 보일 수 있다. 그러나 생태 환경에 참여하는 것을 방해하는 것은 이제 지구온난화에 가장 적게 원인을 제공한 사람들이 최악의 고통을 당하게 만든다는 뜻이다.

기후 부인론(climate denialism, 기후변화에 대한 인간의 책임을 부인하는 입장)이라는 백인들의 소음을 뚫고 나가려는 희망으로 경종을 울리는—그레타 툰베리가 말하는 "공포의 시간(time to panic)"을 알리는—단추를 우리가 이제 눌러야만 하나? 아니면 반대로, 파멸의 날 허무주의(doomsday nihilism)를 회피하기 위해서 보다 긍정적인 목소리를 내야 할 것인가?3) 아니면 그 둘 중 어느 것도 아닌가? 아니면 둘 다 맞는가? "전대미문"의 산불, 홍수, 빙하의 해빙, 집단 이주, 이들 각각의 새로운 등장으로 인해, 우리는 많은 말을 떠벌이고 있고, 또한—우리가 회피하기를 바라는 바로 그곳에서—그 묵시적 종말을 발견할 것이다. 의식을 갖고 하든 아니면 잠재의식으로 하든, 반어적이든 아니면 협박적이든, "예견할 수 있는 미래"를 위해서 묵시적 종말에 대한 수사학은 더욱 강하게 울릴 것이다. 우리 지구의 미래에 대해서 우리가 예견하든, 하지 못하든, 그 옛날 요한의 묵시록의 메아리가 이제부터는 다양한 종교들에 걸쳐서 뿐만 아니라 책임 있는 세속적 담론에서도 점점 더 크게 울려 퍼질 것이다. 이런 이유로 나는 당신들이—**어떤** 종교에 속했든 **아니든** 간에—현재의 이 명상에 함께 참여하여 줄 것을 희망한다.

묵시종말론(apocalypticism)을 지워버릴 수 없다면, 그것에 대해 **마음을 집중해야 한다**. 깊이 주의를 기울여야 한다. 즉, 분별없는 공

---

3) Michael Shellenberger, *Apocalypse Never: Why Environmental Alarmism Hurts Us All* (New York: Harper, 2020).

포나 멜로드라마가 아닌, 그리고 초자연적인 혹은 공상과학 소설의 일탈도 아닌 것으로 읽어야 한다. 묵시록의 실제 의미에 주목하는 것이 현재 그것이 발휘하는 에너지의 방향을 재설정하는 열쇠가 된다. 잘못 판단하지 말라. 그 오래된 묵시적 표현이 지휘하는 에너지들은 여전히 가차 없으며, 모순적이고, 효과적이다. 좋든 나쁘든 그렇다. 그 오래된 예언과 미래 역사 사이의 되먹임 고리(feed-back loop)는 현재를 관통하며 요동친다. 그 본문은, 정지해서 단순히 문자적인 것이 되고 하나의 특정한 최후 실현(마지막 전쟁-대파멸-천년왕국이라는 구원-역자주) 속에 고정되기를 거부한다.

사람들의 이목을 끄는 종교적 소란에도 불구하고, 묵시적 종말에 대한 은유들은 대체로 표면 아래에서 회자되고 있다. 그래서 그 영향들을 표면화하고, 그것들을 의식하도록 만들어 유념하는 것은 예견할 수 있는 미래를 위한 생태학적 대응과 사회적 대응을 위해 반드시 필요할 것이다. 묵시적 종말에 대해 마음을 집중하는 것이 우리로 하여금 그런 대응을 개인적 절망이나 집단적 불가피성 속에서 하지 않도록 막아주며, 무의식적으로 그런 대응이 우리의 경제적 관습들, 민주주의적 혼란과 생태학적 자살로 내닫지 않도록 지켜줄 수 있다. 그처럼 파멸을 향해 스스로 성취하는 예언(the self-fulfilling prophecy of doom)을 멈추도록 할 기회가 우리에게는 있다. 그리고 바로 그런 멈춤, 곧 그 예언의 자체 실현을 중단시키는 행동을 계속하는 것이 단순한 멸절(annihilation)보다 요한계시록의 본래 의미에 더욱 충실한 것이라고 증명될 수 있을 것이다.

고대의 그런 상상을 현재의 역사와 시대적으로 동일한 것으로 간주하는 것이 때로는 한번 잠시 멈추는 시간을 줄 수 있다. 역사를 통해 그렇게 했듯이 말이다. 예를 들어, 요한이 본 파리한 초록색

말은 그 묵시록의 네 번째 기수(horseman)를 등에 태우고, "역병(pestilence)"이라는 비인간적 힘을 방출한다. 전염병들은 자주 세계를 휘젓고 뛰어다녔고, 끔찍한 결과를 낳았다. 요한의 비전(vision) 속에서는, 초록색 말에 뒤이어—하늘에서 극적인 침묵이 일어난 다음에—일곱 번째 봉인(seal)이 열리고, 이는 이 책의 2장에서 보겠지만, 숲들, 바다들, 그리고 맑은 강물들의 파괴를 경고한다. 그 은유들에 **마음을 집중하는** 것은 요한이 **미래의 사실들을 예고하는 것이 아님**(not predicting future facts)을 인정하는 것이다. 그는 아마도 **치명적 패턴들을 폭로하고 있는**(revealing fatal patterns) 것이리라. 우리는 그런 이미지들을 읽으며 명상을 하고, 또 정면 대결한다. 요한의 묵시록을 옛날의 격렬함대로 맞서는 것이 우리 시대의 묵시적 종말을 맞서는 데 도움이 될 것인가? 그렇게 "맞서는 것"은 단순한 인정, 항복, 묵인을 뜻하지 않는다. 그것은 파괴의 세력들과 정면 대결함을 뜻한다. 지나간 기회들, 마지막 기회들이 그럼에도 불구하고 진짜 기회들로 남아 있는 공간의 틈을 만들고, 그 공간을 열어젖히는 것이다.

묵시적 종말이라는 은유—사실, 은유(metaphor)란 말은 너무 나약한데, 그걸 차라리 **변화의 원동력**(metaforce)이라고 부르는 게 좋을 듯하다—는 수천 년 동안 스스로 실행해 왔다. 그것은 종교 운동들과 정치 운동들, 즉 반동적 운동들뿐 아니라 혁명적 운동들에도 영향을 끼쳤다. 그것은 공공연히, 그리고 은밀하게 제시한다. 그것은 환각을 일으키는 다양한 방식들 속에 굴절된다. 때로는 그것의 영향력 범위가 고정된 것이 아니고 미리 결정된 것도 아님을 공격적으로 설교하고, 때로는 암묵적으로 전파하기도 한다. 그 어느 방식도 시들지 않고 지금도 실행되고 있다. 그 변화의 원동력의 역사적 능력과 미래의 불가피성이 주어진 상황에서, 나는 그것들의, 옛날과 최근의 상황들 안에서 그 지난 이야기들의 일부를 교정하는 것이 현재의 의식을 바꾸는 데 도움이 될 것이라고 감히 모험을 하고 있다.

요한의 묵시록은 항상 고대의 상황을 반영한 문서로 남아 있다. 1세기의 계시록은, 정경에 포함되는 것은 말할 것도 없고 아예 "성서"란 개념도 없던 때에 쓰여진 것이다. 그 비전들은 분명히 로마제국 전역에 흩어져 있던 서로 다른 초기 그리스도인 공동체들에서 큰 소리로 낭독될 편지에 포함되기 위해 기록되었다. 요한은 각각의 공동체에 관해 구체적으로 찬양과 비판으로 언급한다. 반(anti)제국주의적 증언의 극적인 형식을 갖춘 그 문서는 유대인들의 묵시종말론 운동, 즉 변두리 극단주의의 일부가 아니라 히브리 예언의 후기 변형이었던 묵시종말론 운동에 속한다. 독일의 한 성서학자가 말했듯이, 묵시종말론은 "모든 그리스도교 신학의 어머니"였다.[4]

그 고대 편지의 상황과 우리 자신의 상황 사이의 되울림(reverb)이 그 책―성서의 역사가 아니라 현재의 명상을 위한 저서―에 깊이 스며있다. 우리는 고대의 그 문서 두루마리를 그 자체를 위해 읽지는 않는다. 그보다는 오히려, 그 문서 자체의 상황을 향한 그 오래된 이미지들이 우리의 상황을 위해 놀랍게 연관성을 갖도록 하고자 한다. 또한 우리가 그것을 읽는 것은 고대의 그 비전들이 현재의 현실들을 **예고하기**(predict) 때문이 아니다. 내가 이를 반복하는 것을 용서하라: **예언**(prophecy)은 **예고**(prediction)가 아니다. 만일 어떤 초현실적 의미에서 그 저자가 예언을 하는 것은 그가 미래를 보기 때문이 아니다. 오직 이미 존재하는 것만을 볼 수 있다. 그리고 미래는

---

4) Ernst Kaesemann, "The Beginnings of Christian Theology," in *New Testament Questions of Today*, trans. W. J. Montague (London: SCM, 1969) 102.

아직 존재하지 않는 것이다. 그러나 깊은 패턴들(deep patterns)은 현재 속에 존재한다. 그리고 그런 패턴들은 오래 동안 지속될 수 있다. 예언자는 인간 문명의 잠재적 패턴을—매우 이상스럽고 비극적인 방식들로, 오늘날에도 여전히 그 자체를 복제하는 패턴을—읽어낸다. 그래서 우리도 그걸 의미 있게 읽어낼 수 있다.

따라서 요한의 묵시록에 대하여, 종교적 신앙이 있건 없건, 혹은 호기심이 있건 없건, 이런 읽어내기에 당신을 초대한다. 긴급한 해석이 필요한 꿈과 같은 것, 음침한 집단적 공간과 시간을 지닌 꿈을 읽어내는 일에 말이다. 섬뜩하게 활력을 지닌 그런 인물들을 다루는 것이 당신으로 하여금 당신 자신의, **우리들** 자신의 악몽들을 정면으로 상대하도록 도와줄 것이다.—그 악몽들이란 예컨대, 수십 년 내에 기후가 강요하는 문명의 붕괴, 대량 이주민들의 증가, 만연한 굶어 죽음, 백인 우월주의, 여러 등급의 파시즘, 지배층들의 도피, 많은 인구의 사멸, 그리고 아마도 이보다 더 나쁜 것들 … 등이다.

과거나 지금이나 예언은 집단적인 상황을 **꿈으로 읽어내는 것**(dreamreads)이다. 이미 벌어진 일들의 패턴들 안에서, 장차 벌어질 수 있는 것에 주목한다. 가능성들, 기회들, 선함과 악함 등에 대해서 말이다. 실현되지 않은 가능성은 꿈과 같은 성격이 있다.—그것은 실상을 그림자처럼 보여준다. 요한의 묵시록 자체는 꿈으로 읽어낸 것들로 가득 차 있다. 그것들을 읽어내면서, 우리는 (현재의) 묵시적 종말을 해몽한다. 예언자적인 은유들로 혼잡스럽고 가려져 있지만, 그 고대의 본문(text)은 여기에서 현재 우리의 상황에 대한 이런 저런 구실(a pre-text)을 한다. 그 오래된 두루마리의 몇 조각들을 읽으면서, 우리는—파멸의 날이라는 진부한 고정관념을 무시하고—그것의 결정적 메시지는 단지 불가피한 대파국의 높은 가능성들만이 아니라 훨씬 더 좋은 가능성들을 지니고 있음을 발견한다.

이 책 〈묵시적 종말에 맞서서, *Facing Apocalypse*〉는 무엇보다도 우선 우리 시대가 묵시적 종말이라는 개념으로부터, 그래서 그 의미에 대한 질문으로부터, 정직하게 회피할 길이 없음을 주장한다. 사회적으로, 정치적으로, 전염병의 대유행으로, 그리고 경제적으로 그 무슨 일이 일어나든, 지구온난화는 분명히 그 변화의 원동력(meta-force) 가운데 핵심이다. 고대의 한 문서가 마침내 "실현된다"는 예고 때문이 아니다. 성서 또는 그 가운데 어느 한 책이 "모든 시대, 모든 장소, 모든 민족에게 항상 참되다"는 이유 때문이 아니다. 진리란 미리 고정된 그 무엇이 아니다. 진리는 불확실성을 배제하지 않는다. 진리는 질문 제기를 환영한다. 진리는 뒤얽힌 관계들의 상황을 초월하는 것이 아니라, 그것들의 의미를 변화시킨다. 만일 진리가 정직함과 관계가 있다면, 그건 맞서는 것(facing)과 관계가 있다.

우리의 집단적 21세기 상황을 그 고대의 1세기 상황과 관계시키면서, 이 책은 생태-정치적 실천의 한 방법으로 읽어야 한다. 많은 관상 수행처럼, 이 책은 명상, 상상, 대화를 통해, 그 실현(현실화)을 목표로 삼는다. 실제로 가능한 것을 실현하는 것이 목표다.

묵시적 종말(apocalypse)이라는 표현을 피하는 것—그 진부한 말이나 고어투를 무시하는 것, 그 복수하는 폭력과 가부장적 폭력을 무시하는 것—이 불가능하기 때문에, 일단 그것을 이해할 시간을 갖는 것이 어떨까? 그러면 현재 촌각을 다투면서 사라져가는 이 "시대"를 읽어내도록 도와주지 않을까? 우리 자신에게, 서로 각자에게 시간을 주도록 우리가 도움을 얻을 수 있지 않을까? 서로 각자란, 단지 인류만이 아니라, 광물, 식물과 동물 종류들도 포함할 수 있지 않을까? 우리가 함께 우리 세계를 형성하고 있는 모든 종류를 포함할 수 있지 않을까? 왜냐하면 "세계"란 그 거주자들의 시간적 상황으로서 존재하기 때문이다. 그런 의미에서, 세계들은 거듭 거듭 끝이 나곤 했었다. 즉 정복에서, 노예화에서, 인간의 대량학살에서, 비인간적인 생명체들의 멸종에서 끝이 나곤 했을 뿐 아니라, 급진적인 변화 속에서도 세계들은 끝이 나곤 했었다.

그런 종말과는 뭔가 다른 것이 지금 일어나고 있다면, 이런 꿈 읽기가 계속 표면화시키는 것은 그 모든 다양한 "세계들"이 있는 하나의 지구가 지금 뒷걸음치고 있다는 것이다. 지구가 헤아릴 수 없이 많은 끝냄들, 새로운 시작들, 비상사태들, 새로운 출현들을 통해, 우리를 붙들어주고, 접대해주고, 항상 우리 인간들에게 바로 잡아줄 새로운 기회를 주는 능력을, 우리는 너무도 오랫동안 예상할 수 있었다. 인간들은 그들 자신의 세계, 땅, 친족, 국민의 이름으로 온갖 종류의 잔학행위들을 저지를 수 있었다. 그러나 우리는 인간답게 거주할 수 있는 지구 행성을 적어도 당연한 것으로 여길 수 있었다. 그 당연한 일이 사라져가고 있는 것처럼 보인다. 임박한 기후 재앙이 우리에게—종말의 시간이 아니라—여러 마지막 기회들의 시대(a time of manifold last chances)를 가져왔다. 그래서 묵시적 긴박감이 인간 투쟁의 폭넓은 범위에 걸쳐 새로운 방식으로 맥박치고 있다. 흑인의 생명들이 소중하다(Black Lives Matter) 투쟁 그룹은 "변화를 위한 마지막 기회(Last Chance for Change)"란 표지판을 들고 행진했다.5)

햄릿(Hamlet)의 아이러니가 우리에게 다시 두 배로 다가온다. 세계는 경로를 바꿀 용기를 갖기에 충분할 만큼 정직해질 것인가? 너

---

5) Chris Libonati, "Last Chance for Change Marchers Attract a Sudden Following: Where It Will Lead?" *Syracuse* (June 7, 2020).

무 늦게? 우리를 깨워 일으키는 것이 우리를 구출할 것인가?

그럼에도 불구하고, 어떤 최후의 날을 우리가 직면하고 있을지라도, 신약성서에서 사용된 '아포칼립시스'(apokalypsis)는 "세계의 종말"을 뜻하지 않는다. 시간은 끝났고 빛은 꺼졌다거나 창조세계를 폐쇄한다는 뜻이 아니다. 그와는 반대로, 그 뜻은 (세상을) 닫아버리는 것[閉鎖](close)이 아니라, 닫혀있던 것을 **드러낸다**[露出](dis/close)는 뜻이다. 닫혀있던 것을 열어젖힌다(open)는 뜻이다. 원래는 그 단어가 옛날에 신부가 베일을 벗는 성적으로 긴장된 순간을 뜻했다. 그처럼 에로틱한 변화의 원동력이, 요한의 여성화된 마지막 표징인 "새 예루살렘"이라는 환희에 찬 유토피아에 들어 있었다. 묵시종말을—그때와 지금에—벗겨내는(uncover) 것은 감동어린 여러 의미의 층들을 열어 보이는 것이다. 비극적인, 그리고 애도하는, 분노에 찬, 잔치판의, 희망적인, 그리고 아이러니한 의미의 층들을 말이다.

우리는 요한의 묵시록의 환등기처럼 변하는 이미지들을 마치 거대한 꿈처럼 읽어낼 것이다. 우리는 심지어 전 지구적 악몽이 괴상하게 매혹적인 가능성을 향해 뒤틀리는 것을 관찰할 수도 있을 것이다. 나는 고대의 비전들을 그린 그림자가 많은 책에 대한 어떤 해몽이 우리 사회의 집단적인 질병, 우리 인류의 환경-**정신적**(environ-mental) 질병을 마술적으로 고쳐낼 것이라고 주장하는 것이 아니다. 인류의 긴장상태와 트라우마들, 그 과거에서 본 미래들과 실패한 희망들 가운데서, 고대의 그 두루마리가 어쩌면 마지막으로 그 고대의 상황 속으로 녹아들지도 모른다. 그러나 그 과정에서 바로 그 매우 오래된 것이 우리로 하여금 현재 우리가 공유하고 있는 긴장, 즉 우리 지구 행성 거주자들에게 엄습하고 있는 긴장 속으로 차츰 더 깊이 내려가 보도록 우리를 도울 수 있을 것이다.

요한의 묵시록 요약

　　이 책은 일곱 장으로 전개되는데, 각 장은 요한의 묵시록의 특별한 인물을 직면한다. 옛날 그 두루마리 순서대로 따라갈 것이지만, 모든 걸 남김없이 세밀하게 분석하지는 않을 것이며, 그 문서 자체를 위해 설명하지는 않더라도, 우리의 현재를 위해서 동일 시간적 이야기로서 따라갈 것이다. 독자들이 요한계시록에 친숙할 것이라고는 예상하지 않기 때문에, 그 책 자체의 이야기를 아래에 간단히 요약하고자 한다. 요한계시록의 스물두 장이 이 책에선 일곱 가지 상징들로 요약된다. 그러나 이런 개요는 그 묵시록을 현재의 해몽(꿈을 읽어내기)의 배경으로—윤곽이 아니라—요약할 것이다. 독자들은 언제든지 그 성서 이야기에 대한 더욱 분명한 내용을 점검해보아도 좋을 것이다. 물론 독자들이—구체적인 장절들이 일관되게 표기된—원본을 확인해보는 것도 환영한다.

　　이 문서는 기원후 1세기에 새로 생겨난 일곱 개 회중들에게 보낸 편지로 쓰여졌다. 회중들 모두가 로마제국 백성들이었기에, 밧모 섬의 요한은 로마제국에 대한 비판을 이해하기 어려운 고대의 상징으로 암호화했다. 히브리 예언자들인 이사야, 아모스, 다니엘, 에스겔 등의 전통 속에서, 요한은 그의 메시지를 여러 비전들의 내용으로 전달한다. 요한은 그런 꿈과 같은 이미지들을 스물두 장에 걸쳐서 펼친 이야기들 속에 압축해서 쏟아 내었다. 참조의 편의를 위해서, 나는 여기에 그 비전들의 순서를 일곱 개의 표징들(signs)로 분리하여, 이 책의 장들을 형성하기로 했다.

1. 자신을 "알파요 오메가"라 선언하고 "구름을 타고 오시는" 분은 "사람같이 생긴 분"(1:7-13)처럼 보인다. 요한이 편지를 보내는 공동체들에게 인사와 권면의 말을 한 뒤에, 비전들이 나타난다: "하느님의 옥좌"가 나타나고, 장로(원로)들과 또한 "네 마리 생물들"로 둘러싸여 있다(4:1-11). 그리고 일곱 개 봉인을 지닌 두루마리가 나타나는데, 이는 오직 "유다 족속의 사자(Lion)"만 열 수 있다. 그러나 사자 대신에 양(죽임을 당한 것처럼 보이는)이 그 영광을 맡게 된다. 처음 네 개의 봉인을 각각 열었을 때, 서로 다른 색깔을 한 말이 나타나서, 다양한 폭력, 불의, 그리고 역병을 가져온다. 전 세계를 황폐하게 만든 진노가―14만 4천 명의 하느님의 종들이 보호되도록 "도장을 찍는" 동안―계속되다가, 마침내 일곱 번째 봉인을 열기 전에 "하늘에는 침묵"이 흘렀다(6장-8장).
2. 이제 일곱 천사들이 나팔을 들고 나타나, 각자가 나팔을 불 때마다 일곱 가지 장면이 순서대로 드러난다. 첫 번째 나팔이 울리자 "나무들의 1/3이" 불타고, 바다 생물의 1/3이 죽고, 물이 독성이 되고, 그리고 지진, 연기, 하늘과 땅이 불에 탄다(8장, 9장). 또 한 차례 침묵이 흐르고, 요한은 작은 두루마리를 받아 삼키라는 명령을 받는데, 그 두루마리는 입에는 달지만 배에는 쓴 맛이 난다.― 그리고 좀 더 예언이 있다(10장). 마지막 나팔이 울리자 "하느님의 진노"가 내려 "주님의 종 예언자들과 성도들과 대소를 막론하고

주님을 공경하는 자들은 상을 받고, 땅을 파괴하던 자들은 파괴된 다"(11:18).

3. 이제 "하늘에는 큰 표징"이 나타나서, "한 여자가 태양을 입고 달을 밟고 별이 열두 개 달린 월계관을 머리에 쓰고" 나타나는데, "뱃속에 아이를 가졌으며 해산의 진통과 괴로움 때문에 울고" 있다(12:1ff). 큰 붉은 용이 나타나는데 일곱 머리를 가졌고, 하늘의 별 1/3을 휩쓸어 땅으로 내던진다. 또한 그 해산하려는 여자가 아기를 낳기만 하면 그 아기를 삼켜버리려고 그 여자 앞에 지켜 서 있다. 마침내 그 여자는 아들을 낳았지만, 별안간 그 아기는 하느님과 그분의 옥좌가 있는 곳으로 들려 올라갔고, 그 여자는 광야로 도망을 친다. 그래서 그 큰 용은 그 여자에 대하여 화가 치밀어서, "하느님의 계명을 지키고 예수를 위해서 증언하는 일에 충성스러운 그 여자의 남은 자손들"(율법과 예수의 추종자들)과 싸우려고 한다(12:17).

4. 이제 그 용은 바다에서 올라온 머리가 일곱 개 달린 짐승 및 땅에서 올라온 또 다른 뿔이 두 개 달린 짐승과 합하여, 모든 인간들로 하여금 첫 번 짐승을 우상으로 경배하도록 강요하고, 이마에 "666"이란 낙인(mark)을 찍게 한다(13:18). 천사가 땅 위에 낫을 휘둘러 땅의 포도를 거두어가지고 하느님의 큰 분노의 포도주를 만드는 술틀에 던져 넣었고, 포도가 그 속에서 짓밟혀 엄청난 피가 흘러나온다. 또 진노의 일곱 대접(bowls)을 지구 행성 위에 부어서 생태학적으로 치명적인 영향을 주고, 아마겟돈(Armageddon)에서 전투와 진노의 폭풍이 일어난다(15장, 16장).

5. 그 일곱 대접을 천사가 요한에게 가져와서 "세상의 왕들이 음란한 여자와 더불어 간통했고, 땅에 사는 사람들이 그 여자의 음란

의 포도주를 마시고 취했다"고 심판한다(17:1-3). 새로운 "큰 도성 바빌론"은 일곱 머리 달린 붉은 짐승을 타고 있었는데, 그 짐승이 음란한 여인을 벗겨버리고 불에 태워버린다(17:16). 통치자들은 애통해 하고, 바다와 땅의 상인들도 "이제는 그들의 금, 은, 보석과 사람의 목숨들을 포함한 상품을 사줄 사람이 하나도 없기 때문에, 그 여자가 망하는 것을 보고 울며 슬퍼한다"(18:11-13).

6. 새로운 도성 바빌론이 망한 것을 두고 축제가 열리고, 이어서 "어린 양(the Lamb)의 혼인잔치"가 열린다. 그러나 짐승들과 용에 대한 심판이 뒤따라서, 최후의 진노의 전투 가운데서, 또 다른 "하느님의 큰 잔치"가 열린다(19장). 모두에 대한 심판, 순교자들에 의한 1천 년 동안 통치, 최후의 지구상 전쟁, 마지막 뜨거운 심판의 선고, 그리고 "생명책에 이름이 기록되지 않은 모든 사람들에게 두 번째 사망…"이 이어진다.

7. 그리고 마지막으로, 요한은 고통과 죽음이 사라진 "새 하늘과 새 땅"을 보았다. 하느님이 내려 오셔서, 제국 이후 빛나는 도성인 새로운 예루살렘―어린 양의 신부(新婦)―에서 사람들 가운데 함께 계신다(21장). 생명의 강이 그 도성을 통해 흐르고, 그 물은 목마른 사람 모두에게 선물이며, 수많은 생명나무가 "민족들의 치유"를 위한 열매를 맺는다. 요한은 그 축복에다 자신의 마지막 저주를 덧붙인다. 요한계시록은 새로운 축복과 장차 오실 알파와 오메가(Alpha-Omega)의 약속으로 끝을 맺는다(22장).

1장

오, 구름들아 펼쳐져라

요한의 묵시록을 꿈으로 읽어내기

> 보라, 그가 구름을 타고 오신다.
>
> — 요한계시록 1:17

솜털구름이 부드럽게 떠돌고 있다. 구름이, 빛나는 그늘 속으로 햇빛을 휘감아 들인다. 그걸 바라보면, 부드러운 거대한 구름 덩어리가 위엄 있게 변화한다. 마치 휩쓸고 들어오는 것만 같다. 그게 얼마나 빠른지 말할 수도 없다. 계속 지켜보노라면, 구름이 산봉우리 같은 뭉게구름으로 바뀌어, 마치 피부같이 부드러운 검은 색 위에 흰 양털처럼 휘감는다. 혓바닥같이, 칼같이 햇살이 구름을 뚫는다. 구름은 하나의 거대한 털투성이 어린 양으로 변한다. 네 개의 다리를 가진 구름이 장쾌한 위엄을 지니고 부풀어 오르고, 지는 해는 그 양의 털을 뒤덮어 붉게 피를 흘린다.

이것이 바로 요한의 묵시록 속에서 메시아(Messiah)가 처음 세 차례 나타난 것을 풀이하는 한 방식이다.

아니면, 만일 당신이 흥미를 느낀다면, 나는 성서의 장과 절을 인용할 수도 있다. 그렇지만 당신에게 그럴 필요가 있을까? 당신은 때때로 세상에 대해 증대되는 공포를 말하기 위해서 "묵시적 종말"이란 단어를 사용할 것이지만, 당신은 그저 거대한 파국(macro-catastrophe)의 재앙에 대해 흔히 하는 은유를 사용하고 있는 것이다. 당신은 아마도 성서의 계시록을 암시하지는 않을 것이다. 그리고 당신이 성서에 대하여 어떻게 생각을 하든, (당신이 여기까지 왔으니) 당신의 주님을 만나기 위해서 그 구름 위로 들려 올려지고 싶어서, 〈남은 자들, *Left Behind*〉의 광팬일 가능성은 없으리라.1) 우리는 묵시적 종말이라는 대격변의 힘을 제대로 표현할 다른 말을 갖고 있지 않다. 그것은 인류 문명과 지구의 건강에 대한 전례가 없는 위협들을 정확히 포착한 말이다. 어쨌든, "이건 묵시적 종말의 순간이야"라고 말하는 것이 반드시 세계의 끝장을 선포하는 것은 아니다.

아니, 꼭 그런 건 아니다. 경종은 진혼곡이 아니다. 그러나 우리가 알고 있는 세계가 지속될 기회들은 점차 희박해지고 있다. 어쨌든 우리가 기후과학에 대해—우리가 설사 이를 받아들인다고 해도—무얼 알고 있단 말인가? 기후과학을 알지 못하는 사람들은 널리 유행하는 기후변화 부인론(denialism)에 휩쓸릴 수 있다. 그러나 과학을 **인정하는** 많은 사람들이 지금 이유가 있는 허무주의(nihilism)에 빠지고 있다. 그들은 희망을 망상으로 보고 있다. 그래서 우리 인류의

---

1) *Left Behind*, 이는 Tim LaHaye와 Jerry B. Jenkins가 쓴 16부작 베스트셀러 소설인데, 네 차례나 영화로 제작되었고, 요한계시록의 마지막 때에 관한 세대주의자(dispensationalist)의 복음주의적 책읽기로 이루어졌다. 편집자주: 이 시리즈는 미국에서 2004년까지 6,500만 부 이상 팔렸다. Marcus Borg, *Jesus* (New York, NY: HarperSanFrancisco, 2006), p. 4. 또한 이 시리즈는 <레프트 비하인드>라는 제목으로 한국어로도 번역되었다.

자기-파멸이란 소용돌이에 항복하고 만다. 그러나 나는 우리가 살아갈 만한 지구—심지어 인간들을 포함한—의 미래 가능성을 당신이 배제하지는 않으리라고 상상한다. 그 **가능성**이란, 상당히 많은 장애물들이 있음에도 불구하고, 집단적 긴박감이 급격히 증가하게 될 때의 가능성이다. 우리 지구의 비상사태가 전면적 상태로 되기 전에 말이다.

나도 당신들과 함께 있다.

그냥 절망 속으로 빠져들지 않고, 인류라는 생물종의 자살이라는 서서히 진행되는 패턴들에서 벗어나도록 서로를 돕는 것이 우리의 묵시(apocalypse)를 "꿈으로 읽어내도록(dreamreading)" 동기를 부여한다. 그와 함께 요한의 묵시록도 "꿈으로 읽어내도록" 동기를 부여한다. 여기서 소문자 apocalypse는 현재의 위험한 묵시적 상황을 뜻하고, 대문자 Apocalypse는 2천 년된 문서(요한의 묵시록)를 뜻한다. 그러나 왜 우리의 현재진행형 시제를 고대 묵시록의 이상야릇한 초현실주의에 연결시키려 하는가? 묵시록이 이미 우리의 현재 역사 속에서 작동하고 있기 때문이다. 더 중요한 것은, 우리가 그 연결을 읽어내는 것이 집단적 **가능성**을 불러일으키도록 돕기 때문이다. 그 가능성은 매일 매일의 정상성(normalcy)의 표면에서 떠돌고 있지 않다. 또한 우리의 기회들 자체는 우리의 필수적 선택들로서 제공하지도 않는다. 그런 기회들은 점점 더 **마지막** 기회들로 나타난다. "마지막 시간"은 아니지만, 선택의 폭은 점점 좁혀지고 있다.

그 고대의 대본은, 오랜 세월 동안 거짓된 종말 예고들로 이용된 후에도, 그 효력이 아직 남아 있다. 어느 문학비평가가 말했듯이, "묵시록은 그 종말 예고들이 틀릴 수(disconfirmed)는 있어도, 불신 당하지는(discredited) 않는다. 이게 바로 요한의 묵시록이 끊임없이 회복되는 놀라운 탄력성이다."2) 실제로 그 지나치게 익숙한 상투어들, 즉 전사 그리스도(warrior Christ), 최후심판(Last Judgement), 진주문(Pearly Gates, 천국의 입구)과 같은 상투어들 아래에서, 원래의 묵시록이 놀라움을 보여준다. 그건 역사의 한 계획(a plan for history)이라기보다는 우리를 깨우는 꿈(a waking dream)처럼 읽혀진다. 우리는 요한의 묵시록이, 어떻게 해결되지 않은 정신적 트라우마와 실현되지 않은 치유에 대한 (마치 환등기처럼 변하는) 은유들을 통해, 현재 역사의 긴장들 속에—우리의 현재 속으로—틈(돌파구)을 만드는지를 보게 될 것이다. 엄청난 시대착오적 아이러니 속에서 우리가 자신의 슬픔, 관심, 호기심을 우리의 책 읽기 과정 속에 집어넣는다면, 그 과정은 아마 어렴풋하게 묵시록의 비밀을 풀어낼 수 있을 것이다.

고대의 어떤 역사가 어떤 방식으로든 여전히 우리 자신의 역사이기도 하다는 것을 인정하면, 그 암울함은 악몽보다 더 나은 것을 낳는다. 어지러운 가능성의 구름은 그 자체를 드러내는 것처럼 보인다. 그것은 불가능성과 거의 구별되지 않는 것처럼 보인다. 그것은 해피엔딩을 보장하지 않는다. 그러나 그것은 보다 나은 결과들을 초래할 불확실한 기회를 더 높여준다. 바로 이런 기회를 높이기 위해서 우리는 이 책 읽기를 통해, 또 이 책 읽기를 넘어서, 우리가 **묵시종말적 마음 집중하기**(apocalyptic mindfulness)를 실천하는 것이다. 그처럼 희미하게 빛나는 가능성은 밧모 섬의 요한이 고어체로, 또한 현기증 나는 은유들로 쓴 긴 편지인 묵시록을 다시 숙고하는 것을 정당화하며, 심지어 다시 숙고하도록 초청하고 있다.

우리는 요한의 묵시록의 분문과 우리 자신의 상황 사이를 빙빙

---

2) Frank Kermode, *The Sense of an Ending: Studies in the Theory of Fiction* (New York: Oxford University Press, 2000), 8.

돌면서 헤쳐 나갈 것인데, 우리 자신의 상황이 묵시종말적 상황이기 때문이다. 그 옛 문서는 그 자체의 역사적 상황의 위기를 읽고 있다. 그 옛 문서는 우리들의 상황을 알지도 못하고 예고하지도 않는다. 그러나 그것은 그 자체 세계 안의 어떤 패턴들이 우리 자신들의 세계 속으로 위험스럽게, 또한 아마도 비밀을 폭로하듯이 충분히 깊게 지속되는 것임을 알아챈다. 그런 패턴들을 문자 그대로 읽지 않고 **마음을 집중하여 살피는** 것은, 지금의 집단적 위기를 꿈 읽기(해몽)로 읽는다는 뜻인데, 그 방법은 당시의 요한의 묵시록의 은유들—변혁의 원동력(metaforce)—을 통해서다.

1. 아마겟돈 방식으로

요한의 묵시록의 이야기가 지닌 변혁의 원동력은 세속적 영향과 종교적 영향들, 허구적인 영향들과 역사적인 영향들에 불을 붙여준다. 예를 들어, 기후픽션이라는 문학 장르(과학 픽션 sci-fi와 구별하여 cli-fi)에 중요한 발전을 이룬 킴 스탠리 로빈슨의 소설 《2140년의 뉴욕, *New York 2140*》을 생각해보자. "그 시민"으로 지칭되는 22세기의 한 인물이 21세기 마지막에 지구 행성이 겪은 파국적인 해안지역 침수로 인한 두 차례 "파동들(Pulses)"을 빈정대듯이 논평하고 있다:

> 그 모든 것은 21세기 마지막 몇 년 동안 순식간에 일어났다. 묵시종말적(apocalyptic)이라거나 아마겟돈 식(armageddonesque)이라거나, 당신 나름의 형용사를 골라보라. 인간이 초래한 (anthropogenic)이란 말도 그중 하나요, 멸종사태(extinctional)란

말도 또 다른 선택이다. 인간이 초래한 대멸종 같은 표현은 흔히 사용된다. 한 시대의 종말(End of an era)이다. 지질학적으로 말하면, 이는 오히려 한 시대, 기간, 혹은 무한히 긴 시대(aeon)의 종말일 것이지만, 그 과정이 완전히 끝난 뒤에야 해명될 것이기 때문에, 다음 10억 년 동안 받아들일 만한 표현은 아마 "한 시대의 종말(end of an era)" 일 것이고, 그 뒤엔 우리가 이름을 알맞게 다시 지어야 할 것이다.3)

2140년은 안심할 만큼 멀리 떨어져 있다. 마치 수십억 년이 멀리 떨어져 있듯이 말이다. 그 동안에 우리는 그 반어적으로 빈정거리는 시민과 더불어 그 견디기 어려운 것에 붙일 만한 적절한 형용사를 찾을지도 모른다. "묵시종말적(apocalyptic)"이란 단어가 그 형용사들 목록의 맨 처음에 나와도 놀랍지 않다. 연평균 온도를 파멸적으로 몇 도씩 올리는 지구온난화는 이제 미래를 (비소설적으로 말해서) 최후의 파멸로 확인 도장을 찍는 길에 상당히 올라있다: 홍수, 가뭄, 산불로, 동료 생물종들을 끝없이 멸종시킴으로, 백인 우월주의로 증폭되는 인간 대 인간의 조직적 폭력으로, 치솟고 있는 기후에 의한 거주지 이동으로, 그리고 계급적 불의로 치닫고 있다. 환경 대재앙들에 대한 경제적 원인들을 두고서, 그 시민은 이렇게 지적한다: "그토록 적은 수에 의해서 그토록 많은 수에게 그토록 많은 양이 저질러진 적은 일찍이 없었다!" 그가 의미한 바는 불과 몇 도의 온도 상승이 아니라, 탄소로 추진되는 고소득을 위해 기후변화를 부정하는 데 가차 없이 돈을 대고 강요하는 1%의 사람들을 의미한다.

---

3) Kim Stanley Robinson, *New York 2140* (London: Orbit, 2017), 144.

그 소설을 쓴 로빈슨이 등장시킨 인물들 가운데 비록 몇 명은 윤리적이긴 하지만, 종교적인 사람은 아무도 없다. 그러나 "묵시종말적인 것"에 대한 이런 소설적 전개는 역사적 현실에 대해—그래서 또한 그 은유의 원래 의미에 대해서도—종교적 묵시종말론보다도 더 충실한 것으로 드러난다. 그 소설의 사회적 생태론(social ecology)은 결코 신학이 되지 않는다. 그 소설의 마지막을 고려한다면, 나는 그 묵시적 종말이 단순히 닫아버림(shut-down), 인간의 멸종, 혹은 심지어 희망 없는 생태사회학적 붕괴를 뜻하지는 않는다고 말할 수 있다. 〈2140년의 뉴욕〉이 무엇으로 끝나든, 그건 "세계"의 끝이 아니다. 심지어 반드시 문명의 끝이나 도시(civis)의 끝도 아니다. 대재앙들이 초래한 변화들 사이에서, 로빈슨의 주인공들은 고대 세계로 복귀한 생존자들이 아니라, 도시에서 활발히 임시 적응을 하는 자들로 발전한다.

'계시(revelation)'를 뜻하는 그리스어 '아포칼립시스(*apocalypsis*)'는 문자적으로 "베일을 벗긴다"는 뜻이다. 그것은 닫음(closure)이 아니라 노출(dis-closure)을 뜻한다. 즉, 여는 것(opening)이다. 우리의 눈들을 열 기회인가? 요한의 옛 이야기는 늦은 기회들, 마지막 기회들의 미래를 상상한다. 오늘날 기후픽션(cli-fi)의 이야기들, 사실상 기후과학(cli-sci)의 이야기들은 인간들 사이와, 생물종들 사이에, 지구 행성에 비참한 결과들을 가져온 문명의 고질적인 패턴들을 노출시킨다. 점차로 주요 언론매체들이 이런 묵시종말적 정직성을 분명히 드러낸다. 역병의 대유행, 인종차별 반대 투쟁, 정치적 패닉, 그리고 기후 방관하기의 한복판에서, 〈타임지, *Time*〉는 머리기사 제목을 "최후의 단 한 번 기회: 지구 행성을 위한 결정적인 해(One Last Chance: The Defining Year for the Planet)"라고 달았다. 저스틴 워랜드는 "미래에 우리가 2020년을 뒤돌아보면서, 우리가 그 기후 절벽(the climate cliff)을 뛰어내리기로 결정한 해, 아니면 그 마지막 출구(the last exit)를 나온 해라고 말할 것이다"라고 썼다.4) 뒤돌아본다면, 그 뒤에 이어지는 매해도 2020년 못지않게 결정적인 해로 증명될 것이다. 그러나 마지막 기회들의 **묵시**(*apocalypsis* of last chances)는 더욱 그 연관성을 드러낼 것이다. 우리가 정상상태(normalcy)라고 믿고 있는 것의 베일을 벗겨내는 작업은 살 만한 가치가 있는 미래를 위한 선택과 기회를 제공한다.

그러나 잠깐, 우리는 되묻는다. 요한의 묵시록 자체가—그걸 정면으로 직시하자—세계의 철저한 파괴를 폭로하지 않는가? 왜냐하면 "처음 하늘과 처음 땅은 사라졌다. …"(계 21:1)고 하니까 말이다?

2. 오, 구름들아 펼쳐져라!

그러나 나는 아직 요한의 묵시록의 마지막을 드러내고 싶지는 않다. 당신은 끼어들어 말하기를, 거기에는 지속적인 긴장이 없다고 말하겠지. 그 마지막 책(Last Book)은 성서의 끝에 있기 때문에 성서의 마지막 사건들(End Things)을 수행하는 것을 찾아보기는 너무도 쉽다.

그렇다. 종교적 및 세속적 세계의 일반적 용법에서 묵시종말은 대파멸적 종말을 뜻한다. 닫혀 있었던 것이 그냥 노출된다(mere disclosure of closure)는 뜻이다. 자칭 그리스도교 문자주의자들은 그

---

4) Justin Worland, "2020 Is Our Last, Best Chance to Save the Planet," *Time* (July 9, 2020).

들 자신들을 위해서 확실하게 보장된 하늘의 보상(heavenly reward)에로 옮겨가기 위한 (문자적 의미의) 세계 종말을 아직도 기다리고 있다. 신약성서의 마지막 책에 대한 인기 있는 해석들—역사의 새로운 전환기마다에서 그들의 확실성을 재확인하는 해석들—은 그 익숙한 이야기를 상투적으로 들려준다. 즉, 신적인 독재자(the Divine Dictator, 하느님)에 의해서 (물론 우리 자신들에겐 좋도록) 미리 예정되었고 또한 징벌적인 세계 파멸의 이야기라는 것이다. 세계는 종막을 내리고, 선택된 자들을 위한 하늘의 보상을 뜻하는 새 예루살렘이 땅 위로 "내려온다"는 것이다.

책은 그렇게 끝나고, 이와 동시에 시간 자체도 끝난다는 것이다.

그러나 이런 일반적인 생각과 그리스도교 문자주의와는 반대로, 요한의 편지는 문자 그대로, 엄밀하게는(라틴어, *littera*), "세계의 종말(the end of the world)"을 선언하지 않는다. 그 편지는 파국들의 엄청난 소용돌이를 상징적으로 묘사하면서, **특정한** 한 세계의 파멸(destruction of a *particular* world), 즉 특정한 한 문명과 지구 생태계의 파멸을 생생하게 확대한다. 그러나 요한의 묵시록과 세계는 거기에서 끝나지 않는다. 그 마지막 결론에서—그리고 이건 지속적 긴장을 해소하는 것이 아니라, 긴장을 조성하면서—요한계시록은 도시와 땅의 철저한 갱신(radical urban and earth renewal)을 정교한 꿈의 건축물로 세우고자 한다.5)

그러나 우리는 도대체 왜 이제 와서, 최후 파멸을 말하는 고대의

---

5) 7장에서는 계시록 21-22장이 도시와 시골의 이상들 모두, 즉 강들, 생명의 나무들을 그려내는 걸 보여줄 것인데, 그것은 그리스-로마인들의 대체로 시골 이상향들에 대한 비전이 메아리 친 것이었다. See also Eric J. Gilchrest, *Revelation 21-22 in Light of Jewish and Greco-Roman Utopianism* (Boston: Brill, 2013).

구름 속에서 마지막 기회들을 찾고 있는가?

아마도 무엇보다 그 구름을 형성하는 비전들이 그대로 사라지지 않기 때문일 것이다. 그 묵시종말의 언어—찢어진 구름 사이에 보이는 모순을 지닌 언어—를 소환하는 것은 지금으로선 불가피해 보인다. 한편으로는, 특별히 미국에서, 요한의 묵시록을 문자 그대로 읽어내는 복음주의의 깊은 유산이 지속되고 있다.―1844년 10월 22일, 윌리엄 밀러(William Miller) 추종자들(나중에 제7일 안식교도들로 재조직)이 예고했던 예수 재림이 실패한 "큰 실망"에도 불구하고 말이다. 정확한 "그 날과 그 시간"을 더욱 조심스럽게 선포하는 종말에 대한 새로운 예고들은 계속하여 끝도 없이 쏟아져 나왔다. 그들은 종종 베일을 쓰고 또 때로는 베일을 벗, 마음 아픈 수준의 정치적 영향력을 행사해왔다. 예를 들어, 1980년대 근본주의자들이 임박한 "핵전쟁 아마겟돈"을 예상했던 것에 대해, 로널드 레이건(당시 미국 대통령)이 동의한 것처럼 말이다. 그래서 종교-정치적 우파가 주장한 묵시적 종말은, 실현 가능한 집단적 미래를 위한 공적인 투자(복지, 교육과 공공의료 등)를 반대했다는 점에서, 그 후 수십 년 동안에 일어난 일들과 아무 관계가 없다고는 말할 수 없다. 심지어 미국의 이데올로기의 많은 파동들이 노골적으로 아마겟돈 방식으로 나타나지 않았을 때에도 말이다.

그러나 동시에 **다른** 분파는 매우 다른 역사를 오랫동안 옹호했다. 그리스도교 천년왕국론(Millennialism)은 급진적 변혁을 요구하는 데 계시록을 활용해왔다.[6] 억눌린 자들을 위한 정의와 취약한 자들

---

[6] 요한계시록에 대한 종말론적이고 혁명적인 역사에 대한 간단한 해석을 위해서는 Catherine Keller, *Apocalypse Now and Then: A Feminist Guide to the End of the World* (Boston: Beacon, 1996; reprint, Minneapolis: Fortress Press,

에 대한 돌봄에 대한 고대 예언자들의 희망이 유대인들과 그들을 이어받은 그리스도인 후계자들의 묵시종말 운동의 근원이었다: "단지 맺는말에서만이 아니라, 처음부터 끝까지 그리스도교는 종말론이고 희망이다." 이렇게 위대한 희망의 신학자 위르겐 몰트만은 선언했다. "종말론(eschatology)" 전통은 "마지막 것들에 대한 교리"로 잘못 읽혀졌지만, 사실은 "현재를 혁명하고 변혁하는" 희망에 대한 것이다.7) '에스카토스(eschatos)'는 단지 '마지막(end)'만이 아니라 '날카로운 끝(edge)'을 뜻하기도 한다. 이것은 부드러운 희망이 아니라 날카로운 끝(변두리)의 요구이다. 사회 변혁, 즉 "새로운 노래," "새 하늘과 땅," "새 예루살렘"을 위한 사회 변혁의 비전이 초기의 유랑하는 프란치스칸들, 급진적 종교개혁, 독일 농민반란, 퀘이커 교도들의 반체제적 실천, 쉐이커들(Shakers)의 유토피아주의, 사회 복음(Social Gospel)의 행동주의 등을 불타오르게 했다. 그리고 이런 것들은 더더욱 세속적이며 평등주의적 형태를 띠어서, 현대의 민주주의적 혁명과 사회주의적 정치혁명들을 조장하고 유발했다.

처음부터 내내 어떤 그리스도교는 종말론적으로 집단적 현재의 위험한 변두리에 목소리를 맞추어왔다. 몰트만이 몇십 년 뒤에, 우리의 생태학적 미래를 예상하면서 썼듯이, "그것은 이 지구 행성 위에서 살고 있는 생명체들의 위기이며, 그 위기는 너무도 광범위하고 너무도 되돌릴 수 없기에, 묵시종말적이라고 묘사하는 게 적절할 것이다. 그것은 일시적인 위기가 아니다. … 우리가 판단하기로, 그것은 이 지구 위에 있는 피조물들의 생사가 걸린 투쟁의 시작이다."8)

2004), 17를 보라.
7) Jürgen Moltmann, *Theology of Hope* (New York: Harper & Row, 1967), 16.
8) Jürgen Moltmann, *God in Creation: A New Theology of Creation and the Spirit*

그리고 성서적으로 건강한 종말론을 위해 결정적으로 중요한 점은, 그것이 새로운 무엇인가가 "옛 것을 대체하는 것"이 아니라는 점이다. 그것은 "똑같은 '옛 것' 자체가 새롭게 창조되어야 한다는 것이다."9)

(두 번째) 천년기의 끝에서 그 역사를 다시 열어본다는 데 관심을 갖고, 나는 나의 책 〈묵시종말론, 지금과 그때, *Apocalypse Now and Then*〉에서 반동적 분파와 혁명적 분파들 모두에게 끼친 요한계시록의 영향들을 추적했다.10) 그러나 이 새로운 (세 번째) 천년기에서 나는 그 주제로 되돌아가고 싶지 않지만, 묵시종말이라는 표현을 사용하는 세속적인, 침착한, 그리고 과학적으로 잘 조율된 사람들의 목소리로 치솟는 합창을 위해 되돌아가고자 한다. 예를 들어, 내가 이 책의 이 부분을 쓰고 있는데, 또 다른 신문 머리기사가 떠올랐다: "크리스 패크햄(Chris Packham)이 영국에서 생태학적 종말을 경고한다." 이 영국 자연주의자는 "그것은 대재앙이고 그게 바로 우리가 잊어버렸던 것이다. … 우리 세대는 생태학적 종말을 관장하고 있고, 우리는 그것을 어떤 방식으로든 정상적인 것으로 간주해왔다"11)고 썼다. 패크햄은 그가 잘 알고 있는, 코츠월드(Cotswold)의 구비치는 언덕들의 멋진 광경을 묘사한다. "얼마나 많은 야생화들을 우리가 볼 수 있나? 하나도 없다. 분홍색 털이 부푼 진홍가슴새(Robin)는

---

of God, trans. Margaret Kohl (Minneapolis: Fortress Press, 1993), xiii.

9) Jürgen Moltmann, *The Coming of God: Christian Eschatology* (Minneapolis: Fortress Press, 1996), 88.

10) Keller, *Apocalypse Now and Then*, chap. 3, "Time: Temporizing Spaces." See also Ernst Bloch, *The Principle of Hope*, 3 vols.; trans. Neville Plaice, Stephen Plaice and Paul Knight (Cambridge, MA: MIT Press, 1986).

11) Patrick Barkham, "Chris Packham Warns of 'Ecological Apocalypse' in Britain," *The Guardian* (June 11, 2018).

어디에 있나? 노랑 붓꽃들은? 다른 색깔들은 거기에 없다. 그건 초록색이자 상쾌한 것이 아니다.—그건 초록색이지만 불쾌하다."

영국의 독자들은 즉각 윌리엄 블레이크(William Blake)의 시("And did those feet in ancient time")를 암시한 것을 인정할 것이다. 그 시는 다음과 같이 끝난다.

나는 정신적인 투쟁을 중단하지 않겠어,
또한 내 칼이 내 손 안에서 잠들게 하지도 않겠어.
우리가 예루살렘을 지을 때까지는,
영국의 초록색이자 상쾌한 땅 위에.12)

그것은 현대 초기에 요한의 묵시록의 **건설적인** 잠재력을 동원하여 새 예루살렘을 건설하는 것이다. 즉 초록색 도시에 대한 희망은 우리가 요한계시록의 마지막 표징에서 발견할 것이다.

그 칼은? 그렇다. 그 시(詩)는 날카로운 끝을 갖고 있다. 그것은 18세기 영국이 세계를 그 속으로 이끌었던 석탄으로 더럽혀진 자본주의에 대항한다. 석탄 채굴과 산업의 오염이 이미 소름끼치는 수준에 이른 것에 대해, 블레이크는 풍자적으로 묻는다: "그리고 예루살렘이 여기에 지어졌다고? / 이런 캄캄한 사탄 같은(Satanic) 공장들 가운데?" 인간과 환경의 건강에 대한 화석연료의 폭행에 대한 그의 예언자적 고발 속에서, 시인은—현대의 산업혁명에 반대하여—묵시종말적 혁명의 그 변혁시키는 원동력(metaforce)을 동원한다.

---

12) William Blake, *Milton: A Poem in Two Books*, in *Milton: The Prophetic Book of William Blake*, ed. E. R. D. Maclagan and G. B. Russell (London: A. H. Bullen, 1907), xix.

내게 나의 번쩍이는 황금의 활(Bow)을 가져오라,
내게 나의 욕망의 화살들(Arrows)을 가져오라.
내게 나의 창(Spear)을 가져오라: 오, 구름들아 펼쳐져라!
내게 나의 불의 전차(chariot of fire)를 가져오라!13)

이 책은 그런 욕망의 호전적인 날카로움과 어둠 속에 빛나는 구름들을 회피하려고 하지 않을 것이다. 오, 계속해서 펼쳐져라!

패크햄은 블레이크를 인용해, 인간 이외의 우주를 자연의 보호구역 정도로 축소시켜 그 남아 있는 아름다움이 고작 "보존 예술품들이 되는 것"을 슬퍼했다. 우리는 미학적으로 예외적인 것들을 즐기고, 그 나머지 것들에는 무감각해진다. "사탄 같은(Satanic)"이란 말이 정상적인(normal) 것이 되고, 묵시종말은 평상시 그대로 진행된 화석연료 사업에 의해 드리워진 그림자에 불과하다. 그러나 묵시종말은 정상적인 것의 **반대**를 일컫는 말이 아닌가? 문명에 대한 고대의 그 경고하는 상징을 정상적인 것으로 간주하려면, 그 경고를—그래서 그것의 혁명적인 잠재력을—무력화해야 한다. 그래야만 그 대파국이 불가피한 것으로 받아들여진다. 캘리포니아의 폭염에 의한 산불들이 점차 치솟는 패턴들을 직면하여, 주지사는 "새로운 비정상"이라고 선언했다.14) 마찬가지로 지역 활동가 모임을 인도하는 패

---

13) Ibid.
14) "'새로운 비정상'을 준비하라." 그게 바로 캘리포니아 주지사 제리 브라운(Jerry Brown)이, 그 해에, 그리고 이어진 매해에도 그랬듯이, 캘리포니아 주를 휩쓴 치명적인 산불들에 대해 논평하면서, [2018년 11월] 기자들 앞에서 한 유명한 말이었다. 그의 말은 옳았다. 캘리포니아의 최근 위기는 수년에 걸친 기록적인 가뭄과 열파(熱波)에 의해 조성된 것이었다. 나머지 세계도 2018년에는 극단적 기상 이상을 겪었다. 건강과 기후변화에 대한 Lancet 조사기록은, 2000년에 비교해서, 1억 5천7백만 명 더 많은 사람들이 2017년에

크램은 그 대파국을 정상적인 것으로 보지 않고 정면대응하기 위하여 묵시종말적 언어를 동원하고 있다. 생태학적 종말의 언어는 잠을 깨워 일으키는 경종 역할(a wake-up call)을 한다. 흔히 아주 작은 것에 주의를 기울이기 위해서다: 올해는 그의 정원에 단 한 마리의 나비도 없다고 한다. (오 그러나 나는 나의 정원에서 제왕나비를 보았다. 딱 한 마리.)

작은 것이 놀랍게도 큰 것 속으로 물결을 일으킨다. 독일에서 수행한 획기적인 연구보고에 따르면, 전체 곤충들의 76%가 사라졌다고 한다. 그것은 "곤충 아마겟돈(Insect Armageddon)"이라고 불렸는데, 비꼬지 않고 말해서, 불행하게도 25년 동안에 걸쳐 행해진 조사결과로 나타난 것으로서, 모든 것을 과학적으로 너무나 믿을 수 있다. "곤충들은 지구 위에 있는 모든 생명의 2/3를 차지하는데, [그러니] 거기에 모종의 끔찍한 감소가 일어났다."15) 그 원인을 기후변화에만 돌릴 수는 없다. 그것은 주로 농업에서 살충제를 광범위하게 사용한 때문일 수 있는데, 살충제들이 기후온난화와 아직 완전히 알려지지 않은 방식으로 상호작용했을 것이다. 그러나 이 정도는 우리도 이해한다. 즉 "우리는 넓은 토지를 대부분의 생명체들에게 불친절하게 만들고 있는 것으로 보이며, 현재 우리는 생태학적 아마겟돈(ecological Armageddon)을 향해 가는 과정에 있다. 우리가 곤충들을 잃으면, 그 다음엔 모든 것들이 붕괴될 것이다."16) 보다 최근의 연구

열파로 시달림을 겪었나고 한다. See David G. Victor, "Global Warming Will Happen Faster Than We Think," *Nature* (December 5, 2018).

15) Caspar A. Hallmann et al., "More Than 75 Percent Decline Over 27 Years in Total Flying Insect Biomass in Protected Areas," *PLOS ONE* 12, no. 10 (October 18, 2017), doi.org/10.1371/journal.pone.0185809; Damien Carrington, "Warning of 'Ecological Armageddon' after Dramatic Plunge in Insect Numbers," *The Guardian* (October 18, 2017), https://www.theguardian.com

에서, 동일한 패턴들이 남북 아메리카 대륙 모두에서 증명되었다. 따라서 경종을 울리는 입장과는 거리가 먼 〈뉴욕 타임스 잡지〉의 표지 제목이 "곤충의 종말이 도달했다"였다.17) 너무도 별안간, 너무도 작게, 거의 눈에 띄지 않게, 거의 정상적인 것처럼 간주되었다. 그러나 뉴스가 된다.

그런 묵시적 종말들은 과학적 보고들을 통해 그 소문이 점점 넓게 떠돌고 있다. 종교적 괴짜들의 말솜씨가 아니다. 심지어 더욱 작은 영역에로 가서, 원자의 모양에까지 가면, 〈원자 과학자들의 회보, *Bulletin of Atomic Scientists*〉에서 "최후 파멸의 날 시계"를 최근 정보로 갱신한 것을 본다. "묵시종말(자정)의 이미지를 사용해서," 그것은 최근의 새로 고친 정보에서 "핵과학자들의 과학과 안전청의 회보가 오늘 최후 파멸의 날 시계를 자정에 20초가 더 가깝게—그 어느 때보다 자정에 더 가깝게—조정했다. 지금 국제적 안보 상황은 그 어느 때보다 더 위험해서, 심지어 냉전이 절정에 달했을 때처럼 위험하다"고 했다.18) 이는 핵전쟁의 위험19)과 더불어, 이들 물리학자

---

16) 전 세계적으로 곤충들의 숫자가 위험당하고 있다는 증거가 점점 치솟고 있다. 예를 들어, 2014년에 행해진 연구 조사는 전 세계에 있는 추적 감시 장소들 대부분에서 곤충의 숫자가 45%가 감소된 것을 알려주었다. See Rudolf Dirzo et al., "Defaunation in the Anthropocene," *Science* 345, no. 6195 (July 25, 2014):401-6; Paula Kover, "Insect 'Armageddon': 5 Crucial Questions Answered," *Scientific American* (October 30, 2017).

17) Brooke Jarvis, "The Insect Apocalypse Is Here," *The New York Times Magazine* (November 27, 2018).

18) "맨해튼 계획(Manhattan project)에서 원자탄을 개발하는 데 도움을 주었던 시카고대학교의 과학자들에 의해 1945년에 시작된, <원자 과학자들의 회보, *Bulletin of the Atomic Scientists*>는 2년 뒤, 묵시종말론의 (자정) 이미지와 원자탄 폭발의 현대적 관용어(0에 이르기까지 숫자를 세어 내려가는)를 사용하여 인류와 지구에 대한 위협을 알리고자 지구 최후의 날 시계(Doomsday Clock)를 만들었다. 지구 최후의 날 시계의 분침(分針)을 움직이는 (혹은 그

들이 "사이버-조작으로 가능한 가짜정보 운동"을, 특히 지구온난화를 통한 환경의 붕괴라는 극도의 위험과 함께 그들의 계산에 넣었기 때문이다.20) 이처럼 물리학자들은 우리에게 비인간적 생태계와 인간의 정치가 서로 얽혀있음을 알려준다.

다행히도 최후 파멸은 한 방향으로만 돌아가는 시계가 아니었다. 그 시계 바늘이 때로는 반대 방향으로 움직인다. 내가 이 글을 쓰고 있는데, 나비 한 마리—두 번째의 나비 한 마리!—가 최후 파멸의 반대 방향으로 팔랑팔랑 춤추면서 지나간다.

3. 그리고 숫자 놀이하기

묵시종말에 대한 과학적 및 생태학적 세속화는 보통 최후 파멸이 비정상적인 파멸임을 뜻한다. 그런 세속적 담론은 결정론자들의 불가피함이나, 아직 실행되지 않은 불가피함의 반대를 알려준다. 즉

대로 두거나) 결정은 매년 회보의 과학자들과 안전협회에 의해서, 13명의 노벨상 수상자들을 포함한 협회원들과 상의하여 내린다." See Science and Security Board, "Closer Than Ever: It Is 100seconds to Midnight," *Bulletin of the Atomic Scientists,* ed. John Mecklin (2020).

19) 편집자주: 중요한 전략무기 감축협정은 세 가지로서, 요격미사일(Anti-Ballistic Missile) 협정, 중거리핵전력(Intermediate Nuclear Forces) 협정, 그리고 신전략무기 감축협정(New START)인데, 미국은 2002년에 요격미사일 협정을 탈퇴했고, 2019년에는 러시아 국경 근처에 요격미사일들을 대량 배치함으로써 핵전쟁 위협을 증가시켰으며, 또한 중거리핵전력 협정을 탈퇴했다. 트럼프 대통령은 신전략무기 감축협정마저 탈퇴할 것을 강력히 주장했다. Noam Chomsky, *Internationalism or Extinction*, ed. by Charles Derber et al., (New York: Routledge, 2020), 91-93.

20) Dawn Stover, "How Many Hiroshimas Does It Take to Describe Climate Change?" *Bulletin of the Atomic Scientists* (September 26, 2013).

그런 세속적 담론들은 여전히 **피할 수 있음**에 긴급히 호소한다. 그러나 종말에 대한 호소는 문화적 모순으로 긴장된 채 남아 있다. 나는 언젠가 폴 맥과이어와 트로이 앤더슨이 함께 쓴 〈트럼프묵시록, *Trumpocalypse*〉이란 책을 샀다. 2016년 대통령 선거 뒤의 우울한 날 수업 중에 그 책 제목에 대해 나는 동정적인 관점을 상상했다.

그 책은 첫 부분에서 "최후 파멸의 날 시계(the Doomsday Clock)"를 논의하면서 정확히 지적하기를, "대부분의 자유주의자들과 진보주의자들은 트럼프가 정서적으로 불안정하고, 충동적이고 오만하고, 자기도취적이며, 정치적 신념이 거의 파시스트 같은 것을 두려워한다"고 했다. "위대한 지도자들이 종종 지닌 많은 정신적 콤플렉스"를 고려하고, "트럼프가 신앙인의 삶을 살아오지 않았다"는 점을 고려하여, 그 책은 "트럼프는 깊이 자리 잡은 메시아 콤플렉스를 갖고 있는가, 아니면 그가 아무리 결함이 많다고 하더라도 우리가 생각하는 것보다 훨씬 신비한 방식들로 하느님에 의해 사용되고 있는가?"라고 묻는다.[21] 아아, 그 중심 되는 요점! "트럼프와 미국이 최후의 날들에 할 역할에 대해 말해주는 고대와 현대의 예언들이 있는가?"

---

[21] Paul McGuire and Troy Anderson, *Trumpocalypse: The End Times President, a Battle against the Globalist Elite, and the Countdown to Armageddon* (New York: FaithWords, 2018), 10. Hunter Bragg가 내게 말하기를, Mark Taylor가 2017년에 발표한 *Trump Prophecies*라고 부른 더욱 최근의 비망록에서 그 경향은 계속되었는데, 그 책에서 하느님이 테일러(내상후 스트레스장애 Post-Traumatic Stress Disorder=PTSD를 지닌 소방관)에게 말하기를 트럼프는 하느님이 선발하신 대통령 후보자라 Netanyahu가 이스라엘에 하는 일을 트럼프도 미국에 할 것이다. 그것은 나중에 뽑혀서 *The Trump Prophecy*란 영화(2018)로 만들어졌고, 흥미롭게도, 그러나 놀랍지는 않게도, Liberty University가 영화 제작과정에 참여하였다. (Liberty University는 미국 버지니아 주 Lynchburg에 있는 지극히 보수적인 그리스도교대학인데, Jerry Falwell Sr.에 의해 1971년에 설립, 학생 수 11만 명을 자랑한다.-역자주)

여기서 예언(prophecy)은 '예고(prediction)'와 동의어다. 그 책의 저자들은 계속해서 수사학적으로 묻는다: "이들 예언들의 일부가 그다지 멀지 않은 미래에 일어날 파국적 사건들을 미리 말하고 있는가?" 결국 "하나의 '정치적 지진'이 트럼프를 대통령 자리에 앉게 만들었다. —국가를 분열시키고, 국가의 주권을 훼손시킨 8년 동안의 마르크스주의자 좌익 대통령(오바마)의 직책을 정지시키고."22)

이어서 그 책의 저자들은, 대통령 암호(내 짐작엔 핵공격 암호는 아닌 것 같고)를 풀어내어 행정부의 "그리스도교 혁명"을 선포한 프랭클린 그래함 목사(빌리 그래함 목사의 아들)의 뒤를 따른다. 즉 이 대통령은 "백악관에 들어가 온전히 하루를 지난날—2017년 1월 21일—그의 나이가 70년 7개월 7일이 된 수수께끼 같은 인물이다." 우리는 성서적으로 확증된 7이란 수, 영적인 완전성으로 간주되는 7이란 숫자(창세기 1장에서 성서가 7일간의 창조를 말한 것에서 유래된)를 충분히 알지 못하는데, 이제 "이스라엘을 포함한 운명"의 베일이 벗겨진다. 즉 "트럼프가 태어난 뒤 777일에, 이스라엘 나이가 77일이다(트럼프는 이스라엘 건국보다 700일 먼저 태어났다—역자주). 이스라엘의 70회 생일은 트럼프의 70회 생일 뒤 700일이 되는 날이다."23)

나는 여기서 멈추겠다. 왜냐하면 만일 당신이 옛 오바마르크시스트들(Obamarxists)의 하나가 아니라면 당신은 틀림없이 이미 설득되어 요한계시록에서 7가지 징조들의 봉인을 뜯어 현재의 위기에 적용하기 위해, 이 책 〈묵시적 종말에 맞서서, *Facing Apocalypse*〉의 7개 장들과 그 각각의 장의 7개 부분들을 추적하고자 할 것이니까 말이다. 이 책의 저자인 나는 그 이름이 7글자를 3번 (7+7+7) 늘어

---

22) McGuire and Anderson, *Trumpocalypse*, 37, 39.
23) McGuire and Anderson, *Trumpocalypse*, 21.

놓은 (Catherine Keller 15 글자에 중간 이름을 포함하면 21자-역자주) 이름인데, 지금 이 글을 7월 7일 7시에 쓰고 있다.

4. 묵시록에 마음 집중하기

아니면 요한의 묵시록의 신비들을 이미 풀어 해석해서 책으로 팔아먹은 사람들에게 당신은 요한의 묵시록을 그냥 넘겨주고 싶으리라. 그런 책들은 베스트셀러가 된 〈죽어버린 위대한 행성 지구, The Late Great Planet Earth〉로 시작해서 〈남은 자들, Left Behind〉 시리즈를 거쳐, 〈바빌론 코드, The Babylon Code〉, 그리고 〈트럼프묵시록, Trumpocalypse〉 등이다. 계속 수정판이 필요했던 이유는 지구가 아직 끝장나지 않았기 때문이다. 심지어 지구 종말 예언에 대해 유연성 있는 시간표를 가졌던 할 린드세이(Hal Lindsey, The Late Great Planet Earth의 저자)와 핵무기 발사 암호를 손에 쥐고 있는 레이건 대통령이 거룩한 연합을 형성했음에도 불구하고 말이다.

우리는 모든 종류의 최신 수정판들을 계속 지켜볼 것이다. 따라서 우리가 요한의 묵시록을 포기하지 못하는 것은 우리가 지구를 떠나지 못하는 것이나 마찬가지다. 왜냐하면 요한의 은유들은 이제 "땅 위에 거주하는 모든 것들"(계 12:12; 13:8)의 고난과 시련들에 둘러싸여서 나오기 때문이다. 물론 일부는 다른 것들보다 더하다. 그리고 만일 기후픽션과 기후과학이 제시하듯이, 경제적 질서의 "사탄 같은 공장들"이 아마겟돈이라는 정치적 생태론(the political ecology of Armageddon)에 기름을 들어붓는 짓을 속히 중단하지 않는 한, 더욱 돌이킬 수 없는 최후 파멸이 눈앞에 어른거린다. 의심할 것도 없이 칼처럼 생긴 혓바닥, 용, 짐승들, 엄청난 탕녀(great whore), 전투적 메시아와 친구들이 그 불에 기름을 붓는다. 그래서 우리는 그것들에게 우리의 관심을 기울이는 에너지를 쏟기를 중단하고 (또한 이 책을 읽기를 중단하고) 싶어진다. 그러나 그런다고 해서 그것들이 사라지게 만들지는 못할 것이기 때문에, 대신 우리는 그것들과 맞서고자(to face) 한다. 그래서 우리가 나쁜 꿈과 맞붙어 싸워서 다시는 그런 꿈이 되풀이하여 나오지 못하게 하듯이, 그 얼굴들(faces)을 가능한 한 의식하고자 한다. 그러나 모든 것이 우리의 해석에 달려 있다. 말하자면, 그것을 지나치게 읽고 지나치게 가열된 그 변혁의 원동력을 우리가 어떻게 읽어내느냐에 달려 있다.

묵시록과 현재의 묵시적 상황을 읽는 네 가지 서로 다른 방식들을 간단히 고려해보자. 이 책에서는 오직 네 번째 방식만을 진전시킬 것이지만, 그러나 처음 세 가지 독법들을 모두 파악해야 비로소 시작할 수 있을 것이다.

가장 흔한 첫 번째 보통의 읽기(독법)는 이렇다: 우리는 **성서적 예고**(biblical prediction)라는 렌즈를 통해 그 고대의 이미지들을 본다. 그러면 요한의 묵시록의 난폭한 은유적 이미지들이 눈에 들어오고, 미래를 읽는 암호가 된다. 미래는 이미 하느님에게 "알려져서" 전능하신 "그분의" 변함없는 현실로 미리 설정되어 있다. 그 상징들은, 미래에 대한 예고로 간주하는 이런 문자주의에 의해 통제된다. 그러면 (문자적으로) 창조 기간 7일 동안에 "지적으로 설계(intelligently designed)"된 지구의 기후처럼 거대한 것을 인간들이 변경시킬 가능성에 대해선 부인하게 된다. 이처럼 묵시록을 미래에 대한 예고로 간주하는 문자주의는 더욱 오래되고 더욱 장기간의 지구, 아마도 우리들의 지구보다 더 크고 먼 훗날의 지구에 대해선 아무런 관심도 없다. 왜냐하면 지구는 조만간, 매우 빨리—비록 항상 약간 나중이지만—파괴될 것으로 예정된 것이기 때문이다. 이런 읽기 방식은, 정상상태(normalcy)와 세상의 종말(The End) 사이에 대한 인간의 책임은 말할 것도 없고, 다양한 민족들, 전통들과 지구의 갈 길들 사이에 있는 인간의 책임 영역을 알지 못한다.

두 번째 렌즈는 종말 시간에 대한 예고와는 반대처럼 보인다. 즉 현대의 **"할 수 있다"는 낙관론**(can do optimism)이다. 그 공학기술적 발전, 경제성장, 그리고 개인의 자유가 백인 미국 문화에 널리 스며 있어서, 비관주의에 대한 유일한 대안으로 스스로를 제시한다. 그것은, 과학적 및 종교적 최후 파멸과 우울함으로부터 우리를 구원해줄 인간 예외주의(human exceptionalism)를 신뢰한다. 그러나 그런 낙관론의 자본주의적 형태가 그리스도교 우파 형태로 뭉쳐서 수십 년간 기후과학에 반대했던 종교적 우파를 키웠다. 코흐(Koch) 형제들(그들은 원유 생산을 통해 처음 재산을 증식했는데)의 재정적 지원을 받아, "피조물을 보살피는 콘웰 동맹(Cornwell Alliance for the Stewardship of Creation)"이 "인간의 온실가스 방출이 지구온난화를 일으킨다는 어떤 과학적 확신"에도 반대해왔다.24) 그것은 근본주의자들의 기후변화 부인론(denialism)과 자본주의자들의 낙관론(optimism)이 공모했음을 분명히 보여준다.

세 번째 렌즈는 그런 근본주의자의 무책임을 경멸하면서, 그러나 그걸 거꾸로 반사시켜, (종말에 대한 염려를) **진정시키는 허무주의**(pacifying nihilism) 속으로 묵시종말을 가라앉게 만들 수 있다. 그것은 "정직하게 성숙했음"을 주장한다. 그것이 사회적 불의라는 다루

---

24) "Evangelical Declaration on Global Warming," *Cornwell Alliance for the Stewardship of Creation* (May 1, 2009).

기 힘든 체제에 대해, 최근에 치솟는 백인 민족주의에 대해, 그리고 돌이킬 수 없는 환경 파괴에 대해 비판적인 관심을 갖는 것은 분노와 행동에로 이끌 수 있다. 그러나 행동하는 것은 당신의 행동들이 어쩌면 차이를 만들어 낼 수 있으리라는 어떤 느낌을 준다. 이것은 확실성도 아니고, 낙관주의도 아니지만, 희망을 준다. 그러나―너무도 잘 이해되기는 하나―지금 유행하는 희망 없음(hopelessness)은 비관주의(pessimism)를 정당화한다. 그것은 지적이며, 심지어 신학적 형태를 띨 수 있다. 그러나 그것은 보통 파국주의(catastrophism)를 낳고, "뭐 하러 걱정해?" 하며 어깨를 으쓱거리며, 급진적인 척하면서 사태를 낭만적으로 다룬다. 세계로부터 초연한 그런 허무주의는 사실상 기후변화 부인론의 또 다른 측면일 뿐이다.

요한의 묵시록에 대한 네 번째 읽기는 낙관주의와 비관적 허무주의 모두를 반대한다. 동시에 묵시록을 문자적으로 읽는 것과 무시하는 것 모두를 피한다. 그리스도교에서 그것은 해방신학과 생태신학을 추구한다. 그것은 변혁을 위한 세속적 운동들과 연대한다(예컨대, "흑인의 생명들이 중요하다," "멸종 반란," 그레타 툰베리의 미래를 위한 등교 거부). 기후변화 부인론과 허무주의라는 거울 놀이를 넘어서, 이런 읽기는 **묵시종말적 마음 집중하기**(apocalyptic mindfulness)를 일으킨다. 그것의 희망은 그 자체의 의심을 떨쳐버릴 수는 없다. 그것은 스스로 효과적인 언어를 택했으며, 때로는 지푸라기라도 잡으려 한다는 것을 인정한다.25) 그것은 세속적이든 근본주의적

---

25) 그런 희망은 거짓 희망들의 전체 역사들에도 불구하고 희망한다. "희망은 우리가 다가오는 것을 보지 못하는 것의 다가옴을 요청하고, 아무것도 보증되지 않은 미래를 향해 yes를 말하는 모험적인 일이다." John D. Caputo, *Hoping against Hope: Confessions of a Postmodern Pilgrim* (Minneapolis: Fortress, 2015), 199.

이든 단조로운 사실들을 넘어서려 하며, 절망적인 항복을 넘어 밀어붙인다. 그것은 **만일** 우리가 말하지 않는다면, **만일** 우리가 묵시 종말적 사태들을 정상적인(normal) 것으로 간주하는 태도 속으로 빠져들면, 불가피하게 닥쳐올 대파국들, 즉 이루 말로 표현할 수 없는 대파국들을 정면으로 맞선다.

이처럼 요한의 묵시록을 정상적인 사태에 관한 것으로 간주하지 않고 **비**정상화하는 것(*denormalization*)은 우리가 그 은유들에 **마음을 집중할** 것을 요구한다. "마음을 집중한다"는 말은 고민하고 염려한다는 뜻을 갖고 있으며, 매우 크게 주의를 기울이는 것이다. 이처럼 주의를 기울임은 함께 공유하는 악몽들과 꿈들을 읽어내는 것에서 나온다. 그렇지 않고서야 우리가 어떻게 그 위험에 맞서고—마음을 집중하고—또한 응답—응답할 능력—을 활성화하도록 도울 수 있겠는가? 두려움, 부끄러움, 절망, 그리고 의심 같은 도전적 정서들을 벗어버리는 것이 아니라, 해방적이고 그래서 활성화하는 관심으로 할 수 있다. 그 책임성은 우리에게 관상적(contemplative)이며 되며 동시에 활동가로 참여할 것을 우리에게 요구한다.

이 네 번째 방식의 관심 속에서, 나는 독자들을 초청하여 요한의 묵시록의 몇몇 옛 얼굴들과 직접 접촉하기를 권한다. 즉 집단적인 꿈들이나 지구 행성의 악몽들처럼, 현재 벌어지는 광경들 속에 구체화된 모습들 말이다. 그 오래된 문서는 그 자체가 희망과 트라우마를 모두 지니고 있다. 그 은유들은 거의 2천 년 동안 문화적인 힘들이 되어, 분별 있게 또는 무분별하게, 치유로 또는 혐오로 나타났다. 구름, 바다, 어린 양들, 뿔이 여럿 달린 짐승들, 제국의 창녀, 보석이 박힌 도시들—이런 표징들(signs)이 집단무의식이라는 깊은 곳에서 작동했다. 그런 고대의 표징들은 무시간적인(timeless) 것이 아니라

시기에 알맞게(timeful)—역사적인 실현, 기대, 실망이 지나치게 실린 채—표현되었다. 그 표징들은 또 정치적 무의식의 영역들 속에서도 작동했다.26) 그것들은 어떤 개인적인 마음이 도달할 수 있는 것보다 더 여러 가지이며, 더 깊은 집단적 경험의 형태들 속에 뿌리를 두고 있다. 그것들은 우리들 서로 간에, 또한 오래 전 조상 인간들과 얽혀 있는 층들을, 우리가 일찍이 파악한 것보다 더 빠르게 또한 더 느리게 움직이는 과정 속으로 전달해준다.

이들 스스로 새로워지는 오랜 은유들, 이들 변혁의 원동력들은 영적인 힘과 세속적인 힘의 여러 시간적 변형들을 통해 작동한다. 그런 은유들을 무시하거나 억제하는 것은 그것들의 자취를 잃어버리는 것일 뿐이다. 그렇게 되면 그 은유들은 무의식적으로 더욱 위험스럽게 실현된다. 왜냐하면 그것들 자체의 묵시종말적인 영향을 의식하지 못하는 개인들과 집단들은 그 영향을 다른 외부인, 어떤 다른 타자(Other)에게 쉽사리 투사하기 때문이다. 이런 투사는 의로운 적대감—그리고 그것이 묵인하는 폭력—의 결과를 정당화한다.

이처럼 묵시종말에 마음을 집중하는 것은 요한계시록이나, 그 책이 낳은 수많은 역사적 운동들에 대한 전문가가 될 것을 요구하지는 않는다. 그렇게 마음을 집중하는 것은 이런 저런 종류의 그리스도인이 되는 것, 혹은 적어도 종교적인 인간이 되는 것에 관한 일이 아니다. 그러나 그런 마음 집중은 우리 각자가 두려워하는 것에 대

---

26) Frederic Jameson, *The Political Unconscious: Narrative as a Socially Symbolic Act* (Ithaca, NY: Cornell University Press, 1981). On C. G. Jung's very different "collective consciousness," see Catherine Keller, *From a Broken Web: Separation, Sexism, and Self* (Boston: Beacon Press, 1986). 나는 어떤 표징들과 상징들을 집단적이고 대체로 감지할 수 없는 깊이에서 공유된 것으로 읽어내지만, 나는 표징들을, 무시간적이고 보편적 진리의 분위기를 지닌 "패턴들"이라고 이름 붙이지는 않는다.

해 더 많은 용기(courage, 이 단어는 '심장[heart]'을 뜻하는 프랑스어 *coeur*에서 나온 것이다)를 갖고 맞서도록 도와줄 것이다. 용기를 내면, 예상치 않은 가능성의 연대가 고동친다. 그것은 해피엔딩을 보증하지는 않는다. 그러나 그런 마음 집중은 보다 좋은 결과들에 대한 불확실한 기회를 높여준다. 바로 이런 기회를 위해서 우리는 이런 읽어내기 안에서, 또 이런 읽어내기를 초월해서, 묵시종말적인 마음 집중하기를 실천(수행)하는 것이다.

5. 놋쇠(Bronze)와 가슴에 댄 것

돌아서서 보았더니 황금등경이 일곱 개 있었고, 그 일곱 등경 한가운데에 사람같이 생긴 분이 서 계셨습니다. 그분은 발끝까지 내려오는 긴 옷을 입고 가슴에는 금띠를 띠고 계셨습니다. 그분의 머리와 머리털은 양털같이 또는 눈같이 희었으며 눈은 불꽃 같았고 발은 풀무불에 단 놋쇠 같았으며 음성은 큰 물 소리 같았습니다. 오른손에는 일곱 별을 쥐고 계셨으며 입에서는 날카로운 쌍날칼(two-edged sword)이 나왔고 얼굴은 대낮의 태양처럼 빛났습니다. (계 1:13-16, K)

꿈으로 읽어내기. 그것은 이미 시작되었다. 우리 자신과 요한의 꿈 읽기가 시작되었다. "보아라! 그는 구름과 함께 오신다. …" 구름은 가득 찬 것의 상징이다. 그것은 단지 한 사람의 미숙한 비전이 아니다. 요한의 묵시록은 그 이전의 예언자들을 인용한 것으로 가득하다. 그래서 첫 장에서부터 요한은 기원전 2세기의 다니엘서를 인

용한다: "나는 밤에 또 이상한 광경을 보았는데 사람 모습을 한 이가 하늘에서 구름을 타고 와서"(단 7:13). 그런 구름들은 또 대체로 요한계시록과 거의 같은 시대에 쓰인 마태복음에도 나타나는데, 예수아(Yeshuah, 나중에 "예수[Jesus]"라고 음역되었다)의 메시아 사건을 설명하면서, 모세와 엘리야를 산꼭대기 회합에서 만난 일을 이야기한다. 그러자 "빛나는 구름이 그들을 덮더니 구름 속에서 … 이는 내 사랑하는 아들, 내 마음에 드는 아들이니 너희는 그의 말을 들어라" 하는 소리가 들려왔다(마 17:5). 베드로는 조리 없이 중얼거린다. 그런 꿈같은 광경은 변모사건이라고 하는데, 그 사건 자체는 모세가 시나이 산꼭대기의 "짙은 구름 속에서" 이름 없는 분(Nameless One)과 만난 고대의 사건(출 19:9)을 다시 형상화한 것이다.

구름들의 자취는 역사와 가능성으로 짙게 다가오는데, 하나의 의미로 해석할 수는 없다. 그것은 예언이 신비주의의 색깔을 띠게 만든다.―예언(prophecy)은 예고(prediction)가 아니고, 미래를 아는 것도 아니고, 나중에 종교적으로 '모든 것을 안다'(know-it-all)는 확실성도 아니다. 여기서 우리는 요한의 묵시적 종말의 첫 번째 표징으로부터 그 구름의 예언자적 변혁의 원동력(metaforce)을 얻어내는 것에로 돌아온다. 그 비전의 구름들과 함께 오는 분은 원래 "사람처럼 보였던 누구"다.27) 그 구절은 다니엘서에서 인용한 것이다. 요한은 그 사람처럼 보이는 누구를 "예수"나 "그리스도"와 동일시하지 않는다. 그러나 요한의 원래 그리스어는 통상적으로 친숙한 호칭인 "사람의 아들(Son of Man)"로 번역된다. 이런 그리스도론적 단순화가 어떻게 요한이 그려낸 메시아의 신비스러움을 제거하는지를 들어보라.

---

27) Craig R. Koester, *Revelation: A New Translation with Introduction and Commentary*, Anchor Bible (New Haven: Yale University Press, 2014), 13.

구름은 정치적이자 동시에 영적인 내용을 지닌다. 예수와 그의 1세기 추종자들에게는, 그 구름들이 새로운 정치적 상황을 덮고 있다: 그것은 더 이상 다니엘의 바빌로니아제국과 페르시아제국이 아니라, 새로운 전 지구적인 로마제국이다.

우리의 상황 (제국 이후? 신제국? 국가주의적? 전 지구적 상황?) 에서는, 그 구름들이 무엇을 펼쳐 보여주는가? 역사의 어떤 축적된 의미와 어떤 축적된 힘이 지금 우리를 덮고 있는가?

그 비전 자체가 우리에게 너무 친숙하게 되지 않도록 우리가 애쓰지 않으면 그 본문 안에서 그 얼굴조차 우리는 볼 수 없으리라고 나는 생각한다: 무엇보다도 하나의 이미지, 즉 오랜 세월 동안 너무 많이 사용되어 이제는 너무 단조롭고, 너무 굳어졌고, 너무 거칠게 설명되어 그 이미지에 대한 상투적 표현이 구름을 대체해버린 하나의 이미지에서 벗어나야만 한다. 즉 "사람처럼 보였던 누구"를 보다 잘 유의하려면, 우리는 물어야 할 것이다: 이 순간 그것은, 그는, 그들은 무엇처럼 보일 것인가?

"그분의 머리와 머리털은 양털같이 또는 눈같이 희었으며 눈은 불꽃 같았고 발은 풀무 불에 단 놋쇠 같았으며 음성은 큰 물소리 같았습니다"(계 1:14ff). 그러나 도대체 어떤 의미에서 그 머리가 희게 보이는가? 이것이 바로 최근 몇 세기 동안 그리스도인들의 인종차별적 우월주의를—너무도 정상적으로—주도했던 "그 메시아적인 백인 남자"인가? 카메론 카터는 "그 백인 남성 황제인 사람은 세계에서 메시아와 중보자 역할을 맡는 것에 딱 결부되었다"[28]고 쓰고 있다.

---

28) J. Kameron Carter, "Between W. E. B. Du Bois and Karl Barth: The Problem of Modern Political Theology," in *Race and Political Theology*, ed. Vincent W. Lloyd (Stanford, CA: Stanford University Press, 2012), 89.

아이러니하게도 같은 본문에서 그 인물의 피부 색깔을 언급하면서, "불에 단 놋쇠 같았다"고 한다.―구리가 아니고, 골프장에서 햇볕에 탄 색깔도 아니고, 번쩍이는 갈색이었다. 물론 그것은 현대 유럽의 인종 개념 같은 것이 없었고 인종을 피부 색깔로 구별하는 것도 없었던 상황에서 나온 것이다. 이 "누구"의 피부 색깔(번쩍이는 갈색)은 흰 양털 색깔이라는 충격과 수수께끼 같은 대조를 이루어 뚜렷이 구별된다. 흔히 보는 표준적인 예수 그림의 검은 머리카락과 흰 얼굴과는 반대로, 그 모습은 흰 머리카락에 검은 피부를 하고 있다.

그 인물에 대한 일부 해석들은 다른 사람들에 비해 요한의 급진적 정신에 더 가깝다. 예를 들어, 가수이자 작사가이며 여러 악기들의 연주자인 당겔로(D'Angelo)의 앨범인 "검은 구세주(*Black Messiah*)"를 들어보라. 그 노래는 흑표범당(Black Panther Party)의 의장 칼리드 압둘 무함마드(Khalid Abdul Muhammad, 1948-2001)의 발언으로 시작한다: "내가 예수를 말할 때, 난 그 어떤 노랑-머리, 파란-눈, 흰-피부, 우유버터 얼굴을 한 백인 가난뱅이 그리스도를 말하는 것이 아냐. 나는 양털 머리카락을 가진 성서의 예수를 말하는 거야. 나는 그 좋은 머리카락, 그 곱슬머리를 말하는 거야."29) 이처럼 미국 흑인들의 종교는 양털 머리카락의 메시아와 그의 "호전적 은총(militant grace)"을 지닌, 혁명적인 묵시록의 강력한 하위문화(subculture)를 주도한다.30)

---

29) D'Angelo and the Vanguard, *1000 Death* (RCA Records, 2014). 오순절교단 목사의 아들 D'Angelo는 요한계시록을 잘 알며 그걸 문자대로 읽지 않는다. 그의 "멋진 영광 속에서" 이 자료를 알려준 O'Neil Van Horn에게 감사한다.
30) Phillip G. Zeigler, *Militant Grace: The Apocalyptic Turn and the Future of Christian Theology* (Grand Rapids, MI: Baker Academic, 2018); Brian K. Blount, *Can I Get a Witness? Reading Revelation through African American Culture*

그 소용돌이치는 구름 속에서는, 다른 종류의 계시가 항상 만들어지고 있는데, 그 계시는 그리스도교의 표준이 된 창백한 남자 주님(Lord)과는 다르게 낯선 모습이다. 그가 비정상화하는 것은 인종에서 끝나지 않는다. 같은 장면에서 그 인물은 흰 옷을 입고, 흔히 단조롭게 '가슴(chest)'이라고 번역된 "*mastoi* 위에 금띠를 띠고 있다"(계 1:13). 그러나 그리스어 '마스토이(*mastoi*)'는 여인의 젖가슴을 뜻한다.31) 이처럼 예상치 못한 젠더의 흔적을 유지한 것은 이상하게도 킹 제임스 역본이다: "Girt about the paps with a golden girdle(황금색 띠로 유방을 둘러 졸라맨)."32) 요한 자신과 마찬가지로, 17세기 번역자들도 메시아(Messiah)를 퀴어하게 번역하는 것은 말할 것도 없고, 여성화할 의도는 전혀 없었을 것이다. 이처럼 변혁하는 원동력(metaforce)은 본래 의도를 능가한다.

가슴 띠를 두른 메시아 같은 인물은 이제 그의(그들의) 혓바닥을 내민다: "오른손에는 일곱 별을 쥐고 계셨으며 입에서는 날카로운 쌍날칼이 나왔다"(계 1:16). 예상했던 "하늘의 슈퍼 전사(superwarrior)"와는 대조적으로, 스티븐 무어는 여기에서 "부활한 그리스도가 남녀양성동체(androgyne)로 나타나심"을 발견한다. 이 묵시록의 저명한 학자는 또 다른 견해의 정밀함으로 그 구름을 읽어낸다: "계시록의

(Louisvile, KY: Westminster John Knox Press, 2005).
31) 나의 생부인 Milton Cohen이 1940년대 말경 멕시코에서 골동품으로 가져오신 오래된 십자가를 나는 정말 돌연히 보았다. 불경스러운 예술가였던 나의 아버지는 십자가 처형을 당하는 예수의, 젖가슴을 지닌 분명한 여성성을 존경하셨던 것 같다.
32) "Paps"란 단어는 중세 영어에서 여인들의 젖가슴 혹은 유방의 젖을 말한 것이었다(계 1:13). 아마도 King James가 Queen James라고도 알려진 것, 그리고 당시의 많은 사람들이 남자들을 성적 파트너로 좋아했던 것은, 우연의 일치일 것이다.

하느님은 지나치게 남성적인 하느님이다. 그러나 지나친 남성성은 틀림없이 그 반대편으로 넘어간다." 실제로 꿈들의 논리 안에서는 반대의 것들이 모순 속에서 혹은 보완으로 상호 일치한다. "계시록의 시작을 여는 비전에서 예수 그리스도의 간성적(intersexed) 몸은 아마 사람이 무엇이고, 혹은 무엇일 것인가에 대한 중대한 결정을 요청하는 것, 그래서 가장 근본적인 종류의 정의를 요청하는 것으로—그러나 계시록 자체가 일관되게 주의를 기울이는 데 실패한 것으로—읽어내야 할 것이다."33)

이처럼 묵시종말적인 마음 집중은 우리로 하여금 성별과 인종을 넘어, 불의의 체제를 넘어서—그리고 그것의 신앙적 저항 속으로 거듭하여 방향을 바꿈으로써—메시아의 소리에 계속 조율하도록 한다. 요한의 비전이 그의 상황 속에서 사회적 규범들을 해학적으로 패러디(풍자적 모방)한 것에 대해 꿈 읽기를 하는 것은 우리들 자신들에 대한 뭔가를 폭로하는 것이리라. 그리고 누가—그녀가, 그가, 그들이, 그것이—부르는가. 무엇이 돌파하고 있는가. 우리 자신들 안에서부터. 우리 자신들 너머로부터.

6. 바위의 생기(生氣)

그러자 곧 나는 성령의 감동을 받았습니다. 그리고 보니 하늘에는 한 옥좌가 있고 그 옥좌에는 어떤 분이 한 분 앉아 계셨습니다. 그분의 모습은 벽옥과 홍옥 같았으며 그 옥좌 둘레에는 비

---

33) Stephen D. Moore, *Untold Tales from the Book of Revelation: Sex and Gender, Empire and Ecology* (Atlanta, GA: SBL Press, 2014), 97, 151.

취와 같은 무지개가 걸려 있었습니다. 옥좌 둘레에는 또 높은 좌석이 스물네 개 있었으며, 거기에는 흰 옷을 입고 머리에 금관을 쓴 원로 스물네 명이 앉아 있었습니다. 그 옥좌에서는 번개가 번쩍였고 요란한 소리와 천둥소리가 터져 나왔습니다. … 옥좌 앞은 유리바다 같았고 수정처럼 맑았습니다. (계 4:2-6)

양날을 가진 칼 같은 혀가 예언을 내밀고, 권력을 날카롭게 패러디한다. 정말로 날카로운 언어와 치열한 주장이 없이 도대체 무슨 수로 강력한 사회 변혁이 일어날 수 있단 말인가? 물론 그런 양날의 칼끝은 적군들뿐 아니라 동맹군들에게도 향할 수 있다. 만일 구름으로 암호화된 표징들이 본문 속의 긴장과 심지어 간성적(intersexed) 모호함을 느끼게 한다면, 우리는 또 그것의 전투적 정신에도—특별히 우리가 일곱 표징들 가운데 여섯 번째 표징인 "무기화된 말씀(the Weaponized Word)"을 만날 때—마음을 집중해야 한다. 그러나 요점은 최근의 인종차별반대, 생태 운동, 또는 성소수자들의 투쟁들을 2천 년된 고문서 속에 투사하자는 것이 아니다. 그 대신에 우리는 이미 이 날카로운 혀의 끝을 장식하고 있는 가능성들에 마음을 집중하자: 이 칼/말씀(S/Word)에.

우리는 그 구름 같은 인물을 단순히 "예수 그리스도"로 간주하여 정상적인 것으로 생각할 수 있다. 그러나 본문 속에선 그런 정체성을 말한 곳이 없다. 그 인물을 본문에서 가장 일관되게 구체화한 것은 흰 뭉게구름 속에 암시된다. 조만간 그것은 어린 양의 모습으로 변모할 것이다. 그 동안에 놋색(청동색) 피부와 털투성이 머리와 칼의 혀를 지닌 그 남녀 양성동체는 별들을 묶은 다발을 들고 있는데, 인간의 언어를 말하지 않는 듯이 보인다: "그의 음성은 큰 물소리

(thousand waters) 같았다"(계 1:15). 검은 구름의 천둥치는 비처럼, 강물이 노래하듯이, 바다가 노호하듯이? 만일 요한계시록이 물소리로 열리기 시작한다면, 그것은 솟구치는 물로 인한 트라우마들(hydro-traumas)을 뚫고 지나가서 마침내 "생명의 물(water of life)"로 흘러들어갈 것이다. 결국, 구름이란 것이 응결된 물이 아니면 무엇인가?

처음 몇 장에서 요한은 그의 편지를 몇 군데(물론 일곱 군데) 회중들에게 보낸다. 그의 처음 소개하는 메시지 자체가 양날을 지니고 있다: 때로는 따뜻한 칭찬, 때로는 심판, 그리고 최악의 경우에는, 영적인 지도자에 대해서, 마치 그녀의 벌거벗은 몸에 침을 뱉듯이 "이세벨(Jezebel)"이라고 성차별적 비난을 한다. 그런 메시지들 다음에 비로소 그의 비전이 편지의 내용으로 나온다. 그 후 요한은 "성령의 감동을 받고" 변화된 상태에서 다시 꿈을 읽어낼 수 있게 된다. 우리는 "하늘에 열린 문"—결국 닫힌 것을 열어젖힘(dis/closure)—을 통해 우리 자신들이 초대됨을 발견한다. 그리고 중앙에 있는 하나의 옥좌를 둘러싸고 있는 24명 장로들의 좌석들 가운데로 그 이미지들이 만화경처럼 변화하면서 나타나는데, 그 중앙 옥좌 위에는 왕관을 쓴 수염달린 장로 남자가 앉아있는 것이 **아니라**, 그 대신에 "벽옥과 홍옥 같은 모습을 한 분이 앉아있고, 그 둘레에는 비취와 같은 무지개가 걸려 있었다.…"고 한다.

모두 초록색으로만 된 무지개라고? 그곳에 생태-희망이라는 상징적 오즈(Oz, 미국 작가 F. Baum 1856-1919의 동화에 나오는 마법의 나라)를 투사하지는 말자. 그 옥좌 위에 초점으로 등장한 것이 색채 스펙트럼을 펼치며 찬란히 빛난다: "벽옥(jasper)은 초록에서 푸른 색, 보라색에서 장밋빛 등에 걸친 빛을 내는 귀한 돌을 말한다. 홍옥(carnelian)은 붉은 돌인데 에스겔서 1:27에 언급되었듯이 하느님의

임재/현존(presence)이 불꽃같은 광채를 지닌 것을 암시한다."34) 흰
색은 고사하고, 보석 박힌 왕관을 쓴 인간 모습(anthropomorphic)의
왕은 없다: 이 하느님은 인간으로 보이지 않고, 두 개의 보석처럼
보인다. 옥좌가 있는 방 자체는 생명, 장로들, 영들, 피조물들로 가
득하다. 그 중심에서 빛을 방사하면서, 상상할 수 있는 인간과는 거
리가 먼, 이 (이중의) 만세반석(Rock of Ages)이 앉아 있다.—번쩍이
는 돌로 된, 표면이 많고 여러 색채를 내고, "수정 같은 유리 바다"로
둘러싸인 채 앉아 있다. 인간이 만든 것이 아닌 휘황찬란한 그 결정
(crystallization)이 창조세계의 스펙트럼 전체를 빛으로 굴절시키는가?

문득 가까이 보니—비유기물적 궁극(the inorganic ultimate)과 환각
적인 대조를 이루며—"옥좌 한가운데와 그 둘레에는 앞뒤에 눈이 가
득 박힌 생물이 네 마리가 도사리고 있다"(계 4:6). 그래서 이들 모든
방향을 보는 피조물들이 그 옥좌를 둘러싸고 앉아 있다.—마치 얼굴
이 없는 그 이중 보석에 눈 노릇을 하는 듯이. 그러나 그것들은 분명
자신들의 정체를 지니고 있다:

> 첫째 생물은 사자와 같았고, 둘째 생물은 송아지와 같았으며,
> 셋째 생물은 얼굴이 사람의 얼굴과 같았고, 넷째 생물은 날아다
> 니는 독수리와 같았습니다. (계 4:7, K).

이들 이미지들은 토착 원주민들의 동물 형태를 한 토템들(totems)
을 생각나게 한다. 모두 원주민들의 동물들과 "비슷한(like)" 모습이
지만, 똑같지는 않다. 그것들은 모두 지극한 장치를 지닌 비전-피조

---

34) Koester, *Revelation*, 360.

물들이다: "그 네 생물은 각각 날개를 여섯 개씩 가졌고, 그 몸에는 앞뒤에 눈이 가득 박혀 있었습니다"(계 4:8). 그 생물들의 별 같은 눈들—생물들을 덮고 둘러싼—은 "밤이나 낮이나" 잠을 자려고 감지 않는다. 요한은 여기서 옛날 예언자들의 비전을 다시 꿈꾸는 것처럼 보인다. 이사야서에서는, 날개 달린 생물 여섯 마리가 옥좌를 둘러싸고 있다.[35] 에스겔서에서는, 네 마리 생물들이 나타나는데, 그러나 그것은 하느님의 전차(chariot)의 네 바퀴들이고, 바퀴 둘레에는 눈들이 가득 박혀 있다. 그 변화의 전차는 몇 천 년 뒤, 미국의 흑인 영가 "에스겔은 그 바퀴를 보았네, Ezekiel Saw de Wheel)"와 노예제도 폐지론자들의 노래인 "낮게 흔들려라, 기분 좋은 마차야(Swing Low, Sweet Chariot)"에서 영감으로 다시 나타난다.

우리는 이렇게 요한의 생물들을 꿈으로 읽어낼 수 있다: 그 비전은 피조물들의 여러 다양한 형태를 암시한다.[36] 앞면과 뒷면, 안과 밖에 있는 눈들은 우리 눈을 열게 하여(*apokalypsis*) 우주에서 대체로 보이지 않는 것들을 보게 한다. 즉 피조물들 안에서 또한 피조물들을 통해서 살아있는 창조는 깨달음으로 눈이 크게 열린다. 어쨌든 그 기이한 여러 개의 눈(multiocularity)은 하느님 자신의 것이다. 그 생물들은 그 신(the deity), 즉 몸들도 없고 눈들도 없어서 그저 그

---

[35] "날개가 여섯씩 달린 스랍(Seraph)들이 그를 모시고 있었는데, 날개 둘로는 얼굴을 가리고 둘로는 발을 가리고 나머지 둘로 훨훨 날아다녔다"(사 6:2). 이 이미지는 유대인 메르카바(Merkabah) 신비주의에 다시 나온다.

[36] 요한의 다음 세기에 이미 신학자 이레니우스(Irenaeus)는 이들 4마리 생물들이 4복음서를 비유한 것으로 이해했다. 이런 상징화는 종교개혁시대까지 고정되었다. 그런 해석이 정당한 것으로 남아 있지만, 요한계시록의 저자는 그가 계시록을 쓰던 같은 시대에 쓰인 "복음서"를 지칭하지 않았다. 또한 그런 비유는 물론 인간 예외주의를 은연중에 타도하며, 동물적 요소의 용감함을 억제한다.

큰 돌들의 차가운 짝(a cold pair)이라고 해도 좋을 그 신 주변을 돌고 있다. 또한 네 마리 동물 가운데 겨우 세 번째에, 그 인간 모습의 존재(the humanoid)를 배치한 것은 우연이라고 할 수 없다. 이것이 바로 인간중심주의(anthropocentrism)에 대한 우주적 바로잡음, 즉 우리 인간 종자의 재능("하느님의 이미지"대로 창조된)을 무제한적 우월성으로 잘못 이해한 인간중심주의에 대한 우주적 바로잡음을 비추어주는 것일까? 인간의 다름을 절대적 예외로 잘못 읽었다고?

밧모 섬의 요한은 그 이후 수천 년 동안, 그런 인간 예외주의 (human exceptionalism)가 지구 행성을 어떤 모습으로 만들 것인지를 전혀 알 수 없었을 것이다. 아니! 그러나 우리는 그가 은밀한 단서를 가졌을 것으로 의심할 이유를 알게 될 것이다. 지구 행성의 모든 피조물들에 끼친 손상의 거대한 소용돌이에 대한 그의 고통스런 비전에 앞서서, 그는 신과 인간과 비인간의 상호작용에 대해 초현실적으로 감지해냈다: 하느님-보석들(God-gems)은 네 마리 생물들에 의해, 그들 유기체들의 무기체적 중심으로서, 가려져 있다.[37]

다른 말로, 옥좌가 있는 방의 만달라(mandala, 신성을 기하학적 도형으로 그려낸 것—역자주)는 신과 피조물의 관계에 중심을 둔다: 그 관계는 동시에 서로 다름과 상호 불가분리성을 나타낸다. 이런 뒤얽힌 서로 다름을 "신성동물성(divinanimality)"이라고 별명을 붙일 수 있을 것이다.—이는 철학자 자끄 데리다가 그의 저서 〈이 동물이 있으니 내가 있다, *This Animal That Therefore I Am*〉에서 만든 신조어다. 데리다는 신학과 그 절대적인 동물/신 분리(animal/divine divide)를 다시

---

[37] 유명한 주석가 Craig R. Koester는 그걸 보다 전통적으로 말한다. "하느님의 주변물들은 그의 특성을 반영한다. … 창조의 조화를 보여주는 동심원들로 배치되었다." See Koester, *Revelation*, 117.

뒤로 되돌리기 전에는, 현대의 지독한 동물/인간 이원론(animal/human dualism)을 시정할 길이 없음을 발견했다.38) 지금 동물들의 멸종을 소름끼칠 정도로 촉진시키는 우리의 생태학적 불균형은 바로 그런 이원론들을 상정하고 있다. 서양에서 우리가 창조세계의 물질로부터 비물질적이며 무시간적인 창조주(Creator)를 뽑아내어 추상화하는 것을 배웠으니, 이제는 우리 자신이 동물성으로부터, 생기 있는 물질성으로부터 분리되었다는 우리의 망상을 하느님께 투사할 수도 있었을 것이다. 묵시록의 그 옥좌의 방 가운데 있는 신성동물성(divinanimality) 안에는, 유대교보다 더 오래된, 다른 생물의 성(animacy)이 말없이 지켜본다. 요한은 여섯 번째 대멸종(Sixth Great Extinction)을 **예고**(predicting)하지는 않는다.39) 그러나 우리가 곧 볼 것이지만, 그는 그것을 **예언하고**(prophesying) 있을 수는 있다.

그 동안에 우리는 "만세반석(Rock of All Ages)"을 노래하는 엄청난 합창—무시간적(timeless)은 아니지만 모든 시간들의(of all times)의 합창—을 듣는다: "예전에 계셨고 지금도 계시고 장차 오실 분이시로다! 하고 외치고 있었습니다"(계 4:8). "나는 또 옥좌에 앉으신 그분이 오른손에 두루마리 하나를 들고 계신 것을 보았습니다. 안팎에 글이 기록되어 있는 그 두루마리는 일곱 봉인을 찍어 봉하여 놓은

---

38) Jacques Derrida, *The Animal That Therefore I Am*, ed. Marie-Louise Mallet; trans. David Wiils (New York: Fordham University Press, 2008). Derrida의 책 제목은 Descartes의 지극히 인간중심적인 "나는 생각한다, 고로 나는 존재한다(*cogito, ergo sum*)"를 해학적으로 패러디한 것이다. For a transdisciplinary engagement of the divine/animal/human question, see Stephen D. Moore, ed., *Divinanimality: Animal Theory, Creaturely Theology* (New York: Fordham University Press, 2014). Drew Transdisciplinary Theological Colloquium Series.

39) Elizabeth Kolbert, *The Sixth Extinction: An Unnatural History* (New York: Henry Holt, 2014).

것이었습니다"(계 5:1). 그러자 한 힘센 천사의 외치는 소리: "이 봉인을 떼고 두루마리를 펼 자격이 있는 자가 누구인가?" 그리고 그 대답은 "아무도 없다. …"

이처럼 두루마리를 읽을 자격이 없는 것에 절망하여, 불쌍한 요한은 "울고 또 울었다. …" 긴장이 조성된다. 이제 한 장로가 그를 확신시킨다: "울지 마시오. 유다 지파에서 난 사자(Lion), 곧 다윗의 뿌리가 승리하였으니 그분이 이 일곱 봉인을 떼시고 두루마리를 펴실 수 있습니다"(계 5:5). 이처럼 사자와 같은 동물적인 변혁의 원동력(metaforce, 저자는 은유[metaphor]란 단어 대신에 이 단어를 사용하고 있음 —역자주)보다 더 분명한 표징은 없을 것이다: 그것은 다윗 왕 같은 기름 부은 자, 메시아(*maschiach*)를 포고한다.[40] 흔히 그리스도인들이 사용하는 것과는 반대로, 비록 성서는 결코 "재림(Second Coming)"을 말하지 않지만, 이 메시아의 오심이 처음이 아닌 이유는 그가— 이미—"승리했다"고 했기 때문이다.

통치하는 사자(Lion)가 선포되었다.

7. 그리고 사자(Lion) 대신에

여기서 "옥좌와 네 마리 생물들 사이"라는 친숙한 공간에 "이미 죽임을 당한 것 같은 어린 양"이 들어온다(계 5:6). 영화에서처럼, 그 아이러니가 장면을 긴장시킨다: 생물들 가운데 가장 순한 양(sheep)

---

[40] "기름을 부음 받은자(The anointed)"이란 말은 히브리어 *maschiach*를 번역한 말인데, 영어로는 *Messiah*라고 음역되었다. 이스라엘의 왕들의 대관식 때 기름을 부어 세운 전통에서 나온 것이다.

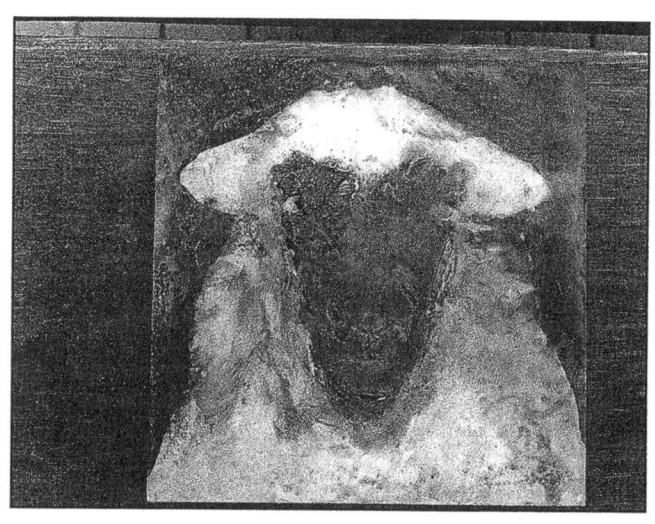

Jan Harrison, *The Tiny Ewe*, encaustic pastel on wood, 2008.

한 마리가 나타나, 권력의 자랑스러운 상징(사자)에 대한 기대를 뒤집고, 좌절시키고, 조롱한다. 더 나쁜 것은, 어린 양(lamb), 양의 새끼인 어린 양이라니![41] "일곱 뿔과 일곱 눈을 가진" 이상한 어린 양. 가장 나쁜 것은, 그게 죽임을 당한 어린 양이라니! 죽임을 당한 생물이 어떻게 서 있을 수 있단 말인가? 아마도 그 작은 어린 양은 씻어버릴 수 없이 물든 피의 트라우마를 지니고 있는 것처럼 보인다.

그러나 당신의 마음의 눈에는, 그 흰 겉옷 위에 아무 핏자국도 없이, 작은 십자가를 지고 있는 명랑한 어린 양의 성상(icon)이 이미 떠올랐을 것이다. 여러 세기에 걸쳐, 십자가 처형은 신적인 희생으로 이루어졌다고 보는 정상화(normalization)가 묵시록의 정직한 유혈

---

41) lamb(어린 양)에 대한 그리스어는 *arnion*인데 이는 *aren*, "양(sheep)"의 축소형이다.

이 낭자함을 씻어버렸다. 그러나 무솔리니의 파시스트 세속화에서는 그 나약한 어린 양을 간단히 날려버렸다: "나는 어린 양으로 100년을 살기보다는 차라리 사자로 하루를 살겠다."—80년 뒤에 트럼프는 이것을 "좋은 인용"이라고 트위트(tweet)했다.42)

그 비전에서는 어린 양이 뭉게구름 속에서 나타난다. 그렇지만 주석가들은 그 솜털의 연속성, 즉 그 뭉게구름과 곱슬곱슬한 털이 난 자와 칼 같은 혀를 내미는 젖가슴 달린 인간 모습을 한 존재(breasted humanoid)—그리고 어린 양의 모습에서 흰 털로 완전히 드러난 것—사이의 연속성을 지적한 일이 거의 없다. 사자 모습의 어느 통치자와도 그냥 너무도 거리가 먼가? 글쎄, 이건 **문자적으로는** 어린 양이 아니지 않는가 하고 당신은 질문할지도 모른다. 그럼 나는 말하기를, 그렇지만 요한의 편지 **문자대로는** 하나는 진짜로 일곱 개 눈과 뿔과 영혼을 지닌 피에 젖은 어린 양이고, 그리고 또 다른 여러 방향을 볼 수 있고 뿔이 달린 생물도 있다고 할 것이다. 요한은 광범위한 비인간적인 생물들이 사라질 것을 예언할 것이기 때문에, 이 생물(어린 양)의 메시아적인 동물성(messianic animality)에 달린 구름 자국(cloud-trail)을 잃어버리지 않도록 하자. 왜냐하면 오직 이 어린 양만이 그 두루마리의 일곱 개 봉인들을 열 수 있기 때문이다.

그 어린 양이 첫 번째 봉인을 열고, 첫 번째 생물이 말하기를 "나오라!" 하니, 네 마리 말들 가운데 첫 번째 흰 말이 뛰쳐나오고 그 말을 타신 분은 "승리자로서 월계관을 썼다." 이것은 제국의 식민지 정복자로서의 힘을 상징한다. 아마겟돈 방식의 열어젖힘은 계속

---

42) Dylan Stableford, "Donald Trump on Retweeting Mussolini: 'It's a Very Good Quote,'" *Yahoo! News*, February 18, 2016. (도날드 트럼프가 무솔리니의 말을 리트위트 하면서 말하기를 "그거 아주 좋은 인용이네.")

된다: 붉은 말은 평화를 파괴하고 사람을 죽이는 자로, 로마의 평화(pax romana)라는 폭력을 암호화한 것이다. 검은 말 위에는 말 탄 자가 저울을 들고 있었는데, 갑자기 소리 내어 외친다: "하루 품삯으로 고작 밀 한 되, 아니면 보리 석 되를 살 뿐이다. 올리브기름이나 포도주는 아예 생각하지도 마라!" 다른 말들은 아무런 소리를 내지 않았다. 왜 그토록 물질적인 상세함을 말하는가? 왜냐하면 이런 곡물의 이미지들이 당시의 어떤 통화(currency)를 말해주기 때문이다. 즉 그것 가지고는 살아갈 수 없는 급료, 노예들의 임금을 말한다.—한편 올리브기름과 포도주는 지중해 지역의 사치스런 무역 상품들이었다. 다른 목소리는 경제적인 불의를 폭로하고 있다. 그리고 마지막으로, 파리하게 푸르스름한 말 한 마리가 들어왔는데, 그 말을 탄 자는 "칼과 기근과 죽음, 그리고 땅의 짐승들을 가지고 사람을 죽이는 권한"을 갖고 있어서(계 6:8), 처음 세 마리 말들과는 달리, 이 병든 푸르스름한 말은 인간이 아닌 것으로 고통을 주었다.

묵시록의 네 마리 말을 탄 자들은 항상 새롭게 수정될 수 있는 것으로 보인다. 알브레히트 뒤러(Albrecht Dürer)의 5백 년 된 목판화는 그의 유명한 묵시록 시리즈의 일부인데, 개신교인들과 가톨릭교인들 사이에 벌어진 30년 전쟁이 곧 일으킬 살육의 전례 없는 수준들을 꿈으로 읽어낸 것으로 보인다. "묵시록의 네 명의 말 탄 기사들은 왜 그토록 어리석게 굴었는가?" 하고 마크 본네구트는 묻는다. "전쟁, 역병, 기근, 그리고 죽음으로 어떻게 상황을 더 나아지게 만들 수 있나?"[43] 그 네 마리 마술 경기(equestrian quartet)는 끝없는 정치적 적용을 통해 질주한다: "트럼프묵시록 경계"를 매일 발표하는

---

43) Mark Vonnegut, *Just Like Someone without Mental Illness Only More So: A Memoir* (New York: Bantam Books, 2011), 164.

단체는 2016년 대통령 선거를 걱정하여 각각의 말 위에 그의 이미지를 실었다.44) 다른 반대쪽에선, "오바마의 네 말 탄 기사들: 오바마의 재선으로 고삐 풀린 재앙들"을 강조한다.45) 물론 우파가 이겼다. 근본주의자들이 그 말들이 파괴시키는 것을 그리스도의 직접 사역이라고 환호했던 탓이다: "복음이 정복하려고 출정한다. 복음이 분열을 일으키고, 복음에 저항하는 자들은 기근으로 고통당하고, 궁극적으로는 복음에 저항하는 자들이 칼, 기근, 그리고 역병으로 죽임을 당한다."46) 요한계시록은 그리스도인들의 폭력을 정당화하도록 늘 읽혀질 것이다. 그게 바로 우리가 이 문서에 **마음을 집중해야** 하는 강력한 이유다. **묵시록은 복음이 아니다.** 그러나 묵시록은 그 자체가 불러일으키는 공포를 축하하지 않는다.

> 그러나 마지막 푸르스름한 말은 죽음의 기사를 태우고 있다.
> 전염병 유행의 질병이 그의 호흡으로 인해 퍼져나갔다.
> 억압으로 인해 사람들이 소동을 벌인 폭력의 지옥들에서
> 사람들은 더 이상 숨 쉴 수 없었다. (Rev. K. Karpen)47)

---

44) "'트럼프묵시록 경계'는 주관적으로 매일 예측하는데, 도날드 트럼프가 대통령으로 선출되어 우리 모두가 죽게 될 묵시종말을 시작할 것인가를 한 명에서 네 명까지 말탄 기사들 숫자로 보여준다." See Ben Mathis-Lilley, "The Last Trump Apocalypse Watch," *State* (November 9, 2016).

45) David Harsanyi, *Obama's Four Horsemen: The Disasters Unleashed by Obama's Reelection* (Washington, DC: Regnery Publishing, 2013).

46) Peter Leithart, "Horsemen of the Apocalypse," *Patheos* (July 9, 2018).

47) 2020년 7월 26일 St. Paul and St. Andrews United Methodist Church에서 있었던 예배에서 ("How Firm a Foundation" 찬송가 곡조에 맞추어) 불렀던 찬송가를 위해 이 노래를 작사한 Karpen 목사에게 나는 감사한다. 마지막 절은 이렇다: "These Four Riders that John saw creating upheaval/ In his dream-like disclosure of systemic evil/ We can view in our current drama." See K. Karpen,

네 번째 말을 탄 사람이 세계를 빙 돌아서 왔을 때, 나는 이 책을 탈고하고 있었다. 요한의 상황에서는 그보다 1천 년 전에 이집트에서 번졌던 출애굽의 재앙들을 그의 시대에선 알지 못했던 전염병의 수준으로 확대하고 있다. 팬데믹의 역사는 요한이 죽고 난 뒤, 기원후 165년 안토니우스 전염병(Antonine Plague)으로 시작되었다. 많은 로마 군인들을 포함해서 약 5백만 명을 죽였던 이 전염병을 요한이 예견했다고 할 수도 있을지 모른다. 그 이후 전염병은 여러 차례 팬데믹이 되었고—푸르스름한 말을 본 것과 더불어—거듭해서 되돌아왔다. 이 순간 "Covid-19 계시록"이란 말을 구글에서 찾아보면, 전 세계에서 거의 4천만 명(2021년 10월 4일 현재 2억 3천만 명)이 이 전염병에 걸렸다고 나온다. 스티븐 무어는 이렇게 말했다. "그게 바로 계시록의 목적이다. 이게 바로 계시록이 하는 거다. 이게 바로 전 지구적인 위기의 시대에 이 재앙에 굶주린 책의 기능이다. 구체적으로 전 세계 수억 명의 그리스도인들에게는, 이 코로나-19 바이러스(초현미경적 극미세 유기체들, submicroscopic suborganisms)라는 하부 행위자(infra-agential)의 활동을, 계시록에 따라서, 그것들보다 더 보이지 않고 더 이해할 수 없는 신적인 존재라는 상부 행위자(supra-agential)의 활동 아래에서 벌어지는 것으로 간주함으로써, 팬데믹 시대를 천벌의 시대로 바꾸고 있다."[48]

비유기체인 바위(Rock, 만세반석=하느님—역자주)가 코로나 바이러스를 보냈다는 것이 아니라, 이 바이러스가 생명과 무생명 사이를 가

"The Uncovering," St. Paul & St. Andrews United Methodist Church, New York, NY (July 26, 2020).

[48] Stephen Moore, "Beastly Boasts and Apocalyptic Affects: Reading Revelation in a Time of Plague," *Religions*, 11, no. 7 (2020):346

로질러 건너고 있다는 뜻이다. 그것은 우리를 가르쳐주려는 사명으로 왕관(crown = corona)을 쓰고 온 것이 아니다. 그러나 그것은 인간들이 지구상에서 단지 서로서로뿐만 아니라 인간이 아닌 타자들(nonhuman others)과도—현미경적인 수준에 이르기까지—근본적으로 상호의존적임을 폭로한다.

역병은, 네 번째 말 탄 자가 제공하는, 인간이 아닌(nonhuman) 것들과 무엇을 공유하는가? 굶주림과 동물들의 공격을 공유하는가? 비인간인 것들을 착취하고 무시한 생물종(인간)에 저항하여, 비인간인 것들의 치명적인 되갚아줌의 여러 가지들을 그 예언이 정면으로 (예고하는 것이 아니라) 상대하는가? 물질이 반격하는가? 푸르스름한 메타-말(meta-horse)이 시대착오들을 지적하면서 콧방귀 뀌고 있다. 즉 2020년 미국에서 경제적으로 낙후되고 인종차별적으로 구별된, 바이러스에 가장 취약한 사람들에게, 굶주림과 식량 불안이 기하급수적으로 증가했다. 야생동물들은? 그런 공포는 오래되었다. 코로나-19는 십중팔구 야생 동물들(아마도 박쥐)로부터 바이러스가 전파된 것이다.[49] 인간이 아닌 것들과 그들의 서식처들을 인간이 무시한 것은 오랜 세월에 걸친 죄악이다. 따라서 많은 과학자들은 코로나 바이러스에서 단지 인간의 질병만이 아닌 생태학적 질병을 인정한다.[50]

그 푸르스름한 색이, 지구 행성 자체의 사라져가는 초록색 속으로 무시무시하게 흐려지며 스며드는 것이 보이는가?

---

49) Smriti Mallapaty, "Wildlife Trade Should Be Focus of Pandemic Origin Investigations," *Nature* 583, no. 7816 (July 16, 2020):344.
50) Catherine Keller, "The Gallop of the Pale Green Horse: Pandemic, Pandemonium, and Panentheim," in *Pandemic, Economy, Theology*, ed. Alexander J. B. Hampton (New York: Routeledge, 2020).

그리고는 그 다섯 번째와 여섯 번째 봉인들이 열려서 집단 순교(학살)와 땅의 흔들림과 지진을 드러낸다. 자세한 것들을 나는 생략하겠다. "하늘은 두루마리가 말리듯이 사라져버렸다."—마치 땅의 역사에 대한 책을 닫아버리려는 듯이 말이다. 그러나 좀 더 기다리라.—그 어린 양의 두루마리는 계속해서 펼쳐진다.

그 구름 속에서 사람처럼 생긴 메시아의 입으로부터 "날카로운 쌍날칼"이 나왔다. 그 구름이 어린 양의 모양으로 변해서 책의 나머지 부분에선 내내 말없이 남아 있다. 이 어린 양(Lamb)이 "그들의 목자(shepherd)가 될 것"(계 7:17)이라고 한다. 결코 양처럼 겁이 많은 양은 아닐 것이다! 그 어린 양은 "그들을 생명의 물이 나오는 샘으로 인도할 것이다." 만일 목자 노릇하는 양이 지도력을 구현하는 것이라면, 그건 통제하는 권력의 지도력이 아니라—비폭력을 향해 안심시키는 꿈처럼 전개되는 속에서—이루 말로 다 표현할 수 없을 정도의 취약성을 지닌 지도력이리라. 통치하는 사자(Lion)는 없고, 목자처럼 보살피는 어린 양(a Lamb)만 있다. 구름 속에 있는 혀(가 하는 말)이다.51)

다음 장이 열리면서, 이 어린 양의 침묵은 우주적 긴장으로 이어진다. 우리들의 현재에 대해 고대에서 말하는 미래는 무엇인가? 과연 봉인이 열리면서 무엇이 드러나는가?

"오, 구름이여 펼쳐져라!"

---

51) 역자주: Tongue in cloud. 이것은 Tongue in cheek(본심과는 달리 놀리는 어조)라는 영어 표현을 빌어서 쓴 말장난이다!

… 2장

슬피 우는 새들

불타는 나무들, 독성화된 바다들

어린 양이 일곱째 봉인을 떼셨을 때에 약 반 시간 동안
하늘에는 침묵이 흘렀습니다.

— 요한계시록 8:1

… 아마도 거대한 침묵이
우리 자신들을 이해하지 못하는,
그리고 죽음으로 우리 자신들을 위협하는
이 비통함을 중단시켰나보다.
아마도 땅이 우리를 가르칠 수 있으려나
모든 것들이 죽은 것 같고
그리고 나중엔 살아있는 것으로 드러났다고.

— 파블로 네루다, "침묵을 지키기(Keeping Quiet)"

1. 생태적 묵시종말(Ecoapocalypse)의 돌풍

일곱 번째 봉인(seal). 이 말이, 모든 실존적인 힘을 다하여 죽음과 체스놀이를 벌인 영화배우 막스 폰 쉬도브의 이미지를 아직도 떠올리게 하는가? 잉마르 베리만(Ingmar Bergman) 감독의 1957년 작품인 "일곱 번째 봉인(*The Seventh Seal*)"에서, 그 중세기의 기사(knight)가 십자군 원정에서 실망하고 돌아왔는데, 결국 발견한 것은 전염병으로 황폐화된 스웨덴이었다. 미국이 일본 히로시마와 나가사키를 원자탄으로 폭격한 뒤 이어진 냉전시대에 베리만 감독은 핵무기에 의한 최후 파멸을 명상하고 있는 것처럼 보인다. 그의 중세기 기사는 계시록에서 하늘의 침묵을 하느님의 침묵으로 읽는다.

고대 요한의 묵시록이라는 영상예술에서는, 권력, 폭력, 탐욕, 그리고 역병을 통해 멸절시키는 네 명의 말 탄 자들 모두가 이미 말 타기를 끝냈다. 보석 하느님(gem God)도, 피에 젖은 어린 양도, 단 한 마디 말도 안 했다. 일곱 번째 봉인을 여는 것은—"약 반 시간 동안" 거대한 침묵에 뒤이어—긴장을 극적으로 높여준다. 모두가 침묵한다. 생물들, 천사들, 보좌에 앉은 장로들, 성도들(saints), 보석들, 그리고 모두가: 말로 표현할 수 없는 구름 안에 있는 하늘의 변혁하는 원동력들 모두가.

암흑 같은 알 수 없음의 침묵인가? 신의 무관심, 단순한 부재(absence), 비존재의 공포로 인한 침묵인가? 아니면 우주적인 비탄의 침묵인가? 거짓 희망과 미칠 듯한 두려움들이, 장차 드러나게 될 것을 위한 경외에 가득 찬 준비 속에 조용해진다. 묵시종말적 마음 집중하기의 수행 속에서. 지금 우리는 그 침묵을 지켜야 할 것인가?

Albrecht Dürer, *The Four Horsemen of the Apocalypse*, 1497/98, 목판화, collection of the Metropolitan Museum of Art, New York.

잠시 멈춤 뒤에, 일곱 명의 나팔 부는 천사가 등장한다. 놋쇠의 빛나는 눈부심과 함께 첫 번째 나팔이 울리자, "우박과 불덩어리가 피범벅이 되어서 땅에 던져져 땅의 삼분의 일이 타고 나무의 삼분의

2장. 슬피 우는 새들   77

일이 탔으며 푸른 풀이 모두 타버렸습니다"(계 8:7).

21세기 지구 행성을 휩쓰는 산불들에 대한 생각이 당신 머릿속에 떠오르는가? 그것은 "기록적인 죽음과 파괴"를 가져온 산불들이 휩쓰는 캘리포니아가 아닌가?[1] 훨씬 남쪽에서는, 근본주의자가 아닌 한 대주교가 아마존 지역을 불태우는 것은 "진짜 묵시종말"이라고 경고한다.[2] 그리고 더 남쪽 오스트레일리아에서는, 이번 여름 산불로 그 땅의 20% 이상의 숲이 불타버렸다.[3] 그리고 산불들이 불가사의하게도 북쪽으로 뛰어서 전례 없이 더워진 북극 지역으로 갔다. 산불과 재생의 자연적인 순환 주기가 아닌 이들 대화재의 지옥은 수천 억 그루의 나무들을 삼켜버렸다.

요한의 비전이 이 시점에 이르러선, 땅과 나무들의 1/3이 불타버렸다. 우리 역사의 이 시점에 이르러선, 땅 위의 나무들 절반 정도가 산불들과 벌목, 병충해와 가뭄으로 과열되어가는 지구 위에서 사라져버렸다.[4] 말이 없는 그 나무들은 산소 생산으로 우리의 호흡을 지원해줄 뿐만 아니라, 대기권에서 치명적으로 많은 탄소를 끌어내려 흡수한다. 이보다 더한 악순환이 있으랴! 지구온난화를 초래하는 화석연료의 온실가스를 없애주는 삼림들을 불태워 죽이도록 촉진하는 지구온난화보다 더한 악순환이 있는가? 인류세(Anthropocene, 제2

---

1) Lauren Tierney, "The Grim Scope of 2017's California Wildfire Season Is Now Clear: The Danger's Not Over," *Washington Post* (January 4, 2018).
2) Archbishop Erwin Kraeutler, quoted in Jonathan Watts and Harriet Sherwood, "'Amazon Fires Are True Apocalypse,' Says Brazillian Archbishop," *The Guardian* (September 5, 2019).
3) Lisa Cox, "'Unprecedented' Globally: More Than 20% of Australia's Forests Burnt in Bushfires," *The Guardian* (February 24, 2020).
4) Christian Nunez, "Deforestation Explained," *National Geographic* (February 7, 2019).

차 세계대전 이후 본격화된 시대)의 다른 이름은 "산불세(Pyrocene)"이다. 천사의 나팔을 동반하지 않은 채로, 화재에 대해 글을 많이 쓴 학자 스티브 파인은 "장차 다가올 것의 선구자인 불. 그 경고를 결코 무시하지 말라"고 선언한다.5)

두 번째 나팔이 울린다. "불붙는 큰 산과 같은 것이 바다에 던져져서 바닷물의 삼분의 일이 피가 되고 바다 속에 사는 피조물의 삼분의 일이 죽었습니다"(계 8:8-9).

그것은 고대에 본 미래의 파도들 속에 거울처럼 암울하게 비추어진 우리들 자신을 보여주는 어떤 생태 근본주의자(eco-fundamentalist)의 투사인가? 물고기들이 떼죽음당하고 고래들이 굶어 죽는 모습과 함께? 해양 산성화(acidification)를 통해서 물의 온난화가 먹이사슬의 맨 바닥에 있는 식물성플랑크톤(phytoplankton)에게, 그리하여 숨을 쉬는 우리들 모두에게—위협을 준다는 것을 나는 최근에야 비로소 알았다. 식물성플랑크톤들은 바다를 위해서만이 아니라 우리가 숨 쉬는 공기 속 산소의 **절반 이상을** 생산한다.6) 바닷물의 산성화는 바다의 생명들을 뒷받침하는 산호초의 1/3이 아니라 1/2을 (내가 이 글을 쓰는 현재) 이미 죽였다. "카리브 해에서는 지난 30년 동안에

---

5) Steve Pyne, "The Australian Fires Are a Harbinger of Things to Come. Don't Ignore Their Warning," *The Guardian* (January 7, 2020). See also Stephen J. Pyne, *Between Two Fires: A Fire History of Contemporary America* (Tucson: University of Arizona Press, 2015); and *To the Last Smoke: An Anthology* (Tucson: University of Arizona Press, 2020).

6) 땅 위에서 우리가 숨 쉬는 산소의 50% 내지 85%가 식물성플랑크톤에 의해 생산된다고 해양학자들은 말한다. See Liz Cunningham, *Ocean Country: One Woman's Voyage from Peril to Hope in Her Quest to Save the Seas* (Berkeley, CA: North Atlantic Books, 2015), 64-67. See also NOAA, "How Much Oxygen Comes from the Ocean? At Least Half of Earth's Oxygen Comes from the Ocean," *National Ocean Service* (June 12, 2020).

80% 산호들이 사라졌다고 과학자들이 보고했다."[7] 그리고 "적조"의 극적인 증가, 즉 흔히 해로운 조류(algae)가 피어나서 지금 플로리다와 텍사스 해안들을 묵시종말적 핏빛으로 물들인 것은 어쩌나?[8]

요한의 초현실적 악몽은 성서의 "마지막 홍수"와는 다른 해양의 대재앙을 말한다. 그것이 "다음에는 불"로 옮겨간다.[9] (요한이 말하듯) 바다에 던져진 산(mountain)이 바닷물을 피로 물들이는 것은 자연의 기록이 아니다. 그러나 당신이 원한다면, 당신은 거대한 빙하들이 녹아서 남극바다로 깨어져 떨어지는 것을 꿈으로 읽어낼 수 있다. 그렇지만, 문자 그대로 말해서, 소금기(염분)를 제외하고는, 피가 도대체 바다와 무슨 관계가 있단 말인가? 이탈로 칼비노가 그의 글 "피, 바다(Blood, Sea)"에서 잘 표현했듯이, 우리의 피는 "최초의 살아있는 세포들과 처음 다세포들이 생명에 필요한 산소와 다른 영양소들을 바다에서 취했듯이, 피는 우리의 근원인 바다의 성분들과 유사한 화학적 구성성분을 갖고 있다."[10] 요한은 화학을 몰랐다. 그러나 그의 환각적인 해양학에서, 피가 불꽃들, 그리고 바다와 유독하게 섞여서 "바다의 1/3을" 독성을 갖게 했다고 한다. 이것을 그 당시에 "바닷물이 30% 더 산성화—지난 5천만 년 동안 바다의 화학에 일어난 그 어떤 변화보다도 더 빠르게—되었다"[11]고 읽는 것은 이상야릇

---

7) Cunningham, *Ocean Country,* 43.
8) NOAA, "Gulf of Mexico/Florida: Harmful Algal Blooms," *National Ocean Service* (May 10, 2020).
9) 지구온난화와 팬데믹 열기의 서로 차이나는 영향 가운데서, 인종차별주의에 대한 James Baldwin의 예언자적 폭로가 새삼 메아리친다: *The Fire Next Time* (New York: Vintage, 1962). (그는 흑인 폭동들 전에 이를 예언했다.- 역자주)
10) Italo Calvino, *t zero,* trans. William Weaver (Orlando, FL: Harcourt, 1967), 39.
11) The Ocean Portal Team, "Ocean Acidification," *Smithsonian Institution* (April, 2018) See also NOAA, "What Is Ocean Acidification," *National Ocean Service*

한 일이었으리라. 지난 2백 년이란 짧은 기간에, "불"이―화석연료 산업의 화로에서 불타는―산성화를 촉진했다. 석탄, 석유, 가스를 태워서 발생된 이산화탄소의 대략 1/4이 바다 속으로 녹아들어갔다. 바다는 과잉 온실가스를 대기권에서 흡수함으로써, 기후변화를 늦출 수 있으리라고 과학자들은 희망했었다. 그와는 매우 다르게, 이런 흡수가 바다 자체의 화학에 변화를 일으켜, 그 수소이온 농도(pH) 수치를 낮춰서, 바닷물을 산성화시켜서 "해양생물들" 대부분에게 치명적이 된다는 것을 과학자들은 깨닫게 되었다.

묵시록의 이런 광경들은 악몽을 깨우는 나팔 소리들 속에 나타난다. 현대과학과의 어떤 상호관계도(나는 끈질기게 반복한다) 우연의 일치일 뿐이다. 그러나 그런 우연의 일치는 사라지지 않는다. 그것은 고대의 예언과 과학적 사실 사이의 되울림 속에서 동시적으로 신호를 보낸다. 요한의 시대에 이미 작동했던 전 지구적 권력이 지닌 파괴적 패턴(a destructive pattern of global power)은 극적인 변화의 고비들을 여러 차례 겪었다. 그러나 그것이 중지되지는 않았다. 그와는 반대로, 그 불타는 절정에 다가서고 있는 듯이 보인다.―적어도 지구온난화의 치명적 온도들로 측정되기로는 그렇다.

요한의 일곱 번째 봉인이 열리자, 네 명의 말 탄 자들 전부를 합친 것보다 인간의 미래를 더 위협하는 환경의 황폐된 광경을 보여준다. 그러나 우리가 1장의 결론부에서 지적했듯이, 네 번째 말의 전염병은 그때나 지금이나, 단지 의학적인 위기만이 아니라 **생태적 위기**로 읽어야만 한다. 그 말발굽 소리의 두드리는 리듬은 트럼펫 7중주를 동반한다.[12]

(March 30, 2020).
12) 일단 전달이 되고나면, 바이러스는 인간들 사이에서 전염을 위해 치명적

2. 농담이 아냐

내가 냉장고 문에 붙인 만화에는 머리칼을 풀어헤친 두 사람이 각각 "종말이 가까이 왔다(THE END IS NEAR)"라고 쓴 포스터를 들고 서 있다. 한 사람은 상투적 행동을 하는 거리의 예언자로서 성서를 들고 있고, 다른 사람은 얼간이처럼 보이는 과학자로 〈기후변화〉라는 제목의 책을 들고 있다. 만화의 제목은 "과학과 종교가 마침내 동의한다고?(Science and Religion Finally Agree?)"이다.

만화는 과학과 종교 사이의 굳어진 대립의 결승전을 보여준다. 그 긴장은 갈릴레오의 가택연금과 브루노(Giordano Bruno)의 처형만큼이나 오래된 것이지만, 그 포스터를 든 예언자는 미국 프로테스탄트 근본주의의 야바위꾼이다. "근본주의"는 한 세기 전에 자유주의 종교, 세속적 교육, 특히 다윈주의(Darwinism)에 반대하는 전투를 위

형태로 변형된다. 저명한 환경 과학자 리처드 오스트필드(Richard Ostfield)는 "설치류(齧齒類) 동물들과 일부 박쥐들은 우리가 그들의 자연 서식처를 부숴버리면 더 번성한다. 그것들은 병원균들의 전파를 더욱 촉진한다. 그들의 서식처를 우리가 침범할수록, 우리는 더욱 위험하게 된다." See John Vidal, "Destroyed Habitat Creates the Perfect Conditions for Coronavirus to Emerge," *Scientific American: Ensia* (March 18, 2020). 바이달(Vidal)은 덧붙이기를 "단지 10년 혹은 20년 전만해도, 색다른 야생동물들로 넘쳐난 열대우림과 손대지 않은 자연 환경들이 인간들 속에 에볼라(Ebola), HIV, 댕기열(dengue) 같은 새로운 질병을 일으키는 바이러스와 병원균들을 품고 있어서 사람들을 위협한다고 널리 생각되었다. 그러나 오늘날엔 상당수의 연구자들이 생각하기를, 실제로 인간들이 생태다양성을 파괴하여, 부유한 나라들과 가난한 나라들 모두에게 엄청난 건강상의 그리고 경제적 영향들을 주면서, 새로운 바이러스와 Covid19같은 질병을 위한 조건을 만들어 내고 있다고 한다. 인간의 안녕과 다른 생물들, 그리고 전체 생태계들 가운데 점차로 증가하는 눈에 보이는 연결들에 초점을 두는 사실상 새로운 규율, 지구의 건강 문제가 발생하고 있다"고 한다.

해 창시되었다.13) "섭리주의(Dispensationalism, 때로 '세대주의'라고도 부른다)"라고 부른 역사의 7 단계 구도를 특징으로 하여, 묵시록의 이 판본에서는 신실한 자들을 위해 임박한 휴거(rapture, 황홀한 들려 올려짐, 携擧라는 번역은 좀 어색하다 -역자주)를 기다리는데, 이어서 마지막 때를 위한 "하느님의 계획"이 완전히 구도대로—그리고 늘 다시 계획되는—실현되는 과정 속에서 "큰 환란들"이 뒤따른다.14) 진화론을 반대하는 근본주의자들로부터 시작해서, 미국의 종교적 우파들은 지구 행성의 생태학에 대한 과학을 즉시 거부할 준비가 잘 되어 있다.

마지막 때(The End)에는 서로 대립하는 것들이 서로를 거울처럼 반사하다니—멋진 농담일세. 너무도 진지하게 요한계시록 자체의 사회적 재난과 전 지구적 재난에 대한 예상이 기후과학에서도 메아리친다. 내 냉장고 위에 붙여놓은 만화처럼, (과학과 종교의) 서로 대

---

13) "'The Fundamentals'(1910-1915)라고 부른 90개 소논문들의 이 모음집은 Southern California 석유재벌 Lyman Stewart가 시카고 소재 Moody Church 담임목사인 A. C. Dixon을 편집장으로 고용해서, 5년 정도 기간 동안 보수적 프로테스탄트 학자들을 동원하여 논문들을 발표하도록 했다. 그 연재물은 광범위한 신학적 영향을 끼쳤는데, 예를 들어, 프린스턴의 신학 교수 Benjamin Warfield는 'The Deity of Christ'에 대한 논문을 썼다." (역사학자 J. Terry Todd가 나에게 이메일을 보냈다. August 31, 2020).

14) Matthew Avery Sutton, *American Apocalypse: A History of Modern Evangelicalism* (Cambridge, MA: Belknap Press of Harvard University Press, 2014).

립하던 메시지가 시간이 지나면서 더욱 일치한다. 기후과학은 이 기간에 완화(mitigation)로부터 적응(adaptation)에로 강조점을 옮겼다. 이것은 우리 "문명"의 1만 년 동안 세계인 충적세(Holocene)의 지구를 더 이상 구제할 수 없다는 것을 정중하게 표현하는 말이다. 심지어 온건한 파리기후협정에서 지구의 평균온도 상승을 섭씨 2도 이하로 지키자는 희망도 그 동안에 녹아서 사라졌다. 그리고 우리는 그게 아니라 섭씨 1.5도가 대파국을 피할 수 있는 최저 한계임을 알게 되었다. 우리는 지난 1만 년 동안에 가장 따뜻한 시점, 산업사회 이전 온도보다 섭씨 1도 더 높은 시점에 최근에 도달했다.[15] 나팔 소리가 들리는가?

그러나 기후과학의 엄정한 데이터는 예측하면서 만화 형식의 확실성을 택하지는 않는다. 사실들을 **사실들로서** 전달하는 것은 그것들이 복잡한 체계의 불확실성 속에 층층이 겹쳐 있어, 특히 미국에서는 어렵다는 것이 증명되었다. 여기에 기업들과 그리스도교 우파들이 불확실성의 여지를 의심의 공간으로 확대 조작했다. 과학적 지식은 확실하다는 고정관념을 이용해, "의심을 파는 상인들(merchants

---

[15] 편집자주: 현재 지구 평균기온은 산업혁명 이전보다 섭씨 1.2도 상승했다. Michael E. Mann, *The New Climate War: The Fight to Take Back Our Planet* (New York, NY: PublicAffairs, 2021), 213; David Wallace-Wells, *The Uninhabitable Earth: Life After Warming* (New York, New York: Tim Duggan Books, 2019), 65; 유엔 세계기상기구(WMO) 역시 보고서를 통해 "기후변화 파국까지 0.3도 상승만 남았다"고 경고했다(프레시안, 2021.04.20.). 그러나 1.5도 상승에서 억제하자는 파리협약의 196개 참가국들의 정책 시나리오에도 불구하고, 국제에너지기구(IEA)는 *2019 World Energy Outlook*을 통해서 "이산화탄소 농도가 현재의 배출량 수준인 (매년) 330억 톤에서부터 2040년까지 **전혀** 감소하지 않을 것이며, 오히려 360억 톤으로 증가할 것"이라고 예상했다. Noam Chomsky and Robert Pollin, *Climate Crisis and the Global Green New Deal* (London: Verso, 2020), 137. 폭염과 소득 증가로 인해 에어컨 사용, 자동차, 육류 소비가 계속해서 크게 늘어날 것이기 때문이다.

of doubt)"은 정확히 언제, 어떻게, 그리고 얼마나 많은 기후변화가 일어날 것인가를 예고하기를 거절하는 정직한 과학자들을 엉터리 **과학**이라고 조롱한다.16) (정직함은 최후 파멸의 날의 징조라고 한 햄릿의 비꼬는 말을 기억하라.) 과학적 확실성을 반대하는 근본주의자들과 공모하여, 레이건 대통령이 재직하던 1980년대에는—기후과학(cli-sci)을 더 이상 반박할 수 없게 되자—매우 어렵게 이끌어낸 모든 국가적 차원의 환경정책을 뒤엎어버릴 준비를 했다.

그 만화에서 과학자와 근본주의자 사이에 제3의 인물, 즉 종교적 생태활동가 한 사람을 끼워 넣으면 그 만화를 망치게 될 것이다. 그녀는 과학적 전통과 종교적 전통 모두에 의해 동기를 부여받는다. 종교의 생태정의 운동들은 과학적 정보를 지닌 그리스도교 유산 위에서 세워진 것인데, 그런 유산과 싸우려고 근본주의가 태어난 것이다. 그런 자유주의/진보적인 신학은 비판적인 세속적 담론들 속에 있는 점점 진화하는 은유들을 특징으로 한다.17) 그 신학은 하느님의

---

16) Naomi Oreskes and Erik M. Conway, *Merchants of Doubt: How a Handful of Scientists Obscured the Truth on Issues from Tobacco Smoke to Global Warming* (New York: Bloomsbury Press, 2010).
17) 신학의 좌파 스펙트럼은, 특히 과정신학과 생태학적 형태들 속에서, 자연 과학과의 장기적 대화를 생각한다. 최근의 사례들은 프란치스코 교황의 기후변화에 관한 회칙 <찬미받으소서, *Laudato Si: On Care for Our Common Home*>(2015); 다종교적이며 세속적 응답의 선집(選集)으로는 John B Cobb, Jr. and Ignacio Castuera with Bill McKibben, *For Our Common Home: Process Relational Response to "Laudato Si"* (Anoka, MN: Process Century Press, 2015); Claton Crockett and Jeffrey W. Robbins, *Religion, Politics, and the Earth: The New Materialism* (New York: Palgrave Macmillan, 2012); Elizabeth Johnson, *Women, Earth, and Creator Spirit,* 1993 Madeleva Lecture in Spirituality (New York: Paulist Press, 1993); Thomas Jay Oor, ed., *Creation Made Free: Open Theology Engaging Science* (Eugene, OR: Pickwick Publications, 2009); Sally McFague,, *A New Climate for Theology* (Minneapolis: Fortress Press, 2008).

침묵에 대한 성찰을 금지하지 않는다. 또한 극단적 질문들과 의심들을 억압하지 않는다. 진보적인 신학들은 미리 프로그램되거나 미리 예고할 수 있는 묵시종말론의 옷이 아니라 예언자들의 조건명제를 지닌 히브리 유산의 옷을 입는다. 즉 **만일** 우리가 사회 질서로서 우리의 방식을, 그리고 다른 인간들과 다른 생물종들을 향한 우리의 방식을 변경하지 않는다면, …불(화재)이 (세상을 태울 것이다). 그리고 그 "만일(If)"은 지금 주의를 기울일 것을 요구한다. 억압당하는 민중을 위한 정의를 찾는 모든 사람들로부터, 지구온난화의 과학에 이르기까지 주의를 기울일 것을 요구한다.18)

과학에 반대하는 종교는 원칙상 세속주의 자체가―그 자체의 도그마 형태 속에서―주장하는 것을 종교 자체로 가정하는 짓이다.19) 만화 같은 종교의 확신은 만화 같은 과학의 확신을 조롱하고 똑같이 반사한다: 둘 모두 예고할 수 있는 사실들에 집착한다. 만화 같은 종교들은 세속주의자들로 하여금 과학에 친숙한 종교에 대해 무지하도록 만든다. 그리고 그런 무지함은 더 나아가서 지구 위의 모든 생명체들을 위해 충분히 폭넓게 연대할 수 있는 기회를 감소시킬 뿐이다.―나는 그렇게 충분히 폭넓게 연대하는 것을 종종 **세속종교적**(seculareligious) 연대라고 부른다.

거리의 예언자와 기후과학자가 함께 항거하는 그 만화 그림이

---

18) 사회 정의를 생태 정의와 결합하는 신학에 대한 사례들은 Melanie I. Harris, *Ecowomanism: African American Women and Earth Honoring Faiths* (Maryknoll, NY: Orbis Books, 2017); Michael S. Hogue, *American Immanence: Democracy for an Uncertain World* (New York: Columbia University Press, 2018); James W. Perkinson, *Political Theology for a Century of Water Wars: The Angel of the Jordan Meets the Trickster of Detroit* (New York: Palgrave Macmillan, 2019)을 보라.

19) Richard Dawkins, *The God Delusion* (New York: Mariner Books, 2008).

영성과 과학 사이의 어떤 새로운 연대(solidarity)를 암시할 것인가? 우리들 가운데 충분히 많은 사람들이 최후 파멸의 날에 대한 확신에 대항하기 위해 거리에 나설 수 있다. 그래서 비극적-희극인 기후과학의 사실에 근거한 T.V. 드라마 "어리석음의 시대(*The Age of Stupid*)"는 "끝(The End)" 다음에 한 자막을 더 넣어 "끝이라고?(The End?)"로 마감했다.[20] 모든 사람들이 그 의문부호에 환호했다.

3. 원래의 쓰고 단 맛(Bittersweet)

그러나 일곱 번째 봉인을 위한 트럼펫 7중주는 결코 유머러스하지 않고, 그렇게 끝나지 않는다. 세 번째 나팔 소리에 또 다른 굉장한 오염물질이 떨어져 "모든 강의 삼분의 일과 샘물들을 덮쳤습니다." "그 바람에 물의 삼분의 일이 쑥이 되고 많은 사람이 그 쓴 물을 마시고 죽었습니다"(계 8:11). 쑥은 치료를 위해 사용되던 매우 쓴맛이 나는 풀이고, 과도하면 치명적이다. 요한계시록에서는 쑥이라는 이름의 별 전체가 맑은 물에 떨어졌다.―분명히 과도하다.

이 상징에는 무엇이 실렸는가? 요한은 산업이 식수를 엄청나게 독성화시킬 것을 예상할 수는 없었다. 예를 들어, 아프리카 니제르에서는 쉘(Shell) 회사가 석유를 뽑아 올린 것이 물을 독성화시켜서 해마다 15만 명의 어린이들이 죽어가고 있다. 이런 숫자를 미국에 살고 있는 우리들은 추상적으로만 느낄 뿐이다. 우리는 대부분 수도꼭지에서 안전한 식수를 얻고 있음에도 불구하고, 석유로 만든 플라

---

20) *The Age of Stupid*, Fanny Armstrong (Spanner Films, 2009)이 감독했다.

스틱 병들을 사며, 그것들은 나중에 분해되어 더 많은 독(毒)을 만들어낸다. 그러나 미시간 주 플린트에서는 납으로 오염된 물을 마시고 한 해에 12명이 죽었다.21) 또 디트로이트는—전국에서 가장 가난한 가정들이 "가장 높은 물 값 부담"을 졌던 곳인데,22)—상수도 회사가, 경제적으로 압박을 받고 인종적으로 구별된 400 가구에 급수를 차단시켰다.(지금 이 순간에 급수 중단 상태에 있는 사람들의 숫자가 작아 보이는 이유는 코로나 팬데믹으로 인한 실업 때문에 급수 차단이 전국적으로 늘어난 때문이다.)

요한은 환경적인 계급차별과 인종차별, 또 우리 세기에 점증하는 물의 위기를 예언할 수는 없었다. (비록 중동지역에서 맑은 물을 얻기 위한 전쟁들에 그가 놀라지는 않을 것이겠지만). 인간 **사이의** 억압적인 체제들이 지닌 평화 파괴 경향이 지구 행성 위에서 인간 **이외의** 것들을 파괴하리라는 것을 그가 알아챈 것 같지는 않다. 그가 생태적인 쇼크를 일으키는 깊은 패턴을—네 명의 말 탄 자들과 일곱 개의 봉인 사이에서 휘몰아치는 역사를—꿈으로 읽어내고 있었다고 말하면 어떨까? 한 성서학자는 그걸 요약해서 "계시록에서는 생태 재앙이 인간들과 하느님 사이의 무너진 관계를 말하고 있다"고 말한다. 특히 "요한계시록 8:7-12 속에는, 창세기 1:1-2:4a의 창조 이야기를 거꾸로 하는 '창조 파괴 이야기(de-creation story)'가 있다"고 말한다.23) 미국의 저명한 생태활동가인 빌 맥키븐은 여러 해 전에

---

21) See Hogue, *American Immanence,* chap. 1, "American Exceptionalism and the Redeemer Symbolic," 22-53.
22) Sara Cwiek, "Report: Detroit's Poorest Households Face Highest 'Water Burden' in the Country," *Michigan Radio: NPR* (October 26, 2018).
23) Harry O. Maier, "There's a New World Coming! Reading the Apocalypse in the Shadow of the Canadian Rockies," in *The Earth Story in the New Testament,*

우리 인간들이 지구 행성에 저지른 영향을 이렇게 표현했다: "우리는 창세기를 반대 방향으로 뒤돌려, 창조 파괴를 하고 있다."24) 요한계시록에 나오는 7이란 숫자—동물들과 구리나팔, 봉인들 속의 일곱 표징들—는 창세기의 상징적인 7일을 정확히 거꾸로 하고 있는 것처럼 보인다.25)

그러나 너무 성급히 나가지는 말자. 나팔 소리는 계속되지만, 그것들이 요한의 마지막 피날레(finale)를 선언하지는 않는다. 거의 그렇지 않다. 그러나 이미 네 번째 나팔 소리와 함께 태양과 달과 별들의 1/3이 어두워졌다. 그리고는 이미지들이 더욱 우주적으로 환등기처럼 변한다. 즉 또 다른 별이 떨어졌고, 다섯 번째 천사에게는 "깊은 지옥 구덩이를 여는 열쇠"가 주어졌다(계 9:1). 죽음으로 편안해지지 못하도록 끝없이 견딜 수 없는 고통을 주도록, 전갈처럼 괴상하게 생긴 동물이 공격한다. 나는 이것을 고대의 괴물 전승으로 남겨두고자 했지만, 갑자기 예상치 못한 상황에로 내닫게 되었다: 그 천사가 "그 지옥 구덩이를 열자 거기에서부터 큰 용광로에서 내뿜는 것과 같은 연기가 올라와 공중을 뒤덮어서 햇빛을 어둡게 하였다."

거대한 용광로의 구덩이라고? 그게 뭔데? 요한이 1500년 뒤에 땅을 뚫고 화석연료를 뽑아내어 거대한 용광로들에서 화염들을 일

---

ed. Norman C. Habel and Vicky Balabanski (London: Sheffield Academic Press, 2002), 175.

24) Bill McKibben, *Eaarth: Making a Life on a Tough New Planet* (New York: Times Books, 2010), 25.

25) 창조를 이렇게 거꾸로 뒤집는 것은 예레미야서에서 예언자적 선구자가 있는데, 그는 인간의 어리석음과 죄악으로 인해 창세기 1:2; 4:22-23에 나오는 창조 이전의 혼돈(*tohu wabohu*)으로 돌아가는 지구의 비전을 보고 무서워 떨었다. "나는 땅을 바라보았는데, 황폐하고 공허했으며, 하늘에는 빛이 없었다."

으킬 공학기술과 그 산업공해의 고통스런 미래를 비밀리에 눈치채고 있다는 것인가? 분명코 그가 석탄 광산의 수직 갱도들과, 태양을 가리고 공기를 독성화시키는 연기 자욱한 하늘을 예언하고 있지는 않다. 1장에서 이미 본 것처럼, "산업화되는 영국의 검고 사탄 같은 공장들에서 나오는 묵시종말을 본 사람은 노동자계급 기술자이자 석판인쇄공이요, 시인이었던 블레이크(Blake)였다."26) 그러나 그의 시는 마치 예언처럼, 이미 알고 있는 결론의 쓸데없음이 아니라, **하나의 끈덕진 경향성**을 꿈으로 읽어낸다.

여섯 번째 나팔 소리에 인간들 1/3이 죽었다. (인간이 창조된 것은 제6일째였다.) 나머지 사람들은 그들의 탐욕과 우상들에 매달린다. 요한의 이야기는 아직 끝나지 않았다. 그것은 더욱 험악해진다.

한 천사가 이제 그에게 "열린 두루마리"를 건네면서, "이것을 받아 삼켜버려라. 이것이 네 입에는 꿀같이 달겠지만, 네 위에 들어가면 위가 쓰리게 할 것이다"라고 말한다. 과학적으로는 알 수가 없는 방문자들, 우주적인 콘서트들, 예언자적인 비전들을 말하기는 달콤해도, 그들의 피에 젖은, 불타는, 연기로 타오르는 내용들은 매우 쓰다. 직감적인 느낌: 좋지 않다.

4. 악(Evil)과 전능(Omnipotence)

선배 예언자들에게 맞추어 꿈을 읽어내는 일은 운명이 아니라

---

26) Michael S. Northcott, *A Political Theology of Climate Change* (Grand Rapids, MI: Wm. B. Eerdmans, 2013). 이 영국의 생태 신학자는 "그리스도교 서구에서 최초의 '현대' 국가로서 영국에 닥친 현재의 위기를 추적한다"(287).

책임을 분별하는 일이다. 이것은 신학적으로 고통스럽다. 최후의 파멸을 알리는 뿔 나팔을 부는 자들은 천사들, 곧 '앙겔로이(aggelloi)', '메신저들(messengers)'이다. 옥좌 위에 앉아계신 바위 하느님(the Rock God)의 심부름꾼들이다. 요한계시록을 읽는 대부분의 독자들, 그 책을 사랑하는 분들, 싫어하는 분들과 함께, 우리는 이 파괴의 전체 팡파레(whole fanfare of destruction)가 바로 옥좌에 앉아계신 냉정하신 현존/임재에 의해서 작곡되고 지휘된다고 생각할 수밖에 없지 않은가? 그러나 천사들이 그 악보를 (요란스럽게) 불어대고 있는 동안, 인간들이 비난받고 있다.

그래서 그 두루마리를 흔히 읽어 왔듯이, 즉 그 두루마리가 단지 선포(pronouncement)만이 아니라 예고하는(prediction) 힘을 휘두른다고, 심지어 그것을 지시하는 힘에 근거하여 미래를 예고하는 힘을 휘두른다고 읽지 않기란 어렵다. 신은 무엇이 일어날 것인지를 미리 알 뿐만 아니라, 그것을 "허락하고" 있는 것처럼 보인다.―그래서 그것이 일어나도록, 적어도 간접적으로는 의도한다. (예를 들어, "그 위에 탄 사람은 세상에서 평화를 없애버리고 사람들로 하여금 서로 죽이게 하는 권한을 받았습니다." 계 6:4). 여기서 우리는 하느님에 대한 고전적인 신학적 문제로 다시 돌아온다: 권능과 악(power and evil)의 문제 말이다.[27] 만일 하느님이 이런 결과들을 미리 볼 수 있다면, 정말로 만일 그런 것들이 특별히 허락된다면, 그럼 도대체 왜

---

[27] David Ray Griffin는 어떻게 선하고 선능하신 하느님이 악을 허용할 수 있는가라는 고전적 난제에 대한 과정신학적 대답의 확실히 20세기적인 진술을 제공한다. See David Ray Griffin, *God, Power, and Evil: A Process Theology* (Louisville, KY: Westminster John Knox Press, 2004). 이세형 역, <과정신정론>(이문출판사, 2007). Thomas Jay Oord, *God Can't: How to Believe in God and Love after Tragedy, Abuse and Other Evils* (Grasmere, ID: SacraSage Press, 2019)도 보라.

인간들이 책임을 져야 한다는 말인가?

천사의 팡파레는 전능(omnipotence)이라는 깊은 문제, 그 신학적인 깊은 심연을 열어 보여준다. 만일 미래가 돌-하느님(the Stone)에 의하여 돌 위에 써진다면, 도대체 왜 우리가 나쁜 것들에 대해 비난을 받아야 한다는 말인가? 만일 그것이 모두—종족학살, 생태학살을 포함해서—하늘에서 계획되었다면, 어떻게 무엇이든 달리 전개되었을 수 있겠는가? 그런 통제 속에서 도대체 어디에 자비심의 여지가 있단 말인가? 다른 말로 해서, 어떻게 전능하신 하느님이 어떤 의미심장한 판단에서 **선하시다**고 할 수 있는가? "선하신 하느님(Good God)"이란 말은 하느님의 특성을 표현하기보다는 비속어 표현으로 더 잘 사용되는가?

그리스도교 역사에서는, 모든 것이 하느님의 의지를 따라서 발생한 것이라는 칼빈주의(Calvinism)에서 결국엔 모든 것을 통제하고 가장 분명한 신학들이 나왔다. 구원이나 저주란 우리에게 미리 예정된 것이다.[28] 이런 하느님의 주권(divine sovereignty)의 의미는 현대 근본주의자들의 결정론(determinism)으로 둔갑하여, 하느님의 역사적인 사역의 일곱 가지 "신의 섭리[지배] 세대들(dispensations)"로 마지막 때의 예고들을 그려낸다. 이런 세대들은 상투적으로, 그리고 당

---

[28] John Calvin 자신이 더 엄격한 칼빈주의자의 영향에 반대한 자료를 제공한다. 칼빈에게는, 사랑이 인간들과 신을 위한 "율법의 극치"다. 하느님은 바로 사랑을 할 수 있다–그것은 율법이다–그리고 하느님은 "자신에게 율법인 그런 율법이 없는 신"이 아니다(Calvin, *Inst.* 3.11.17). 칼빈은 "절대적 힘"이란 허구를 거부한다(Calvin, *Inst* 3.23.2). 신학자요 활동가인 Dhawn Martin은 "칼빈에게서 지혜, 정의, 선함, 신실함 등의 다른 신적인 특성들 속에 그것을 포함하지 않고서는 신의 권능을 논의하는 일이 매우 드물다. 하느님은 통치권을 위한 통치자가 아니다. 하느님이 통치자이신 것은 우리의 모든 날들... 모든 행동들에 사랑이 지배하는 것과 같다. 그래서 하느님은 사랑이시다"라고 한다(Dhawn Martin, email correspondence, August 14, 2020).

황스럽게도 재조정되지만, 미리 계산하시는 하느님(precalcutating God)이란 견해는 고정되어 있다. 심지어 우리의 행동들이 영원 전부터 미리 알려진 것일지라도, 항상 인간들이 비난을 받고 처벌된다. 적어도 원칙적으로는, 그런 일들은 모두 예고될 수 있다. 이중 예정론(double predestination, 구원받을 자와 영벌을 받을 자는 미리 예정되어 있다는 교리)이나 통제하는 간섭(섭리), 그 어느 것도 요한의 비전을 닮은 것은 아니다. 그러나 요한이 말하는 '판토크라토르(pantokrator),' 즉 모든 것을 지배함(all-ruling)이란 말은 확실히 모든 것을 통제함(all-controlling)으로 읽혀지거나, 잘못 읽혀질 수 있다.

성서에는 신적인 권능이 곧 모든 것을 통제한다는 일관된 의미는 없다. 그것은 후대에 신학적으로 공식화된 것이다.[29] 유대인들 가운데는, 예수를 따른 사람들을 포함하여, 창조를 시작하고 모든 생명들을 품어주시는 한 분(One)을 추정할 이유가 있었다. 부당한 고통들을 겪은 위기들 속에서 신의 권능을 견지하려는 끝없는 노력들이 있어 왔다. 훨씬 나중에 이것은 고전적인 "신정론(Theodicy)," 즉, "하느님의 정당화"라는 문제가 된다. 정의로우신 하느님이 도대체 어떻게 세계를 통제하시면서 동시에 우리에게 책임을 묻기도 하실 수 있는가?

그 획기적인 돌파의 해명들은 논리적 해결이 아니라, 욥기에서 회오리바람 속의 목소리처럼, 시적인 현현(poetic epiphanies)이다. 그 목소리는 어떤 악들에 대해서도 책임을 추궁하지 않는다. 그것은 창

---

[29] 신학자 이레니우스(Irenaeus)로부터 시작하여, 전능하신 하느님이란 명백한 논리가 등장한다. See my *On the Mystery: Discerning Divinity in Process* (Minneapolis: Fortress Press, 2008). 특히 4장, "After Omnipotence: Power as Process"을 보라. 박일준 역, <길 위의 신학>(서울: 동연, 2020).

조된 생명의 복잡성을 시적인 상세한 표현으로 축복한다.—"바닷속 깊이 더듬어 내려가 바닷물이 솟는 샘구멍," "넓은 땅 위," "산양이 언제 새끼를 낳는지," "들나귀들을 풀어놓아 자유롭게 됨," "털이 빠진 날개를 펴고 어쩔 줄 모르며 좋아하는 타조," "독수리가 높이 치솟아 아득한 곳에 보금자리를 트는 것"을 새벽별들이 함께 노래한다.30)

그러나 요한계시록은, 공포의 대행자들인 천사와 악마들과 함께, 대부분의 성서 본문들보다도 암시적인 예정론에 더 가까이 다가온다. 이 사실은 날려서 쫓아버릴 수 없다. 그와는 반대로, 미국과 세계 속에서, 어떤 재앙이라도 주님의 뜻의 표징이라고, 그리고 만일 그게 충분히 크면 주님의 재림의 표징이라고 읽어낼 수 있는, 묵시 종말론적으로 긴장된 그리스도교 우파들의 유산을 다루어야 한다. 한 친구가 근본주의자인 시골 농부이자 여러 해 동안 기후변화 부인론자인 그의 어머니의 말을 인용하듯이, "아들아, 기후변화에 대해선 네 말이 맞다. 우린 그걸 볼 수 있어. 그러나 넌 그걸 염려하지 말아라. 그건 주님이 곧 다시 오시고 계신다는 뜻이다." 내가 앞에서 말한 것처럼, 내가 묵시록에 대한 20세기의 책을 쓸 마음이 생기도록 만든 것은, 〈죽어버린 위대한 지구 행성, *Late Great Planet*〉의 저자와 (릭 페리가 트럼프를 "선택된 분"이라고 선언하기보다 훨씬 오래 전에)31) 최후의 대통령으로 추정된(the presumed final president) 로

---

30) From Job, chaps. 38 and 39. See my chapter on Job in Catherine Keller, *Face of the Deep: A Theology of Becoming* (New York: Routledge, 2003). chap. 7, "Recesses of the Deep: Job's Cosmi-Cosmic Epiphany."

31) Roxxanne Cooper, "'Trump Base Is a Cult': Rick Perry Slammed after Saying Donald Trump Is 'The Chosen One' during Fox News Interview," *AlterNet* (November 25, 2019).

널드 레이건 사이가 가깝기 때문이었다. 나는 신적인 계획으로 일어날 열핵무기(thermonuclear), 즉 수소폭탄의 교환으로 역사가 끝날 것을 염려하지는 않았다. 나의 관심은 도대체 어떤 정책들과 정치들이 지금부터—빌어먹을 민주주의라니—하느님의 이름으로 정당화될지에 관해서였다.

요한계시록이 그런 결정론에 기름을 붓고 있지만, 그것은 또한 집단적인 행동들이 집단적인 결과들을 낳는다는 냉정한 메시지도 보낸다. 요한계시록에는 신적인 통제라는 어떤 직설적 논리도 없다. 하느님의 모습이나 말씀은 모두—메신저들의 다양성, 보석의 깎은 면들, 이미지의 여러 형태들을 통하여—굴절되고 만다. 그래서 우리가 본 트럼펫 7중주에는 미리 정해둔 역사 연표(年表)도 없고, 그런 결과들을 하느님이 원하시거나 의도하시기는 고사하고, 항상 미리 보고 계셨다는 주장도 없다. 이런 이유로, 전통에 충실한 예언은 많은 것을 예상하지만, 그러나 사실적인 예고로 환원되지는 않는다. 전능함(Omnipotence)과 예정론(Predestination)은 그 고대의 두루마리로부터 후대의 교리들로 투사된 것들이다.

그 두루마리 자체는 꿈같은 은유들 속에 기묘하게도 봉인되어 남아 있다. 심지어 그 영향을 받은 시대를 통하여 그 봉인이 열렸다 다시 봉해졌다 하면서도 말이다.

5. 독수리의 탄식

그 비전은 음성의 강도를 따라 흔들리고 있다. 독수리가 큰 소리로 탄식하는 것을 들어보라: "화를 입으리라. 화를 입으리라. 땅 위에 사는 자들은 화를 입으리라. 아직도 천사들이 불 나팔 소리가 셋이나 남아 있다!"(계 8:13). "화를 입으리라(Woe)"는 그리스어 '우아이(ouai)'를 번역한 것으로 계시록에 여러 번 나오며, 탄식이나 애통함을 표현하는 외침이다. "우아이, 우아이, 우아이(Ouai, ouai, ouai)—이 의성어는 비통한 울부짖음을 전한다. 사실은 보다 나은 번역어를 위한 언어학적 주장을 확신시킬 만한 것이 있다: "슬프도다, 이 땅이여(Alas, Earth!, Alas for Earth!)." '슬프도다(Alas)'는 "화를 입으라(Woe to)"로는 하지 못할 지구를 위한 동정심 혹은 관심을 표현한다. '화를 입으라'는 말은 땅에 대한 심판이나 저주를 선언하면서, 하느님이 땅에 맞서 계심을 암시한다. 이것이 주된 해석이었다"라고 바바라 로싱은 쓰고 있다.32) 그러나 보다 정확한 읽기는 극심한 애통함이다.

독수리가 외친 우주적인 비통함은 원수 갚기의 맹렬한 공격보다는 그 비전 안에서 작동하는 서로 다른 영향을 암시한다. "우리가 '우아이(ouai)'를 '슬프도다(Alas)'라고 번역하면, 하느님이 땅의 고통에 대한 애통하심과 탄식하심 속에서 동정심을 보여주시는 것으로 이해할 수 있다"고 로싱은 주장한다. 즉, 땅위에 사는 모든 것들의 고통 말이다. 이 신은 또 다른 신약성서 요한의 편지에 더 닮은, 함께 아파하심(compassion)을 증거한다: "하느님은 사랑이시다." 즉 통제와는 매우 다른, 또 다른 종류의 권능—남에게 힘을 부여하고, 초청하며, 돌보아주는—이 나타나려고 한다. 이 요한이 그걸 알았다고 생각할 이유는 없다. 밧모 섬의 요한이 보낸 편지에서는, 하느님이

---

32) Barbara Rossing, "Alas for Earth! Lament and Resistance in Revelation 12," in *The Earth Story in the New Testament,* ed. Norman C. Habel and Vicky Balabanski (New York: Sheffield Academic Press, 2002), 183. The Greek reads, "Alas, earth-dwellers" not "woe to us."

"불의로부터 땅의 해방을 가져올 역병들을" 허락하거나 묵인한다.33)

그런 고통들이 어떻게 도움을 줄 것인가? 희망은, 재앙을 겪은 것이 잠을 깨우는 경종 역할을 하는 데 있는 것처럼 보인다. 이것은 기후 재앙의 초기 파동들이, 심지어 그 재앙의 원인에 가장 책임이 많은 사람들 가운데, 집단적 책임이 있음을 알려주기를 환경주의자들이 희망했었다는 것을 상기시켜준다. 그러나 그들이 (심지어 지금도) "뉘우치지 않았을 때" 실망한다(계 9:20ff).

우리가 '우아이(ouai)'라는 외침들에 귀를 기울이면, 그런 외침들이 "독수리 한 마리가 하늘 한가운데서 날아다니는 것을 보았고 그것이 큰소리로 '화를 입으리라. 화를 입으리라'"(계 8:13)고 외친 것임을 기억한다. 이 생물은, 옥좌를 둘러싼 네 가지 토템 같은 것의 네 번째 독수리 같은 것에 관련되어 있어서(계 4:7), (말하지 않는) 하느님을 대신하여 말하고 있는 것으로 읽힌다. 주의를 끄는 신적동물성(divinanimality)이 우리를 꿈이라는 매개 속에 있게 한다. 확실히 대변자 독수리는 당당한 권위를 지니고 있다.—심지어 하느님이 심판 가운데 저주하고 계시기보다는 애통 가운데 울부짖고 계신다고 더 잘 해석됨을 암시하고 있다. 아마도 신적인 권능(power)과 신적인 선함 사이에 유일신론의 긴장이 있기에, 하느님의 비통함은 오직 동물을 통해서만 들리고 느껴질 수 있을 것이다. 우리의 첫 표징인 말 없는 인물, 곧 죽임을 당하여 피투성이가 된 어린 양도 마찬가지를 암시한다. 우리는—함께 고통을 겪는, 감동을 받은 원래의 느낌으로—함께 아파하는 마음(compassion)의 작용 속으로 초대된다.

그러나 나중에 정통주의들이 모든 것을 통제하는 하느님(the all-

---

33) Ibid.

controlling God)이란 교리로 발전시켰기에, 하느님은 움직일 수 없는 불변성(immovable changelessness)에로 굳어졌다. 고통을 겪을 수 없는 하느님(impassible God) 교리에 따르면, 함께 아파하는(compassion) 마음은, 그것이 열정(passion)이기에, "하느님"의 특성으로 돌릴 수 없고, 그분에게 영향을 줄 수도 없다. 그분은 영향을 받지도 않는 자로, 그리스 철학의 부동의 동자(the Unmoved Mover)가 되어버렸다. 하느님의 돌 같으심이 더 굳은 의미를 지니게 되었다. 자신의 통제와 종속된 것들의 통제가 규율이 되어버린 고전적 합리성 속에서는 전능하심과 냉정(무감동)하심이 함께 작용할 수 있게 된다. 그래서 사랑은 예외가 된 것이다. 묵시종말적 비통함의 작용은 무감동하게 된다. 그리고 애통할 능력이 없는 상태에서는, 회개(metanoia), 곧 "마음의 변화" 기회도 없다. 회개의 기회마저 억누르기 때문인가?

그러나 독수리의 외침을 꿈으로 읽어내는 것은 그것의 탄식을 듣는다는 뜻이다: "슬퍼하라, 땅위에 사는 것들아." **지금**(now) 그것을 듣는다는 뜻이다. 만일 그 탄식에 마음을 썼다면, 만일 우리 인류가, 우리들 가운데 충분히 많은 수가, 우리 문명이 예전에 파괴했고 지금도 파괴하고 있는 것에 대해 비통함을 느꼈다면, 만일 독수리(미국의 상징-역자주)의 국가적 착복이 땅위에 사는 모든 것들에게 비통함의 감정을 가져왔다면, 만일 우리가, 우리 백인들이 인간 이하로 간주하여 그들의 동물적 토템들로 취급한 것들의 목소리들에 귀를 기울였다면 ….

그 대머리 독수리는 반세기의 생태학적 노력 덕분에 멸종 직전에 되살아나 하늘 높이 솟아올랐다. 그런 변혁의 원동력이 시민들로 하여금 아직 무엇을 구제할 수 있는지에 대해 마음을 집중하게 만드는가? 그렇다면, 이는 조애나 메이시(Joanna Macy)의 "다시 연결하는 사업"으로서 생태학적 애통해함을 수십 년 동안 활성화한 것을 되울려주는 것이다. 그 사업의 가능성은 손실된 오랜 역사 속에 가려져 있고, 점점 단축되어가는 미래에 의해서 마음이 우울한 채로 남아 있다. *Ouai, Ouai, Ouai.*

6. 생태학적 애통함

유한한 생명을 지닌 존재들의 세계에서는, 어떤 애통해 하는 마음 작용이 없이는, 그 세계에 대한 책임이 발전될 수 없다. 반응하는 능력은 우리가 반응을 **느끼는** 능력에 달려 있다. 돌봄으로, 복지로, 또는 위로나 기쁨으로 반응하는 것 역시 부정적 감정에 대한 개방성, 우리 자신과 타인들의 애통함에 대한 개방성에 달렸다. ("애통해 하는 자에게 복이 있나니, 그들이 위로를 받을 것이요"[마태 5:4].) 그렇지 않으면, 필요를 느끼는 욕망이나 탐욕의 욕망에 의해 차단되는 무감각 말고 무엇이 있는가?

오늘날 대량멸종과 지구온난화 시대에는 "생태학적 애통함(ecological grief)"이라는 이름의 형식적인 정신건강 조사를 하는 범주가 있다: "기후변화가 정신건강에 점점 더 큰 영향을 주는 것으로 이해되는데, 그 영향은 귀중한 생물종들, 생태계와 경관들에 끼친 기후와 관련된 손실들에 사람들이 고통을 느끼면서 겪는 강렬한 애통함의 감정들을 포함해서, 여러 방식들의 위험 경로들을 통해 생겨난다. 점차 확대되는 조사연구에도 불구하고, 생태학적으로 내몰린 비통함, 혹은 '생태학적 애통함'은 아직 덜 발달된 탐구 영역으로 남아 있다."[34] 그러는 동안에, 지구에서 인간이 살고 있는 의미—지구가 인간의 집이며 세계에 소속된 의미―에 대해 의문을 제기하는 동안에, 지구에서 사라지는 것들은 더욱 많아지고 있다.

데이비드 월러스 웰즈가 지적하듯이, "21세기 말에 이르면, 지구의 일부는 거주불가능 지역에 가깝게 될 것 같고(likely), 다른 부분들은 끔찍하게 불친절하게 될 것 같다(likely)." 그것은 결정론의 언어가 아니다. 그것의 묵시종말적인 "일 것 같다(likely)"는 최후의 파멸을 조건적인 것으로 만든다. 즉 **만일**(If) 우리가 지금 당장 공격적 행동을 취하지 않는다면, … "이라고 말이다. 정치적 기구를 다시 변혁하고 탄소자본주의(carbon capitalism)를 마감하면서, 그런 집단행동은 서서히 이해하는 것과 하나씩 대응을 하는 것 이상으로 진행될 것이다. 〈거주불능 지구, *The Uninhabitable Earth*〉의 세속적 저자는 너무도 신중하게 이렇게 지적한다. "묵시적 종말에 대한 통고를 통해 엮여진 문화는 환경의 경보를 어떻게 받아야 할지를 알고 있을 것이라고 당신은 생각할 것이다. 그러나 그 대신에 우리는 자비를 구하는 지구 행성의 울부짖음을 전해주는 과학자들이 마치 울고 있는 늑대인 것처럼 반응해왔다." 그런 무감각이 애통함으로 이어질 것인가?―자비를 구하며 울부짖는 것이 "우리들"인 오직 그때만 애통함으로 이어질 것인가? 그래서 "아무리 잘 알고 있어도, 당신은 분명 충분히 놀라지 않는다."35) 지구 전역에서 탄식하고 행동을 시작하는 젊은 목소리는 지금이 "겁에 질릴 때(Time to panic)"라고 한다.36) 단순한

---

34) Ashlee Cunsolo and Neville R. Ellis, "Ecological Grief as a Mental Health Response to Climate Change-Related Loss," *Nature Climate Change* 8 (April 2018), 275-81.

35) David Wallace-Wells, "The Uninhabitable Earth," *New York* (July 10, 2017), nymag.com. See also David Wallace-Wells, *The Uninhabitable Earth: Life after Warming* (New York: Tim Duggan Books, 2019).

"마지막"이 아니라, 이처럼 지구가 압박하는 최종 마감기한들(deadlines)이 연속적으로 다가오는 탓에 그런 묵시록의 정신을 갖게 된다.

그러나 임박한 기후위기들에 대해 경보를 울리려는 시도들, 그리고 고의적이든 습관적이든 무감각한 부인의 층들(numbed layers of denial)을 깨뜨리려는 그런 시도들이 바로 더 많은 저항, 더 많은 방어적 무감각, 더 많은 혼란을 일으킬지도 모른다고 우리가 두려워하는 것도 이유가 없지는 않다.37) 그러나 그 반대도 그러하다. 단지 사실들에만 호소하거나 또는 사실들을 단지 부인하는 것도 그렇다. '우아이(Ouai)!' 우리의 방어들은 우리 지구 행성의 불행의 증상, 즉 우리 환경-**정신적**(environ-*mental*) 질병의 증상을 보여준다.38)

묵시종말적 마음 집중하기는 우리가 애통함을 "넘어서는 것"을 도와주는 것이 아니라, 고립시키는 마비상태를 벗어나 치유 행동으

---

36) Greta Thunberg, 그녀에 대한 소개는 불필요하다. 내가 이 장을 시작하면서 대량 죽음을 맞은 다른 스웨덴을 말한 것은 단지 우연의 일치다. See "Teen Climate Activist Warns EU That It's Time to Panic," *Associated Press* (April 16, 2019).

37) Michael Shellenberger, *Apocalypse Never: Why Environmental Alarmism Hurts Us All* (New York: Harper, 2020).

38) "진리는, 최소한 유행하는 담론에서는, 우파진영에서 가장 종종 있는 일로, 어떤 사람이 사실과 연결됨이 없이 참되다고 느끼는 것이면, 대체로 그 무엇이든 진리거나, 혹은 좌파진영에 대한 복잡한 사실 검증 수단으로 나타난, 근본주의자들의 사실들에 대한 소견으로 진리가 환원되기도 한다. 그 사실들은 백인, 이성애자, 본래성별(cisgender, 성전환자가 아닌)이고, 몸이 건장한 남자를 이상적인 시민으로 인정하는 진리들을 정착시키면서, 우선적인 원칙들로 표현되기를 주구하는 권력 구소를 내한 깨달음을 지니지 않는다. 정치적 진리의 경제기구는 타인들이 드러낸 것을 경청해야 한다: 즉, 권력의 친숙한 중심들에 정치적 진리를 다시 첨부하는 계시록이 아니라... 오히려 다양한 주체성들이 번창하는 사회와 세계의 가능성을 제시하는 타인들과 만남 혹은 계시들을 경청해야 한다"고 Lisa Gasson는 쓰고 있다. See Lisa Gasson, "Feeling Truth: A Political Theology of Revelation," Ph.D. diss. Drew University (Madison, NJ) 2020.

로 들어가도록 돕는다. 그것은 두려움, 상실, 희망, 분노, 그리고 사랑이 바뀌고 변해가는 어려운 경험을 존중하면서 주목한다. 그것은 애통함이 지닌 치유하는 동력에 조심스럽게 조율한다: "애통하는 것은 상실을 지니고 살아가는 것, 그래서 그것이 의미하는 바가 무엇인지, 어떻게 세상이 변화했는지, 그리고 만일 우리가 여기로부터 앞으로 나아가려면 어떻게 **우리 자신들**도 변하고 또 우리의 관계들을 새롭게 해야 하는지를 절실히 느끼는 것이다"라고 톰 반 두우렌은 지적한다.39) 그런 애통함은 단지 인간들만의 반응이 아님을 보여주면서, 여러 생물들을 연구하는 이 인종학자는 하와이의 까마귀들도 상실을—친구들, 어린새끼들, 심지어 나무들의 죽음까지도—슬퍼한다고 설명한다. "이런 상황에서 애통함은 예외주의(exceptionalism)를 향한 인간의 허세부리기도 허물어버리고, 그 대신에 모든 생명을 가능하게 만드는 여러 생물들의 연속성과 연결성을 깨닫도록 우리를 이끌어간다."40)

요한의 애통해 하는 새는 그 가능성을 여러 생물의 목소리로 울부짖는다.

7. 지구는 변해야만 하지만

견딜 수 없는 지구 파괴를 몇 차례 더 하고 나서, 일곱 번째 천사

---

39) Thom van Dooren and Deborah Rose, "Dangerous Ideas in Zoology," *Thom van Dooren*.
40) Thom van Dooren, *Flight Ways: Life and Loss at the Edge of Extinction* (New York: Columbia University Press, 2014), 126.

가 나팔을 분다. 거기에 응답하여 "전능하신 주 하느님(Lord God Almighty)"께 감사하고 예배하는 할렐루야 합창이 울려 나오고, 옥좌가 있는 방에서 두 원로들이 나와 세상 권력들을 심판하는 노래를 부른다: "이방인들이 이것에 분개하였으나 오히려 그들이 주님의 분노를 샀도다." 지상의 정치권력들에 대해 이처럼 분노로 응답하는 것은 피할 길이 없다. 정신적 능욕이 지속되자, '우아이(Ouai)'는 비통함이 종종 그러하듯이, 격노(rage)로 변한다. 하느님의 진노(God's wrath)라는 그 변혁의 원동력이 분노하는 나라들을 압도하여 더욱 크게 격노한다.

하느님의 진노는 모든 인간들은 말할 것도 없고, 간단히 잘못을 범한 모두를 한꺼번에 표적으로 삼지는 않는다. 그것은 목표에 대한 조준이 정확하다: "땅을 파괴하는 자들을 파괴할" 시간이 다가왔다(계 11:18). 정의는 거주 불가능한 지구를 이미 만들어내던 자들을 하나씩 골라낸다. 그러나 그 진노는 단지 인간들의 집을 위해서만이 아니다. 우리의 거대한 "동물 양육관-수족관(terrarium-aquarium)"은 모든 취약한 생물들과 사나운 생물들의, 살아 있는 것들의, 피 흘리는 바다들, 냇물들, 병에 넣지 않은 물, 숲들, 대지들의 지구로 여전히 남아 있다. 나는 이런 고대의 격노가 지닌 시대착오적인 적시성(timeliness)으로부터 빠져나갈 수가 없다. 함께 아파하는 마음의 따사로움과 분노의 열기가 묵시록에선 함께 일어난다.—그리고 생태사회학적 불의(ecosocial injustice)의 전 지구적 수준에 비례하여 그 따사로움과 분노의 열기가 증가한다.

파괴를 위해 파괴자들을 겨냥하는 것—이것은 지배자의 (잘난 체하는) 정당성에 의해서 악화되는 폭력의 악순환에 기름을 붓는 일에 불과하지 않은가? 그러나 지구상의 나머지 거주자들을 체계적으로 예속시키는, 인구의 아주 적은 퍼센티지에 불과한, 경제적 사용자들과 정치적 악용자들의 이름을 대지 않는 것은 전 지구적 파괴 앞에 굴복하는 것이다. 그래서 위대한 유대인 사상가 발터 벤야민은 "신적인 폭력(divine violence)"을 "신화적인 폭력(mythic violence)"과 구별한다. 신화적인 폭력은 체계적인 불의를 보호하기 위해 법을 사용한다. 벤야민은 나치즘의 신화적인 폭력에서 도망치다가 죽었다. 이와는 달리, 신적인 폭력은 체계적 폭력에 **저항하는** 것이다. 벤야민에게 그것은 하느님이 간섭해주시기를 기다리는 것을 뜻하지 않는다. 그것은 **신적인 분노를 인간이 행동화하는 것**(human enactment of divine outrage)을 뜻한다.[41] 정당한 분노가 최근에, 그리고 사태를 변경시키면서 동원된 것은, 미국에서 경찰의 폭력을 법이 보호하는 것에 반대해서 일어난 "흑인의 생명들이 중요하다(Black Lives Matter)"는 봉기는 집단적으로 **비폭력적** 투쟁정신을 행사한 것이다. 최근의 일이 중요하다. 고대의 것은 잔향(殘響, reverb)을 일으킨다.

묵시록을 꿈으로 읽어내면서, 우리는 생태사회학적 데이터들을 얻지는 못한다. 그러나 우리는 아마도 우리의 다급한 문제들 사이의 상호연결성에 대한 고대의 주장을 **얻을** 수는 있다. 그래서 수백만 명이 전염병 팬데믹으로 인해 고통받고 있는 것과 더불어, 엄청난 인간의 고통 가운데서, 우리는 또한 비인간적 분노를 느낀다. 그것의 격심한 분노가 모든 부인론(denialism)의 싸늘한 마비를 통과하여 타오른다. 그것은 산불들과 바다의 온난화 속에서 일어난다. 체계적인 무기력의 마비증세가 너무 늦게 녹기 시작하는가? 우리가 해빙

---

41) Walter Benjamin, "Critique of Violence," in *Water Benjamin Selected Writings*, Volume 1: 1913-1926, ed. Marcus Bullock and Michael Jennings (Cambridge: Harvard University Press, 2004), 245.

(melting)의 문제를 파악하듯이? 예를 들어, 북극의 "깊은 얼음"의 95%를—아마도 불가역적으로—상실한 것의 문제를 너무 늦게 파악하듯이? 그것과 더불어 태양열을 우주로 되돌려 보내는 북극 빙하의 반사 능력을 상실한 것도? 북극 자체를 녹이는 원인이 되는 열을 제한할 능력의 끝은? 그걸 되먹임의 고리(feedback loop) 혹은 악순환(vicious circle)이라고 부르자. 아니면 어느 저명한 기후과학자가 지적하듯이, "나는 북극에서 여름철에 얼음이 사라지는 것을 우리가 기후변화를 두고 두려워할 진짜 임계점(the tipping point, 회복 불가능하게 되는 점)이라고 생각할 것이다."42)

물론, 그런 데이터는 분명히, 부인론이 우리의 대응 능력을 동결시키는 것처럼, 무기력한 마비와 절망과 허무주의(nihilism)를 그저 진척시킬 수도 있다. "너무 늦었다(too late)"는 쪽으로 기울어지는 것은 부인할 수 없다. 그런 모든 절박한 위기들은 단지 필사적으로 제한시킬 수 있을 뿐이다. 화석연료들에 의해 이미 일어난 많은 손상을 원래 상태로 되돌리기엔 너무 늦었다. 노예제도나 홀로코스트(Holocaust)에 의해 이미 입은 손상을 되돌리기에도 너무 늦었다. 그러나 그 결과들을 변경시키기에는—그런 과거들의 미래 속에서 중요하고 구체화할 수 있는 것에 차이를 만들어내는 방식으로 변경시

---

42) "북극의 얼음이 그토록 빨리 줄어드는 이유와 과학자들이 그것의 계속됨을 염려하는 이유는 동일하다. 북극에선 얼음의 반사와 바다의 검은 색이 원인이 되는 잘 알려진 되먹임의 순환 고리가 있다. 북극 바다가 가볍고 흰 눈으로 덮여있을 때는, 그 바다는 더 많은 빛을 공중으로 반사해서 되돌려 보낸다. 그러나 얼음이 줄어들면, 더 많은 열이 더 검은 바다에 의해 흡수되고—지구를 더욱 온난화시킨다. 더워진 바다는 미래의 얼음 만들기를 방해하고, 그래서 그 과정은 자체를 되먹인다." See Chris Mooney, "The Arctic Ocean Has Lost 95 Percent of Its Oldest Ice—A Startling Sign of What's to Come," *Washington Post* (December 11, 2018).

키기에는—너무 늦지 않았다. 그리고 우리의 모든 "연속되는 것들과 연결된 것들"의 손상에 차이를 만드는 것도 너무 늦지 않았다.

이 장의 "불타는 땅"의 징조는 그 독수리가 외치는 곳에서, 더 이상 저주가 아니라 축복도 될 수 있는 곳에서, 끝나기를 원한다. 여기에서 우리는 하늘의 침묵을 깊이 들여 마신다. 여기에서 묵시종말적인 마음 집중하기가 심지어—그저 가능하면—동물들의 멸종과 인간의 전염병들, 퇴화하는 민주주의들, 대기권, 물, 땅들의 징조가 그 불길한 되먹임 고리(feedback)를 중지시킬 수 있을지 모른다. 이것은 공유된 애통함과 시작된 행동을 통해서 일어나는, 가슴(심장)의 용기(courage, *coeur*)다. 그 속에서 우리는 두려움들에 맞서며, 항복하지 않을 것이다.

> 그러므로 우리는 두려워하지 않으리,
> 비록 땅이 바뀌어도,
> 비록 산들이 바다의 가슴 속에서 흔들려도
> 비록 그 물들이 거품을 뿜고 포효할지라도
> 비록 산들이 소동을 일으키며 흔들릴지라도 …
>
> (시 46:2-3)

3장

땅의 아픔들

마지막 기회들의 어머니

그리고 하늘에는 큰 표징이 나타났습니다.
한 여자가 태양을 입고(a woman clothed with the sun) 달을 밟고
별이 열두 개 달린 월계관을 머리에 쓰고 나타났습니다.
그 여자는 뱃속에 아이를 가졌으며
해산의 진통과 괴로움 때문에 울고 있었습니다.

― 요한계시록 12:1-2

1. 두 개의 붉은 입들

불길한 표징이로다, 그녀는. 성서에 나오는 인물 가운데, 하느님을 포함하여, 그녀밖에는 아무도 그토록 많은 우주적 표지들로―해, 달, 별들로―한꺼번에 둘러싸여 나타난 적이 없다. 그래서 그녀의 모진 고통은 더욱 놀랍기만 하다. 요한은 이렇게 압축시킨 비전을

말하면서, 비명소리를 지르는 해산의 진통을 가볍게 보지 않는다. 우리가 상상할 수 있는 최악의 고통은 아니지만, 그러나 상상할 수 있는 것보다는 훨씬 더 아픈 고통이다: "마치 고통은 있지만, 그러나 그 고통을 견디어내고 살아남은 사람은 아무도 없을 것만 같았던" "비주체화(주체 상실, desubjectification)"의 고통이다.

지독한 결심으로 임신과 자연 분만을 선택했던 나의 한 친구가 그렇게 자신의 출산 과정을 내게 말했다. 그 고통이 낳은 한 사랑스런 존재가 이제는 자신의 두 발 사이를 기쁘게 기어 다니고 있다고 했다. 그녀가 말해주지 않았더라면, 요한계시록 12장의 "큰 표징"이 나에겐 하늘의 광륜(halo) 속에 감추어져 있었으리라. 수많은 과달루페(Guadalupe) 성모상과 잔디밭에 세운 마돈나(Madonna) 상들 속에, 그녀(그 아기가 예수 그리스도라고 믿기에 그 산모는 성모 마리아로 간주된다.-역자주)가 매우 화려한 색깔로 나타남에도 불구하고, 이 인물의 우주적 산고(cosmic labor), 주체 상실의 고통은 가려진 채로 남아 있다.

사실 그 묵시종말적 출산 이야기는 사실적인 죽음의 고통으로 숨을 헐떡이는 모습이 있지만, **어떤** 문자적인 출산—혹은 역사적 출생—의 주체를 묘사하고 있지는 않다. 그것의 거대한 변혁의 원동력은 그 내용을 비인격화한다. 만일 묵시종말이 집단적 위기를 통해서, 또 그런 위기 속에서, 은폐되어 있던 것을 폭로한다(dis/closure)면, 이 장면은 그 시작을 출산의 진통으로 육체화한다. 그 출산의 표징은 세 번째 천년기를 꿈으로 읽어내기 위해 울부짖는다. 즉 정의를 위한, 치유를 위한, 혹은 생존을 위한 어떤 투쟁들을 통해 우리는 지금도 새로운 생명을 낳고자 하는가? 우리는 (그 투쟁들이) 우주적 사건들임을 인식하는가?

그러나 갑자기 그 꿈은, 이미 고통스러워하고 있는데, 악몽으로 변한다.

> 또 다른 표징이 하늘에 나타났습니다. 이번에는 큰 붉은 용이 나타났는데 일곱 머리와 열 뿔을 가졌고 머리마다 왕관이 씌워져 있었습니다. 그 용은 자기 꼬리로 하늘의 별 삼분의 일을 휩쓸어 땅으로 내던졌습니다. 그리고는 막 해산하려는 그 여자가 아기를 낳기만 하면 그 아기를 삼켜버리려고 그 여자 앞에 지켜 서 있었습니다. (계 12:3-4)

붉은 피를 흘리는 두 개의 입을 몽타주(montage)한 초현실적인 비디오를 그려보라. 아기의 머리가 밀고 나오면서 여인의 외음부가 극심하지만 자연스런 진통 속에 열리고 있다. 그리고 그 앞에는 또 다른 입이 열리면서, 그녀의 자궁의 피로 번들거리는 열매를 먹어치울 자세를 취하고 있다. 피처럼 붉은 그 용은 왕관을 쓰고 있지만, 그녀의 월계관처럼 별들로 장식된 왕관이 아니다. 그 용은 땅에 별들을 내던져 박살낸다. 그의 위세 당당한 여성 혐오적 탐욕 속에서, 그는 이 우주적 여인(cosmos-woman)을, 상상할 수 있는 가장 취약한 위치에 처하도록 만든다.

그 은유들의 극적인 움직임을 고려하라. 즉 고대에 아기를 낳는 것은 (마취제도 없고 높은 위험성을 지닌) 흔히 출산하는 주체를 비주체화(주체 상실)의 경지에까지 몰고 간다. 그러나 대개는, 죽음의 고통이 새로운 생명에 양보한다. 그게 바로 참으로 많은 창조적인 산고가—진화적, 예술적, 개념적, 정치적, 영적인 노력이—작동한다는 것 아니겠는가? 안전하고 순탄한 전진의 단계들은 거의 없고, 종종 예상치 못한 반복적 고통들과 자기를 비우게 만드는 발작들 속에서, 죽음의 고통을 견디며 투쟁한다. 극심한 아픔은 더욱 심해질 것이며, 손실들은 극심하고 심지어 비극적이다. 그러나 우리는 그 새로운 열매에 대한 관심으로 그 고통을 **감내한다**. 고통 자체가 (아기, 혹은 작품, 국민, 혹은 지구 행성 등을) 출생시키는 것은 아니다. 그보다는 오히려 그런 고통이 없이는 출생이 일어나지 않는다고 해야 한다.

그러나 때로는 또 다른 투쟁이 위협한다. 즉 용의 입이다. 출산의 극심한 진통, 생성의 고통으로부터, 악에 직면하고 그 악을 **입을 보고**, 정신적 트라우마로 바뀌는 것을 무엇으로 설명할까?

2. 용(Dragon)의 입과 나무 수도승

이처럼 정신적 트라우마로 장면이 바꾸면서 떠오른 이미지들이 시대착오적으로 펄럭인다. 사람들이 이미 그들 자신들, 자녀들, 공동체들을 위해, 삶을 살아볼 만하게 만들려고 애쓰고 있는 것을 생각해보라. 그러나 갑자기 장면이 바뀐다: 그들이 백인 우월주의(white supremacism)라는 용의 머리와 마주치게 된다. 혹은 이미 가족들과 헤어짐, 친숙한 모든 것들과 헤어짐을 슬퍼하고 있는 사람들이, 새로운 장소에서 삶을 시작하는 위축들을 견뎌내며 용감하게 숨 쉬고 있다: 갑자기 반이민(anti-immigration)이란 왕관을 쓴 머리가 그들의 자녀들을 잡아가두며 소리치고 달려든다. 혹은 이미 고통을 감내하고 있는 사람들이 세계적 유행병, 코로나(Corona)라는 왕관을 쓴 용의 공격을 받는다.

질적으로 전혀 다른 이런 고통의 변화는 또 아름다운 것들에 둘

William Blake, *The Great Red Dragon and the Woman Clothed with the Sun*, c. 1803-5, 흑연, 수채화와 잉크. 뉴욕 브루클린 박물관.

러 싸여서 조용히 나타날 수도 있다. 이 장의 초고를 쓰면서, 나는 오랜 친구를 방문하려고 조그만 섬(밧모 섬은 아님)에 머물게 되었다. 그녀는 영속농업(permaculture)을 실천하고 있는데, 습지와 목초지를 보전하면서도 자신의 텃밭과 "다년생 식량 숲"을 발전시킨다. 그녀는 자기의 강인한 농장소녀 경험을 거기에 투입한다. 텃밭의 풍성한 유기농 열매들은 기쁨을 주며 생존 수단을 제공한다. 내가 지난번에 방문했던 뒤로 새로운 어린 나무들을 여럿 심었는데, 그곳에서 오래 살 수 있는 나무들을 선택했다. 그 나무들이 살아있도록 보존하고, 서로 연결되어 성장하기를 도와주는 일은 해충들, 영양분, 습도에 특별한 주의를 기울이는 일과 연관된다. 그녀는 하나 남은 다리 덕분에, 그리고 협력자들의 긴밀한 도움으로, 연중 내내 이런 육체노동을 강행한다.

내가 방문했을 때는 날씨가 화창했다. 그러나 지난 세 차례 여름 동안 전례 없는 가뭄이 닥쳐왔다. 그래서 여름마다 대부분 기간에 그녀는 남다른 능력을 발휘해서, 어린 나무들이 살아남도록 돌보느라고—우물에 물이 부족하게 될 것을 유념하면서—물을 주는 호스를 끌고 다니면서 매일 뜨거운 날씨에 거의 열네 시간씩 일했다. 새로운 투쟁이 시작되었다. 뭔가 자연을 넘어선 것이자 불운한 것이었다. 즉 견딜 수 없는 것에로 질적으로 바뀐 것이다. 이 장애인(한 다리가 절단된) 생태신학자는 그게 기후변화 때문임을 인정했고, 지역의 한 기후과학자는 그것이 장차 미래에 예상되는 것에 대한 "예행연습"이라고 말했다.

나는 그 붉은 용의 입을 보았다. 마구 먹어치우는 체계적인 탐욕의 경고 징조 말이다. 그것이 요한에게는 용으로 보여준 광포한 힘을 토해낸다. 사실 그 용, 혹은 레비아탄(Leviathan)은 오랜 세월 동안 인간의 구조악을 구체화한 것이었다. 아니, 요한은 탄소자본주의가 지구 행성을 파괴할 것을 예견하고 있는 것이 아니다. 그는 머리가 여럿 달린, 여러 능력을 지닌 세계적 규모의 파괴력을 보고 있었는데, 그는 그것을 (우리도 5장에서 그렇게 읽겠지만) 제국의 경제-정치(econo-politics of empire)로 읽어내려고 했다.

묵시록의 그 어린 아기처럼, 내 친구의 어린 나무들 대부분은 살아있다. 그녀는 자신을 "나무 수도승(tree monk)"이라고 부른다. 자기훈련은 치열하고, 냉정하며, 마음을 집중한다. 지금은 더욱 악화되고 있는 기후 위기의 압박과 이들 새로 살아나는 약간의 토지가 안고 있는 취약성에 끊임없이 맞서면서, 그녀는 용을 좌절시키고 있다.

3. 가능성으로 몸부림치다

일어날 수도 있었던 일과, 일어났던 일은 모두
한 결말을 가리키며, 그 결말은 언제나 현존한다.

— T. S. Eliot, "Burnt Norton"

요한의 비전에서는 용이 좌절되었다. 그러나 어머니의 돌봄에 뿌리를 둔 성장과는 멀게도, "별안간 그 아기는 잡아채져서 하느님과 그분의 옥좌가 있는 곳으로 들려 올라갔다." 엄마로부터 떨어진 아기와 엄마의 정신적 상처는 깊다. 그러나 그것이 아기의 생명을 구한다. 이 아기는 과연 누구인가? "장차 쇠지팡이로 만국을 다스릴(rule) 한 사내 아기다"(계 12:5). 이는 용의 권세와 마찬가지로 억압적인 것으로 들린다. 만일 "만국을 **보살필**(shepherd) 한 사내 아기"라고 정확히 번역한다면 좀 덜 억압적일까? 그 옛 이미지에서는 신생아가 세계를 억압에서 해방시키고 정의롭게 지켜줄 메시아적 존재로 동일시된다. 우리는 그런 신생아를 1장에서 구름 속에서 보았는데, 칼 같은 혀가 흰 양털 같은 것—또 다른 위험한 입—에서 튀어나왔다. 그러나 그 입은 그 잡아먹는 용의 입과는 정반대를 뜻한다.

여러 세기 전에 이사야의 좀 더 나은 시에서는, "이새의 그루터기에서 햇순이 나오고 그 뿌리에서 새싹이 돋아난다." 이 예언자는 뭔가 나무의 수도승 같지 않은가? "야훼(YHWH)의 영이 그 위에 내린다. 지혜와 슬기를 주는 영, 경륜과 용기를 주는 영, 야훼를 알게 하고 그를 두려워하게 하는 영이 내린다"(사 11:2).[1] 그러나 그는 또 "그의 말은 몽치가 되어 잔인한 자를 치고 그의 입김은 무도한 자를 죽이리라. …" 그의 화난 입은 지구 행성을 공격하는 것이 아니라, 그 위에 사는 감사할 줄 모르는 거주자들을 공격한다. 이어서 가장 널리 알려진 고대의 빛나는 생태낙원(ecotopia)이 나오는데, 거기에서는 "늑대가 새끼 양과 어울리고 표범이 숫염소와 함께 뒹굴며 새끼 사자와 송아지가 함께 풀을 뜯으리니 어린아이가 그들을 몰고 다니리라"(사 11:6).

이처럼 여러 생물들의 화해와 더불어, 인간의 새로운 시작을 상상한다: "그리고 한 어린 아기가 그들을 인도할 것이다."[2] 정말로 한 아기는 이처럼 새로 갱신된 지구의 평화를 상징한다. "젖먹이가 살무사의 굴에서 장난하고 젖뗀 어린 아기가 독사의 굴에 겁 없이 손을 넣으리라. 나의 거룩한 산 어디를 가나 서로 해치거나 죽이는 일이 다시는 없으리라. 바다에 물이 넘실거리듯 땅에는 야훼를 아는

---

[1] 순전히 숨결로 발음하는 것에 연대해서, 나는 여기에서 표준적인 번역인 "Lord(주님)" 대신에 원래의 Tetragrammaton(히브리어로 신의 이름을 나타내는 4자음)인 YHWH(야훼: 유대인들은 이렇게 써놓고 신의 신성한 이름을 그대로 발음할 수 없어서 아도나이Adonai라고 말한다-역자주)를 사용한다. For a profound meditation on "YyyyHhhhWwwwHhhh" as the "inter- breathing Spirit of Life," see Rabbi Arthur Ocean Waskow, *Dancing in God's Earthquake: The Coming Transformation of Religion* (Maryknoll, NY: Orbis Books, 2020).
[2] 편집자주: 기후학자 마이클 만은 이 예언과 그레타 툰베리의 획기적인 역할을 연결시킨다. Michael E. Mann, *The New Climate War* (2021), 251.

지식이 차고 넘치리라.…"(사 11:8ff).

요한이 이사야의 이미지를 이렇게 깊게 읽어낸 것을 생각해보라: 다윗 왕의 가문에서 나올 메시아(Messiah)는 오랜 세월 기다려져 왔다. 요한은 메시아 시대의 시작을 구체화한다. 소생된 이새의 그루터기가 정의, 자비, 온화함과 생태학적 조화의 위대한 시대 속으로 가지들을 펼친다. 마침내 지극한 고대의 명령이 실제로 주목을 받는다: "너희도 한때는 이집트 땅에서 떠돌이 신세였으니, 너희도 또한 떠도는 사람을 사랑해야 한다"(신 10:19). (그의 흰 피라미드 속에서, 죽은 파라오가 킬킬거린다: 외국 놈들과 숲은 모두 뽑아버려라.) 그 희망은 수천 년 동안 트라우마에서 벗어나기 위한 출산의 고통 역할을 했다.

그리스도교는 대부분 요한계시록의 그 아기가 "예수 그리스도"라고 생각해왔다. (당신은 안 그랬나요?) 그래서 그 어머니는 마리아여야만 했다. 그러나 묵시록의 출산 장면은 복음서의 예수 탄생 이야기들과는 닮지 않았다. 그녀의 우주적인 표지는 그녀를 결코 인간 개인으로는 여길 수 없다. 예수와 마리아로 단순화된 정체성 동일시는 그 비전의 집단적 의도를 벗어난다. 종교개혁에서 표준적인 것이 된, 보다 성서적인 읽기에서는 그녀가 "백성들" 혹은 이스라엘을 대표한다고 본다. 또한 그녀는 출산의 고통 속에서 이런 시적인 표현으로 요약한다: "임신한 여인이 몸풀 때가 되어 아파 몸부림치며 신음하듯이 야훼여, 우리도 당신 앞에서 괴로워하였습니다. 우리는 임신한 듯, 해산하듯 몸부림쳤습니다. 그러나 우리가 낳은 것은 바람에 불과하여 이 땅에 구원을 베풀어주지 못하였습니다"(사 26:16ff). 여기 이사야는 집단적으로 잃어버린 가능성에 대해 슬퍼한다. 그는 그의 민족이 자체의 정의를 실천할 이상들을 실패한 것에 대해, 도덕적으로 제국의 악들에 항복한 것에 대해 책임을 통감하라고 요구하고 있다.

그리고 이사야 뒤에 여러 세기를 지나고 나서, 바로 요한의 시대 직전에, 많은 유대인들이 메시아로 희망했던 한 사람을 로마인들이 처형해버렸다. 요한은, 그로부터 대략 60년 뒤에 글을 쓰면서, 왜—예수의 변혁적인 삶에서 오랜 세월이 지난 뒤에도—메시아의 시대는 아직도 오지 않는지를 괴로운 마음으로 질문한다. 그리고 시대의 표징들은 요한에게 그 시대가 더욱 나빠지고 있다고 신호를 보낸다. (사실상 로마제국의 최악의 박해는 그의 삶이 끝나자 바로 시작되었다.) 그러나 요한의 비전에서는 그 아기는 태어나 살아있다. 비록 그 아기가 살아남은 시간은 트라우마적인 순간에 불과할지라도 말이다. (따라서) 그 아기를 낳은 것이 바람에 날려갈 뿐이라고? 그렇다, 그러나 이사야는 "바람"이란 단어로 '루아흐(ruah)'를 사용하는데, 그 단어는 그리스어 '프뉴마(pneuma)'와 마찬가지로, '숨결(breath)'과 '영(spirit)'을 의미하기도 한다. 그리고 숨결과 영 역시 슬퍼한다.

그렇다면 도대체 왜 묵시록의 아기는 별안간 낚아 채여 두 보석들의 옥좌가 있는 하늘로 올라갔는가? 두 보석들은 따뜻한 젖가슴들이 아니다. 우리는 이렇게 꿈을 읽어내고 싶겠지. 즉 극적으로 집단적인 실현의 가능성이 가까워졌다고 말이다. 그 아기는 실제로 태어났고, 육체와 피로 만들어졌다. 그러나 체계적인 구조악이, 통치하는 뿔들과 왕관을 지니고, 그 권력과 재물을 가지고, 그 아기의 꽃봉오리를 따내버리고자 나타난다. 요한의 용은 예수가 구현했던 희망을 죽이는 데 실패했을 것이다. 그러나 정의의 시대는 여전히 정착하는 데 실패했다. 그 실패는 단 하나의 십자가보다 훨씬 크다. 결국 로마제국은 수천 명의 도망간 노예들과 유대인 반란자들을 그 죽은 그루터기 위에서 십자가에 처형했다. 그래서 그 집단적인 희망은 개인적 부활에 의해 성취된 것이 아니라, 감질나게 괴롭힘을 당한다.

신생아가 낚아 채이고 먼 곳에 두게 된 것은 뭔가 이런 뜻인가? 즉 메시아가 세계를 변혁하는 것은 아직 **가능한**(possible) 일로 남아 있었고, 지금도 여전히 남아 있다는 말인가? 보석의 깎은 면들처럼—고귀하지만 여전히 숨결과 생명이 없는 것으로—꿈속에서 결정(結晶)될 가능성으로? 그러나 메시아의 가능성은 참으로 많은 시간들, 장소들, 몸들, 운동들 속에서 그것의 어떤 측면들이 현실로 될 수도 있다. 그러나 혁명들과 진화들 뒤에는, 희망이 종종 시들어버린다. 때로는 신속하게, 그리고 견뎌낼 수 없게. 그러나 메시아의 잠재적 가능성은, 덜 추상적이고 이전보다 더 구체화되어, 낚아 채이고 구원된다는 것인가?

알 수 없는 것들의 보석학(gemology)에선, 또 다른 세계가—불가능하지는 않은 것으로—남아 있다. 2천 년 전의 예측은 묵시적이었다. 즉 드러내는 것이었다. 그것은 사실적인 것과 가능한 것 사이의 날카로운 대조를 드러낸다. 일어난 일과 일어날 수도 있었던 일 사이의 대조는 그 실망을 더욱 괴롭게 만든다. 왜냐하면 일어날 수도 있었던 일은 아직도 일어날 기회를 갖고 있기 때문일까?

4. 도망치는 그녀

요한이 응시한 것은 그 신생아의 운명에만 머물지 않는다. 뭔가 다른 것이 일어나고 있다: "그 여자는 광야로 도망을 쳤습니다. 그곳은 하느님께서 천이백육십 일 동안 그 여자를 먹여 살리시려고 마련해 두신 곳이었습니다"(계 12:6). 여성 형태의 징조가 땅으로 내려왔다. 그녀를 보호해주고 먹여 살려줄 터전이 필요했다. 광야로 은신하는 일은 유대인 성자들, 예언자들, 극단적 공동체들이 하는 공통적인 실천이었다. (요한 자신은 섬으로 모종의 은신을 하고 있다.) 그 여인을 위해 신이 준비하고 마련해둔 광야의 보호처는 이보다 더 친절할 수는 없을 것이었다. 상처가 깊은 상황에서는, 광야가 비통함, 요양, 치유를 위한 장소로 완벽한 치유의 환경을 제공하는 것 같다.

이 출산하는 산모는 실제로 누구인가? 상황으로 보아, 그녀는 메시아 시대를 출산하려고 노력하는, 이스라엘과 나중엔 새로운 이스라엘로 이해된 "하느님의 백성들"로 구체화된 것이 당연하다. 그러나 그녀가 별들, 태양, 달로 특별하게 둘러싸인 모습을 보면, 이스라엘 백성이나 교회의 사람들에 대한 비유로 그녀의 정체를 단정짓는 것은 너무 제한적인 것으로 보인다. 그토록 우주적인 특성들을 지닌 그녀를 왜 여신(goddess)으로 부르면 안 되는가? 이스라엘에서 유일신(monotheism)을 향한 운동은 하느님 한 분(the One)을 제외하고는 모든 신들을 우상들로 내버렸다.[3] 또한 고대 세계의 가부장적 문명 속에서는, 물론 한 분(a One)이 유일하신 분(the One)으로 되면 남성 정체성을 지니게 되곤 했다. 한 분이신 야웨(YHWH)는 경쟁자 신들의 이미지들과 특성들—옥좌, 칼, 수염, **남성**신들—을 모두 흡수할 수 있었다. 그리고 여신의 이미지는 흔히 확실하게 억제되었다. 그

---

[3] 초기 히브리인들이 남성적인—이내 하느님(God)으로 된--신들로 초기 이스라엘의 이방인들 유산을 대체할 때까지, 서서히 여성적인 신들/영들을 어떻게 중요하지 않은, 그리고 "여인"들의 일로 좌천시켜 버렸는지에 대해선, see Tikva Frymer-Kensky, *In the Wake of the Goddess: Women, Culture and the Biblical Transformation of Pagan Myth* (New York: Free Press, 1992).

러나 이런 징조는 깨어지고 돌파된다. 요한계시록 12장을 그리스-로마 자료와 관련시키는 역사학자들은 "그 여인을 종종 하늘의 여왕(the Queen of Heaven)으로 보는데, 그 여왕은 여신(a goddess)의 모습으로 우주적 상징들에 의해 둘러싸여 있다. 아르테미스(Artemis)와 그녀의 로마식 이름인 다이아나(Diana)는 그녀들 옆에 혹은 그녀들이 달고 있는 치장들 위에 달과 별들을 지니고 있다. 달의 여신의 머리 주위에는 별들이 돌고 있다."[4] 12개의 별들은 고대의 12궁도(zodiac)의 배열을 환기시켜준다.[5] 또한 그녀는 "모든 신들 가운데서 가장 아름다운 본질"인 이집트의 이시스(Isis) 여신과 비슷한데, 이시스 여신은 으뜸 여신으로서 여러 세기 전, 프톨레마이오스 왕조 시대에, 우주 창조에 관여했다.[6] 성서와 관련해서는 그녀가 "정의의 길을 따라" 걷도록 우리를 가르치고, "땅이 생기기 전, 그 옛날에 … 이미 모습을 갖추었다"(잠 8:23)는 호크마(Hochma, 지혜, Wisdom)를 생각나게 한다.

그 태양 여인(the Sun-woman)의 천문학적 형태(Gestalt)가 땅에 대해 우위적 입장을 갖고 있음을 주목하라. 그 월계관의 별들은 그녀의 머리 위와 그 머리 너머에 있고, 그녀의 태양으로 된 옷은 그녀를 태양계처럼 입혀주고 있으며, "발아래" 있는 달은 해가 나와 있는 동안엔 땅 아래에 있는, 가장 가까운 몸이다. 그것이 그녀를 가이아

---

[4] Craig R. Koester, *Revelation: A New Translation with Introduction and Commentary*, Anchor Bible (New Haven: Yale University Press, 2014), 528.
[5] Adele Yarbro Collins, *Cosmology and Eschatology in Jewish and Christian Apocalypticism* (Leiden: Brill, 1996), 108.
[6] 프톨레마이오스 시대에, 이시스(Isis) 여신이 로마제국 전역에서 현현했을 때, 그녀는 "그녀의 가슴이 생각하고 그녀의 손이 창조한 것을 통해서" 우주를 형성했다고 했다. See Louis V. Zabkar, *Hymns to Isis in Her Temple at Philae* (Waltham, MA: Brandeis University Press, 1988), 52.

(Gaia)로 만들지는 않는다. 어머니 대지(Mother Earth)라는 정체성은 땅의 관점을 설명해준다. 그러나 그것은 그녀의 천문학이 뻗친 곳을 다 포착할 수는 없으리라. 혹은 그것이 아마도 곧 나타날, 다른 성격으로서 땅(Ge)에 대해 밝혀주는 관계를 설명할 수도 없으리라.

5. 출산의 트라우마, 땅의 트라우마

그러나 땅(Ge)이 나타나기 전에, 우리는 "하늘에서 벌어진 전쟁"에 관한 기사를 읽게 된다: "천사 미가엘(Michael)이 자기 부하 천사들을 거느리고 그 용과 싸우게 된 것입니다. 그 용은 자기 부하들을 거느리고 맞서 싸웠지만 당해 내지 못했습니다. 그래서 하늘에는 그들이 발붙일 자리조차 없었습니다"(계 12:7-8). 우주적 전쟁의 이 순간에 이르러, 그 용(dragon)의 정체가 전면적으로 드러난다: "그 큰 용은 악마(Devil)라고도 하고 사탄(Satan)이라고도 하며 온 세계를 속여서 어지럽히던 늙은 뱀인데 … 밤낮으로 우리 하느님 앞에서 우리 형제들을 무고하던 자였다"(계 12:9-10).

그 용의 머리들처럼 숫자가 많은 이름들을 이렇게 대조해보면, 그는 성서적으로 말해서 이전에는 존재하지 않았었다. 히브리성서(구약성서)에는 "악마(devil)"란 말이 없고, 사탄(Satan)이란 히브리어는 포괄적으로 "고발자, 적대자"라는 뜻이지, 보편적인 악을 인격화한 말이 아니었다.[7] 그러나 이해할 수 없는 깊이까지 들어가지는 말자.

---

7) 히브리어 *ha satan*은 고발자란 뜻으로 욥기에서 야훼(YHWH)의 검사 역할을 하는 것을 의미하는데, 주인(하느님)과 결과를 두고 내기를 건다. 그는 요한계시록의 "고발자"를 닮았지만, 보편적 악의 원리는 아니다. 용(龍)에 관해

요한의 묵시록에서는 사물들이 더 단순하다: 선과 악은 순전히 반대인 독립적인 힘들로 나타난다. 이것은 어딘가 고대 조로아스터 종교의 이원론(Zoroatrian dualism)과 비슷한데, 이런 이원론은 젊은 아우구스티누스가 받아들였다가, 나중에 회심 후에는, 악(evil)이 하느님에 대한 거울로 반사된 정반대 이미지라서, 하느님과 동일한 능력을 지닌 것으로 여겨진다고 배척했다. 요한계시록에서는 빛과 어둠 양편 모두 수많은 천사의 군대를 거느리고 있지만, 악의 힘이 그 정도로 동등하지는 않고, 비슷한 힘을 갖고 있다. 그 거대한 용을 물리치려면 엄청난 우주적 전쟁을 해야 한다. 이런 국면에서 요한계시록이 반대하는 로마제국의 전사 기풍(warrior ethos)을 계시록도 행사하고 있음은 물론이다. 스티븐 무어는 로마제국에 대한 요한의 조롱(mockery)이 흉내내기(mimicry)로 변한 것—그래서 괴물로 된 것—을 냉정하게 들춰낸다.8) 그래서 후일의 모든 십자군, 모든 그리스도교 전쟁은 선과 악의 궁극적 대결로 정당화될 수 있었다.

"하늘에서 큰 음성"이 이제 선언하기를, 악마-용-속이는 자가 "하느님의 구원과 권능과 나라와 하느님께서 세우신 그리스도의 권세"에 패배했다고 한다. 미가엘의 천사 군대들이 수많은 인간 순교자들과 연합하여 용을 물리쳤다. "우리 형제들은 어린 양이 흘린 피와 자기들이 증언한 진리의 힘으로 그 악마를 이겨냈다. 그들은 목숨을

말하자면, 그것은 때로는 창세기 3장의 낙원 속에 있는 뱀과 동일시되는데, 뱀도 이 인을 목표로 삼는다. 이사야서에서는 용을 바다의 무서운 괴물 레비아탄(Leviathan)과 동일시한다. 그러나 레비아탄은 전혀 다른 종류의 생물로도 제시되는데, 하느님에겐 즐거움이라, 즉 하느님이 깊은 곳에서 마치 고래와 장난을 치듯이 "레비아탄과 놀이를 하신다"(시편 104).

8) Stephen D. Moore, "Mimicry and Monstrocity," chap. 2 in *Untold Tales from the Book of Revelation: Sex and Gender, Empire and Ecology* (Atlanta: SBL Press, 2014).

아끼지 않고 죽기까지 싸웠다"(계 12:11). 계시적인 폭력과 쌍날 칼/말씀(S/Word)의 모호함이 여기에서 가장 분명히 드러난다. 왜냐하면 여기에선 신의 폭력(divine violence)이 어린 양의 투쟁적인 비폭력(militant nonviolence)과 하나가 되어 작동하는데, 어린 양은 폭력을 그대로 되갚기보다는 자신이 짊어진다.

계시록 12장에서 승리는 오직 하늘에서만 일어난다.—열망하는 **가능성**(possibility)의 영역에서 말이다. 메시아의 희망이 앞으로 진척되었는가? 요한은 자신의 분노로 외친 것과 내적인 갈등으로 고통스러워하고 있는가? 우리는 본문 속에서 갈등으로 치닫는—심지어 **정신분열적-묵시**(schizopocalypse)로 치닫는—내적인 긴장을 진단하기 시작하는가? 그리고 나 자신 속에서 우리 모두를 위한 함께 아파하는 희망(compassionate hope)에 동조하지 않는 대조적 요소와 더불어 현재 세계 지도자에 대해 분노하는 비난을 듣고 있지 않는가?

그러는 동안에 마치 **원칙상**(in principle)인 듯이, 하늘에서 패배한 그 용은 땅으로 내던져진다. 그러나 **사실상**(in reality) 그 용은 모든 것을 더욱 나쁘게 만들려고 한다. '하늘에서 이룬 것 같이'가 **아니라** 땅에서, 그때처럼 지금도 더 나쁘게 만들려고 한다. 우리의 다음 장은 그 용의 세계적 정치를 펼쳐보일 것이다. 그러나 여기서 요한은 고통스런 반대 영향 속에서 긴장을 느낀다: "그 안에 사는 자들아, 즐거워하여라. 그러나 제 때가 얼마 남지 않은 것을 깨달은 악마가 크게 노하여 너희에게 내려갔으니 땅과 바다는 화를 입을 것이다"(계 12:12). 위에선 기쁨이며, 아래에선 비통함이다! 그래서 우리는 또 다시 '슬프도다(Ouai)'라는 울부짖음을 본다.—저주(화 있으리라)가 아니라 탄식을 본다. 다시 땅과 바다를 향한 울부짖음을 본다.

메시아의 희망은 "하늘에" 남아 있어 손에 닿지 않는다.—우리에게 "내려온" 것은 전면적인 생태-사회적 파괴이다. 여기서 나는 고대 문명 파괴력이 너무나 큰 잠재력을 갖고 있기 때문에 훗날의 역사에서 그 파괴력이 반드시 실행될 것으로 보인다는 우울한 미래를 읽는다. 모든 정직한 희망은 순간들마다 우리가 시작했던 출산 장면의 비주체화(주체 상실)를 닮았다: 그 불리한 형세는 당분간 개인적인 돌봄과 창조를 압도한다. 그러나 메시아적 희망은 더욱 불리해진다. 즉 그 희망이 그 용의 입속으로 들어갈 참이다. 땅의 끝과 바다 깊은 곳까지 포효하는 패턴 속으로 말이다. 출산의 트라우마는 지구의 트라우마로 된다.

그 태양 여인(the Sunwoman)은 어디로 갔는가?

6. 그녀는 광야로 후퇴하고

그 용은 자기가 땅에 떨어진 것을 깨닫자
그 사내아이를 낳은 여자를 쫓아갔습니다.
(계 12:13)

이야기는 여기에서 그 용과 함께 땅으로 떨어진다. 그 용은 이제 잔뜩 화가 나서 여인을 쫓아간다. 그녀는 광야의 은신처로 제 시간에 두달할 수 있을까? 슬프도다(*Ouai*!) "그러나 그 여자는 큰 독수리의 두 날개를 받아 가지고 있어서 광야에 있는 자기 처소로 날아가 거기에서 삼 년 반 동안 그 뱀의 공격을 받지 않고 먹고 살 수 있었습니다"(계 12:14).

그녀는 독수리의 날개들이라는 변혁의 원동력을 발휘하였다. 여기서 그 이미지는 고대 해방운동들의 원형, 즉 노예생활에서 새로운 집단생활로 비상(flight)하는 패턴을 재현한다: "너희는 내가 이집트인들을 어떻게 다루었는지, 너희를 어떻게 독수리 날개에 태워 나에게로 데려왔는지 보지 않았느냐?"(출애굽 19:4). 그녀가 요한의 시대에 새로운 출애굽을 실현시키는가? 중세기 유대교 신비주의는 어떻게 "독수리가 공중에 솟아오르고 새끼들을 돌보는지"와 관계시켜 설명한다.9) 카발라의 타르굼(Targum)은 독수리를 쉐키나(Shekinah)와 동일시한다: 쉐키나는 유랑하는 백성들과 동행한다고 알려진 신의 모습이다. 여성형 명사로서 쉐키나(Shekinah)는 히브리어 동사 '샤칸(shakan),' 즉 "거주하다"에서 온 것으로서 출애굽 기간 동안, 또는 바빌론에서 포로 생활하던 백성 가운데 함께 하신 신의 현존/임재(presence)를 뜻한다. 그녀의 공간성은 시편의 시로 구체화된다.―"주여(YHWH), 당신은 대대손손 우리의 피난처"(시 90:1). 신을 우리의 장소로 이해하는 개념, 즉 그 안에서 우리가 살고, 심지어 그 위에서 움직이는 장소로서의 신이라는 개념은 사도 바울이 하느님을 인용하는 데도 나타난다: "우리는 하나님 안에서 살고 움직이고 존재하고 있습니다"(행전 17:28). 이처럼 하느님 안에 거주하는 것은 나중에 범재신론(panentheism)으로 불려졌다: **모든 것은 하느님 안에**(all in God) 있다. 그런 내재(immanence)의 역동성 속에서 메시아/그리스도(Messiah/Christos)는 "모든 것 안의 모든 것(all in all)"이 된다.10)

그런 내재성은 또한 잠언 8장의 인물을 되울리는데, 그 인물은

---

9) See Catherine Keller, *Apocalypse Now and Then: A Feminist Guide to the End of the World* (Boston: Beacon Press, 1996; reprint. Minneapolis: Fortress Press, 2004), 71.
10) 사도행전 17:28; 골로새서 3:11을 보라. 이런 내재성은 훨씬 후에 범재신론(panentheism, *pan en theo*, "all in God")이라 부르게 될 것이었다.

새의 날개를 갖고 있는 고대 이집트 여신 이시스

창조 이전부터 존재하여 "주께서 일을 시작하시던 그 태초에, 주께서 모든 것을 지으시기 전에, 이미 주께서는 나를 데리고 계셨다"고 한다(잠 8:23). 그녀는 여성적인 호크마(Hochma), 소피아(Sophia), 혹은 지혜(Wisdom)다. 그러나 예언서 에녹서에서는 "지혜가 그녀의 살 곳을 마련하기로 나섰는데 / 인간들 가운데서는 / 거처를 발견하지 못해서 / 지혜는 도로 '그녀의 장소'로 돌아왔다"(에녹1서 42:1-3). 요한의 비전에서 우리는 그녀가 "그녀의 장소"로 물러서는 것을 보는가? 그녀의 은신처는 땅 위에 있지만, 사람들이 살지 않는 곳이다. 1세기후반 그리스-로마에서 요한의 도시 공동체들이 그녀를 어떻게 읽어 냈을까? 역사학자들은 그 공동체들이 그녀가 이집트의 이시스(Isis) 를 닮은 것을 놓치지 않았을 것이라고 주장한다. 이시스는 그리스-로마 시대에 이시스의 비의들(mysteries)이 광범위하게 다시 부흥하는 가운데, 독수리의 큰 날개를 지닌 한 여신으로 나타난다.

우주적인 어머니, 쉐키나(Shekinah)의 현존, 소피아(Sophia)-지혜(Wisdom), 위대한 여신(Great Goddess) 등등. 그녀는 그 비전의 주변부를, 그리고 거룩하게 된 족장들의 얼굴 앞에서 날아다니고 있다. 이제는 고대의 여신들, 혹은 아브라함의 하느님의 여성적인 모습(*His* Shekinah), 혹은 하느님/여신(God/dess), 혹은 여성적인 신성에 대한 20세기 페미니스트적 재현을 할 필요는 없다. 그녀/그/그것/그들(S/he/it/they)은 진보적인 영성과 그 예언자적인, 고통스러운 출산들과 사망들의 실험들 속에 거주한다. 그들은 토착의, 메소포타미아의, 아시아의 여신들과, 그리고 번역할 수 없는 신적인 성들(sexes)의 전체로 숨어있는 역사들과 공명한다.11) 성별적(gender) 대안들과 해방운동들 사이의 세속적-종교적 교차 부분들이 전체적으로 없어진 것은 아니다. 심지어 실망스럽게 연기된 사태들 속에서도, 심지어는 그 남성 우월주의적인 용의 얼굴 붉히는 분노에 맞서면서도 없어진 것은 아니다.

요한은 이런 성적/성별적(sex/gender) 투쟁에 나와 동행하지는 않는다. 그러나 꿈으로 읽기가 동의를 뜻하지는 않는다. 심지어 페미

---

11) See Zairong Xiang, *Queer Ancient Ways: A Decolonial Exploration* (Goleta, CA: Punctum Books, 2018). Xiang이 주장하듯이, 비록 여성으로 성별되었지만, 그런 유일한 성적인 정체성 구별에 대한 저항을 강조한, 메소포타미아에서 메소아메리카에 이르기까지 서로 다른 고대의 신들이 지닌 queer 경향을 자세히 조사하면서 읽기를 위함.

니스트 학자들 가운데서도 말이다. 예를 들어, 요한계시록에 대하여 해박한 저서들을 낸 티나 피핀은 "1세기 요한의 비전들은 현대의 평등과 권리를 위한 행동주의와 아무런 공통점도 갖고 있지 않다"고 주장한다.12) 나는 거의 동의한다. 즉 출애굽의 해방 유산을 제외하고는, 경제적, 사회적, 인종적, 그리고 젠더 정의를 위한 서구의 모든 운동들에 영향을 끼친, (요한의 비전들 속의) 정의에 대한 그 고전적인 예언자적 요구에는, (현대의 페미니즘 행동주의와 아무런) 공통점이 없다. 그러나 나는 (내가 보호하기를 도왔던) 피핀의 불평에 동의하지 않을 수 없다: 요한이 "음녀(whore)" 혹은 "이세벨(Jezebel)"이라고 부르지 않았던 여인들은 결국엔 처녀/신부로, 혹은 그 동안에 트라우마를 겪은 그 어머니로 전승되어 내려온다. 피핀은 후자(트라우마를 겪은 어머니)를 이렇게 그려낸다: "태양을 옷 입은 여인(the Woman Clothed with the Sun)은 결국 출산하도록 유배된 생식기관(a reproductive vessel)이다."13) 확실히 그녀는 해방된 여성성의 이상을 제공하지는 못한다. 그러나 본문에서는 어떤 신(One)도 그녀에게 유배를 가도록 선고하지 않는다. 하느님은 그녀를 위해 거처—자연 속에서 안전한 공간—를 준비하셨고, 거기에서 그녀는 보살핌을 베푸는 것이 아니라 받았다. 또 다른 페미니스트 성서학자는 더욱 대담하게 말한다: "하느님은 우리와 함께-신음하시고, 우리와 함께-산통을 겪으신다(God co-groans and co-labors with us)."14)

---

12) Tina Pippin, "The Joy of (Apocalyptic) Sex," in *Gender and Apocalyptic Desire*, ed. Brenda E. Brasher and Lee Quinby (New York: Routledge, 2014, originally published by Equinox in 2006), 67.

13) Ibid.

14) Barbara Rossing, "Reimagining Eschatology: Toward Healing and Hope for a World at the Eschatos," in *Planetary Solidarity: Global Women's Voices on*

이야기는 그녀의 이성애적-생식적인 메시아적 엄마(hetero-repro-messianic-mom)로서의 기능을 넘어서, 그녀의 또 다른 모습을 보여준다. 그녀가 광야의 은신처로 가기 전에, 이런 일이 일어난다: "그 뱀은 그 여자의 뒤에서 입으로부터 강물처럼 물을 토해 내어 그 물로 여자를 휩쓸어버리려고 했습니다"(계 12:15). 그 뱀이 분노해서 토해 낸 독으로 오염된 강물을 상상해보라. 나는 이 책을 쓰기 전날 저녁에 "용의 보복(The Dragon's Vengence)"을 **문자 그대로** 한 모금 마셨던 것을 인정한다. 내가 놀란 것은 (비록 꿈 읽기에서 동시성들에 익숙했지만) 동네 축제에서 바로 그 이름을 가진 포도주를 맛보라고 제공되었다는 점이다. 중남미산 아바네로(habanero) 고추로 발효시킨 포도주: 나는 성서 주석과 연관됨을 고려해서, 병의 라벨에 가학적으로 이빨을 드러내고 웃고 있는 빨간 용을 그린 그 포도주를 한 병 샀는데, 다시는 한 방울도 더 마시지 않을 것이다.

다행스럽게도, 그녀는 독성 있는 악취에 압도되지는 않았는데, 왜 그런지 들어보라: "땅이 입을 벌려 용이 토해 낸 강물을 마시어 그 여자를 구해 냈습니다"(계 12:16).[15] 또 다른 그림의 입과 입을 맞대기, 이번에는 거꾸로 되어서, 용의 입이 먼저 열리고, 땅의 입이 대응한다. 그래서 예언자적인 에코페미니즘은 멀리 뒤로 돌아가서 읽는다. 즉 지구 자체가 여성적인 인물로 상상되어, 그 여자를 구원하러 등장한다(계 12:16).

불가능할 만큼 멀리 떨어진 또 다른 유비(analogy)가 떠오르는데,

Christian Doctrine and Climate Justice, ed. Grace Ji-Sun Kim and Hilda P. Koster (Minneapolis: Fortress Press, 2017), 330.

15) 그리스어 명사 *ge*, "땅"은 지질학의 뿌리로, 여성대명사를 택한다. 가이아(Gaia)는 *ge*를 인격화한 것이다.

저 먼 아시아의 지혜 전통에 나오는 유비다. 붓다(Buddha)가 깨달음을 얻은 보리수 아래에 앉아 있는데, 그의 오른손이 땅을 만지는 모습을 취하고 있다. 마왕(魔王, the demon lord)인 마라(Mara, Mara Papias = 魔羅波旬, 불설보요경에 수록-역자주)가 그를 공격하러 뛰어나오자, 땅이 "내가 그의 증인이다"라고 호령하여 싯다르타(Siddhartha)를 구출하고,16) 마왕과 그 졸개들은 즉시 사라진다.

여기에 상황적으로 맞는 전례가 있다: 이것("땅이 입을 벌려 그 여자를 구해준" 계시록 12:16의 환상)은 "성서에서 가이아(Gaia)가 '입'을 벌려 적대자인 '고대의 뱀'에 맞섰던 첫 번째 이야기가 아니다. 즉 이미 창세기 3장에서도 자기 이익만 챙기는 권력의 치명적인 속임수와 어리석은 소비로 인해 에덴동산을 살 수 없는 곳으로 만들었던 것에 맞서서 반대로 행동하고자 땅이 '입'을 열었었다." 브리지트 코올은 창세기의 땅이 이미 연약한 자들과 희생당하는 자들의 편을 들었음을 보여준다. 즉 그녀(땅)는 입을 열어 아벨의 피를 받아들였으며, "카인이 (형제살해를) 부인하고 속이는 것에 대항하여" 울부짖을 수 있었다.17) 우리는 태양을 옷 입은 이 여인은 땅과 전체 피조물의 관계를 인격화한 것으로 말할 수도 있다. 즉 그 여인은 우주적 연결성의 지혜(the wisdom of cosmic connectivity)다. 그녀는 지구 위 모든 생명체들의 취약성을 함께 공유하고 있다. 그녀는 땅 자체는 아니고, 연

---

16) John C. Huntington and Dina Bangdel, *The Circle of Bliss: Buddhist Meditational Art* (Los Angeles: Columbus Museum of Art and the Los Angeles County Museum of Art, 2003), 64.

17) Brigitte Kahl, "Gaia, Polis, and Ekklesia at the Miletus Market Gate: An Eco-critical Reimagination of Revelation 12:16," in *The First Urban Churches I: Methodological Foundations,* ed. James R. Harrison and L. L. Welborn (Atlanta: SBL Press, 2015), 144.

합한 행위자(allied agent)로 보인다. 오직 이런 여성적 연대 때문에 그 태양-여인은 광야의 은신처에 도달한다.

그녀가 도망친 것에 잔뜩 화가 나서, 용은 "그녀의 남은 자손들" —그 가운데 요한은 자신을 포함시킨다—과 싸우려고 나선다. 요한 계시록에서는 그녀에 대해 다시는 듣지 못한다. 그녀는 아직 남아 있는 야생 지역 어딘가에서 우주와의 연결을 위해 여전히 헤매고 있을까? 한편 땅은 "그녀의 남은 자손들"을 가능한 한 많이 구출하기 위해 얼마나 더 많은 피와 담즙을 삼켰는가?

가이아(Gaia)는 얼마나 더 많이 받아들일 수 있는가? 앞장에서는 인종/계급의 독소들이 강물들을 오염시킨 것, 그리고 전 지구적인 탐욕이 지구 행성 전체에 이산화탄소를 내뿜는 것을 꿈으로 읽어냈다. 그 용이 토하는 것을 그녀(지구)가 얼마나 많이 흡수할 수 있는가 하는 문제에는 (분명한) 한계들(limits)이 있어 보인다.

7. 춤추는 어머니, 대중들의 친구

그러나 하늘의 어머니가 나타나고,
그리고 하늘의 아버지처럼
자유롭게, 그리고 철석같이 믿어지게 될 때,
그러면 여인은 그녀의 온전한
행동 영역을 발견할 것이다.[18]

---

18) Antoinette Doolittle, "Address of Antoinette Doolittle," March 14, 1872, *Shaker 2* (June 1872): 42-43.

그러나 기다려라, 마치 태양의 여인이 그만 포기해버리고, 병들어 아픈 지구의 물질들 속으로, 혹은 태양계의 비인간적인 우주 공간 속으로 들어가듯이 사라져버리는 것은 아니다. 그녀는 요한의 이야기에선 사라진다. 그러나 그녀는 그다지 오래지 않아, 그다지 멀리 떨어지지 않은 곳에서, 다시 나타난다.

그녀가 매우 직접적인 방식으로 두 차례 나타난 것은 장차 미국이 될 장소에서였다. 하나는 18세기에 수천 명의 천년왕국론자들(millenarians)의 집단적인 이민으로 일어났다. 그들은 "세계의 종말"을 기대하지는 않았지만, 새로운 장소, 새로운 시대를 찾았다. 이들 남녀 집단에게 신세계는, 인간이든 신이든, 남성우월주의가 없는 곳이어야 했다. 남성우월주의란 "우리가 하늘에서 남성 하느님을 갖고 있는 한, 우리는 땅에서도 모든 남성 통치자들을 갖게 될 것이다"라는 신념이다. 몇 년 동안 괴롭힘과 가난을 겪은 뒤에, 그들의 공동체들은 번성하기 시작했다. 그들을 쉐이커들(Shaker)이라고 부르게 된 이유는 강렬하며 리듬을 즐기는, 파트너가 없는 춤을 즐기는, 로큰롤의 원형적 제의(ritual) 때문이었다. 앤 리(Ann Lee)에게 한 비전이 나타났는데, "그녀는 여성의 계보로는 첫 어머니, 혹은 영적인 부모로 받아들여지고 인정되었다"고 선언했다. 여러 차례 출산과 매장으로 고통을 받았기에, 앤 리는 문자 그대로 모성(motherhood)을 포기했다. 혼인은 영원히 가부장적이라고 거절하고, 독신주의(유일하게 믿을 수 있는 산아제한)를 실천하면서, 그녀의 지도 아래 남자들과 여자들이 새로운 가능성을 실천했다.―성별과 경제의 평화주의적인 평등주의(a pacifist egalitarianism of both gender and economics)의 가능성을 말이다. 그 실험은 바로 묵시록의 그 어머니에게서 영감을 발견했던 것이다. 앤 리는 하늘의 어머니(Heavenly Mother)가 인간으로

내려온 것으로 이해되었기 때문이다: "요한계시록에서 언급된 … 태양을 옷으로 입었던 여인"으로.19)

이와 비슷한 모계(母系)의 변혁하는 원동력이 같은 시기에 또 나타났다. 12명 자식들이 있던 가정에서 12살에 어머니를 잃어버린, 한 젊은 퀘이커(Quaker)는 1774년의 새로운 빛(New Light) 부흥에 의해 급진적으로 되어, 그녀의 공동체로부터 추방되었고, 심각한 병에 걸렸다. 제미마 윌킨슨(Jemima Wilkinson, 1752-1819년)은 거의 죽음의 상태에서 자기에게 찾아온 비전을 이렇게 기록했다: "하늘들이 열리고, 그녀는 동쪽에서 두 명의 대천사(Archangels)가 내려오고 있는 것을 보았다. … 그들은 선포하기를, 당신과 모든 이들을 위한 영원한 영광의 많은 맨션(Mansions) 가운데, 방, 방, 방(Room, Room, Room)이라고 말하였다."20) 병에서 회복되자마자, 그녀는 "제미마(Jemima)"는 죽었고 영(Spirit)으로 환생했다고 믿었다. [공간, 영, 방 등은 *pneuma*를 지칭한다.—놀라운 새로운 공적인 자유를 위해 숨 쉴 수 있는 방을 말함인가?]

전례가 없이 뜻밖에 새로 전개한 그리스도론(Christology)을 통해, 제미마 윌킨슨은 공동체를 모아서, 그들의 지도자를 이렇게 부르게 했다: "광야에 있는 그 묵시적 여인 모습으로 재림한 그리스도, 태양을 옷 입은 여인"이라고 말이다. 윌킨슨의 새 이름은 "보편적인 공공의 친구(the Universal Publick Friend)"였다. 그 친구(the Friend)는 설교를 하고 이곳저곳을 돌아다니면서, 추종자들을 말에 태워 대열을 지

---

19) Ann Lee는 1774년에 신대륙에 도착한 급진적인 영국 퀘이커 공동체를 이끌었다.
20) Keller, *Apocalypse: Now and Then*, 233-237. Jemima Wilkinson's inaugural vision thus brings home the spatiality of John 14:2: "In my house are many mansions"(meaning in Greek, "rooms").

어 행진하도록 인도했는데, 그녀는 푸른 우단(velvet)과 흰 가죽으로 장식한 안장 위에 화려하게 앉았고, 모든 여인들이 머리카락들을 묶고 모자를 썼던 시대에, 그녀는 검게 곱슬거리는 머리를 풀어헤치고, 휘날리는 스카프들로 강조한 검은 남자 성직자 복장을 했다고 악명이 높았다. 교육받은 사람들이 많았고, 일부는 혼인했고 일부는 독신자들인 2백 명 가량의 집단이 공공의 친구의 계시적 설교를 듣고자 그녀 주변에 모였다. 그들은 뉴욕 북부 세네카(Seneca) 호수 근처에 자신들의 공동체를 세웠는데, 많은 재산을 공유했고, 미국 인디언들과 존중할 만한 교역 관계를 이루었다.[21]

이 화육(incarnation, 성육신)에서, 그 태양 여인은 "she(그녀)" 혹은 "he(그)"라는 대명사를 거부했다. "Friend(친구, 동무)"가 이 사람이 선호하는 대명사였다.(지금은 "They"가 맞을 것이다). 새론 베쳐는 그 시작을 아름답게 묘사하고 있다: "한 순간의 모습에서, 그 친구(The Friend)는 성별(gender)을 남녀 둘로만 양분하는 속박을 묵시종말적으로 벗겨버린다." 그 친구는 독신으로 남아 있었지만, 추종자들에게는 독신주의를 강요하지 않았다. 그러나 그 친구는 성별 이분법(gender binary)이 지닌 억압적 측면을 해방시킨 페미니스트의 원형이라기보다, 이성애적 이분법(hetero-binary)을 위반하는 트랜스젠더의 원형일 것이다. 당시의 어머니 앤 리(Mother Ann Lee)와는 달리, "그 친구(the Friend)는 이분법적 구별의 서로 반대되는 좋지 않은 면에서 비슷하게 흉내내는 언어적 가능성들을 거부하고, 그 대신에 외견상 비범주적인 젠더, 제3의 성(a third sex)을 역설적으로 수행했다."[22]

---

21) Ibid., 235.
22) Sharon V. Betcher, "The Second Descent of the Spirit of Life from God: The Assumption of Jemima Wilkinson," in *Gender and Apocalyptic Desire,* ed.

내가 교인들과 함께 성소수자 프라이드 행진에 참여하러 갈 때 (한 즐거운 어린 아기를 포함하여), 나는 그 "공공의 친구(Publick Friend)"의 말을 탄 행렬이 그 행진에 가담하는 것을 상상해보았다. 그 친구는 "모든 자연을 출산한 영(the Spirit)이 땅에서 그 용을 오래지 않아 축출할 것"으로 기대했다. 그 친구의 설교 가운데 남아 있는 단편들 속에서, 우리는 급진성의 공통부분(intersectional radicality)을 듣는다: "하느님이 한 피와 한 특성으로 모든 민족들을 만들어 지상에서 살도록 하지 않으셨는가?" 그들의 하나의 피는 인종과 계급 차별로 인한 피투성이를 거부한다. 베쳐의 아름다운 읽기에서는, "보편적인 공공의 친구(The Publick Universal Friend)의 방문에서는 지구 자체가 … 보편적인 터전이 되었다." 그것은 "남자들이 여자들을 지배하도록 권위를 부여한 '자연법칙'이란 독점적 형태를 거부한다." 그 대신에 "우정이라는 에너지에 의해 움직이면서, 여자들뿐 아니라 가난한 자들, 고아들, 토착민들에게도 공간을 개방하는 구체화된 보편성을 선언한다."23) 그래서 뉴욕 주 북부 광야에 거주지를 마련한 공동체를 그 친구는 무슨 이름으로 불렀는가? 다름 아닌, 이 책의 일곱 번째 표징으로 나타날 이름, 새 예루살렘(New Jerusalem)이다.

메시아의 가능성을 낳는 고된 산고(labor)는 산발적으로 일어났다. 여기저기에서, 그리고 지금과 그때에도. 아마도 지금은 우리를 초대해—묵시록의 권위를 가지고—"새로운 천년기 속에 거실(living room)을 만들라고 한다."24) 인종/성별(gender)/성(sex)/계급/능력/국

Brenda E. Brasher and Lee Quinby, *Journal of Millennial Studies* 2. no.1 (Summer 1999): 72-85.

23) Ibid.

가/생물종 등등으로 머리가 여럿 달린 그 용(the multiheaded dragon)도, 여러 가지 우월주의적인 담즙을 토하면서, 함께 살고 있다. 아주 오래 전에 그 비전의 힘을 가지고 그런 가능성들을 열었던 미국에서 말이다. 그 친구들의 "보편적으로 공공적인 것"에 대한 꿈의 기회는 유산(流産)되고 말았는가?

그래도 아직 출산의 진통과 지구의 진통은 끝나지 않은 것으로 보인다. "우리는 모든 피조물이 오늘날까지 다 함께 신음하며 진통을 겪고 있다는 것을 알고 있습니다.…"(롬 8:22).25) 어떤 새로운 백성들이 태어날 것이며, 어떤 투쟁들이 태어날 것인가? 어머니, 지혜, 쉐키나, 영, 친구가 아직 오지 않아서, 다시 올 것인가? 그녀는, 그들은, 우리를 태양, 별, 달로 옷 입혀 줄 것인가? 우리를 땅과 기묘한(queer), 새로운 친밀함으로 감싸줄 것인가?

그리고 우리가 서로 생존하고, 치유하고, 양육하고, 필요하면 은거(retreat)하도록 서로를 도와줄 것인가? 우리의 특수한 묵시종말을 맞서는 것이 더 좋을까?

---

24) Ibid.
25) 편집자주: <퀴어성서주석>에서 로마서를 쓴 토마스 행스(Thomas Hanks)는 여성신학자들의 연구와 사회경제적 양식에 대한 연구를 통해, 로마서 16장의 "인사말에 나오는 사람들 가운데 노예의 이름이 아주 많다.… 인사말에 보이는 28명의 이름 중 적어도 12명, 많다면 26명이나 노예의 이름으로 흔히 쓰인 이름을 가졌다.… 로마의 가정교회 사람들이 주로 가난하거나 노예였고 여성들이 이끌었을 뿐 아니라, 압도적으로 성소수자들이었다.… 인사를 받는 28명과 이름이 밝혀진 38명 중에서 단지 세 쌍만이 혼인한 사람들이다. 이것은 이민자들이나 노예들[혼인할 수 없었던] 사이에서나 있을 법한 상황이다"라고 주장한다. Thomas Hanks, "Romans," *The Queer Bible Commentary*, ed. by Deryn Guest, et. al., (London: SCM Press, 2006), 583-4.

4장

포도주로 복수하기

거룩하고 치명적인 포도들

그래서 그 천사는 땅 위에 낫을 휘둘러 땅의 포도를 거두어가지고 하느님의 큰 분노의 포도주를 만드는 술틀에 던져 넣었습니다.

—요한계시록 14:19

여보세요, 여보세요, 우리가 어디로 가고 있는지 아시나요?
링컨 카운티(Lincoln County) 가는 길인가요?
아니면 아마겟돈(Armageddon)으로 가는 길인가요?

—Bob Dylan, "Señor, (Tales of Yankee Power)"

1. 짐승들이 올라오네

태양 여인(the Sunwoman)을 땅이 구원한 것에 화가 나서, "용은 바닷가 모래 위에 섰습니다"(계 12:17). 이것은 바닷가에서 피크닉을

하려는 것이 아니다. 우리가 네 번째 표징을 마주치는 곳은 그런 자연의 경계선 위에서다: "나는 짐승 하나가 바다에서 올라오는 것을 보았습니다. 그 짐승은 뿔이 열 개이고 머리는 일곱이었습니다. 그 뿔에는 각각 관이 하나씩 씌워져 있었으며 그 머리마다 하느님께 모독이 되는 이름이 쓰여 있었습니다.…"(계 13:1). 그래서 우리가 용에게서 본 머리들, 뿔들, 관들의 차림새를 그 짐승이 그대로 재생 반복하여, 이제는 용이 그 짐승에게 "권세와 권한"을 부여한다. 요한의 용-짐승 암호는 땅과 바다에 걸친 로마제국의 다국적인 권력을 표적으로 삼는다. 그러나 초강대국(로마제국)의 머리들과 뿔들이 그들의 능력과 권한을 더 이상 행사하지 않기로 한 것인가? 심지어 여러 세기 동안의 그리스도교화를 통해서, 그리고 현대화를 통해서, 머리가 여럿 달린 그 괴물이 패배했는가? 아니면 그 용-짐승의 복제형태(the dragon-beast replication)가 계속 다양해졌으며, 증가해왔는가?

 그리스도교화에 대해 말해보자: 요한의 공포 쇼(horror show)에서는 체계적인 구조악을 거울처럼 반사한 것이 더욱 오싹해진다. 그 짐승의 머리들 가운데 하나가 "치명적인 상처를 입었지만, 그 치명적인 상처는 치유되었다." 다른 말로 해서, 이 치명적 상처를 입은 짐승은 단지 그 주인(용)만을 흉내 내지 않는다. 이와 동시에 이 환등기처럼 변하는 정밀함을 갖고, 그는 용의 완전히 반대를 거울처럼 보여준다: 뿔이 여럿 달린 어린 양은 "죽임을 당한 흔적을 지니고 있지만," 그러나 살아있다. 그 짐승은 "어린 양의 악마적인 적대자"로 읽어야 한다.[1] 이것은 우리가 기대하도록 되어있는 단순화된 악(evil)과 선(good)이 아니다. 요한의 악몽을 깨워주는 설명에서는 초

---

1) Craig R. Koester, *Revelation: A New Translation with Introduction and Commentary*, Anchor Bible (New Haven: Yale University Press, 2014), 577.

강대국이라는 짐승이 부활의 권능을 불길하게 흉내 낸다.

만일 어린 양(the Lamb)이 메시아를 실현하는, 죽었으나 살아 있는 희망을 뜻한다면, 그것은 반-제국(anti-empire)을 위한 것이다. 즉 그것은 우리의 일상적인 삶을 예수가—정치적인 현상유지를 조롱하면서—"하느님의 왕국(the kingdom of God)"이라고 부른 것에로 변혁시키기 위한 것이다. 그러나 이제, 그런 조롱을 다시 조롱하듯이, 그 짐승은 전 지구적 승리를 쟁취한다. "전체 땅이 놀라서 그 짐승을 따랐다." 지배력의 놀라운 회복력(resilience)에 대해 여기에서 무엇을 직관할 수 있는가? 인간은 이제 그 용과 그 대표자에게 매혹되었다. —단지 외형적으로만 압도된 것이 아니다. 우리는 그 힘을 내면화하여, 그것을 욕망하고, 그것의 일부가 된다.

"그 짐승은 큰소리를 치며 하느님을 모독하는 말을 지껄일 입을 받았고"(계 13:5), (그런 초현실적 입들은 계속 나타나는데) 이 짐승은 하늘의 양털 대표자(어린 양) 대신에 경배를 받는다. 요한은 그의 독자들이 묻기를 원한다: 십자가에 처형된 메시아를 흉내 내고 조롱하는 이 짐승은 도대체 누구인가?[2] 왜냐하면 치밀하게 암호화된 메시지를 들을 대상이 "귀가 있는 자는 누구나 …"라고 밝힌 것이 바로 이 표징이기 때문이다.

요한의 패러디는 그 자체의 쌍날가진 칼/말씀(S/Word)의 권능을 휘두른다. 그것은 그 짐승을 조롱하고 그 짐승은 메시아를 조롱하고

---

[2] 탈식민주의(Postcolonialism)의 이론가 호미 바바(Homi Bhabha)는 식민지화된 자들 가운데서 식민주의자를 "흉내 내고 조롱하는" 저항의 특별한 자세를 알아본다. See Homi K. Bhabha, *The Location of Culture* (New York: Routledge, 1994). 앞에서 지적한대로, 신약성서 학자 스티븐 무어(Stephen Moore)는 탈식민주의적 렌즈를 통해 요한계시록을 읽어내었다. See Stephen Moore, *Untold Tales from the Book of Revelation: Sex and Gender, Empire and Ecology* (Atlanta: SBL Press, 2014).

메시아는 짐승 같은 권력을 조롱한다. 요한계시록의 상황에서는, 그 이름 없는 제왕적 짐승이 오직 로마제국을 뜻할 뿐이다: 세상이 이제껏 보았던 것 가운데 가장 큰 정치권력이다. 그러나 시간이 지나면서, 요한의 칼날도 그 자체의 비전의 의도를 뒤집어 왜곡하는가? 그 짐승은 어떻게 밧모 섬의 요한이 품었을 법한 의도를 벗어나서, 제국의 권력을 그리스도교화(the Christianization of the imperial power)하고, 또 그리스도교세계를 제국화(the imperialization of Christendom)하였단 말인가? 이 비극적 아이러니를 철학자 화이트헤드보다 더 잘 파악했던 사람은 아무도 없다: "갈릴리 청년의 겸손함에 대한 단순한 비전이 시대를 통하여 불확실하게 깜빡거렸지만 … 그러나 더욱 깊은 우상숭배, 즉 이집트, 페르시아, 그리고 로마의 제국 통치자들(imperial rulers)의 이미지로 하느님 이미지를 만든 더욱 깊은 우상숭배는 계속 유지되었다. 교회는 오직 황제(Caesar)에게만 속했던 것들을 하느님(God)에게 주어버렸다."3)

그 쌍날의 칼은 뒤에 있는 것을 베어낸다. 그리고 앞에 있는 것도 베어낸다. 거듭되는 역사적 위기를 통해, 여러 차례, 그리고 모순되게 적용된 것들을 통해, 묵시록의 짐승과 닮은 집단은 2천 년 동안 (현실 속에) 연관성을 갖고 있었으며 계시적인 의미를 갖고 있었다. 수확하고 또 수확해도, 그 분노의 포도(the grapes of wrath)는 계속 익어 성숙한다. 그러나 초강대국 권력의 강인한 탐식성은 입에서 떠나지 않았다. 괴물 같은 시대들, 머리들, 정치들, 왕관들을 통해서 말이다. 그러나 묵시종말적인 저항의 목소리들도 끝내 침묵하지 않았다. …

---

3) Alfred North Whitehead, *Process and Reality* (New York: Free Press, 1978), 342.

2. 666 숫자를 반복하기

문제들을 더 복잡하게 만들어서, 그 표징은 다시 반복한다. 만일 짐승 A가 바다에서 올라왔으면, 짐승 B는 이제 땅에서 올라온다. 그것이 땅위의 "거주자들 모두가 그 첫 번째 짐승을 경배"하게 만든다. 이 두 번째 짐승은 종종 "적-그리스도(Anti-Christ)"와 동일시된다. ―비록 그런 단어가 요한계시록에 나온 적이 없지만 말이다.[4] 미국의 근본주의는 오랫동안 모든 방식의 국제기구들 가운데서, 가령 유엔(UN)이나 유럽연합(EU) 속에서, 비밀리에 활동하는 짐승들을 감시해왔다. 그래서 〈트럼프묵시록, *Trumpocalypse*〉의 저자들은 트럼프 대통령이 짐승 B와 대결함으로써 "아마겟돈을 향한 초읽기"를 시작했다고 축하한다. 그 저자들은 짐승 B가 전 지구적 음모로서, "거대한 사기극(Great Mass Deception)"이라는 사악하고 보편화시키는 혼합작전을 통해 작동한다고 주장한다.[5]

이 두 번째 짐승의 출현과 함께 요한의 꿈의 암호가 숫자 비밀학(numerology)으로 바뀌어, 이를 해독할 "지혜가 필요"하다고 한다(계 13:18). 독자에게는 "짐승을 가리키는 숫자를 풀이해보라"고 한다. 그 숫자는 악명 높은 것으로서, 자칭 "그리스도교 예언"이라고 부른 것들이 그 악마적인 숫자 "666"을 두고 수없이 많은 해석을 해왔다.

---

[4] 적그리스도(*antichristos*)란 그리스어 단어는 성서에서 오직 요한1서, 요한2서에만 나온다(앞에서 이미 지적했지만, 밧모섬의 요한이 요한복음과 요한서신들의 저자라고 잘못 이해되었었다).

[5] Paul McGuire and Troy Anderson, *Trumpocalypse: The End-Times President, a Battle against the Globalist Elite, and the Countdown to Armageddon* (New York: FaithWords, 2018).

때로는 그 짐승 같은 나타남이 매우 구체적(concrete)이다(심지어 도로의 아스팔트처럼—여기 콘크리트라는 말장난-역자주): "미국의 뉴멕시코 주에 있었던 666번 국도는 491번 국도로 바뀌었다. 뉴멕시코 주 대변인은 '악마가 여기에 출현했기에, 우리는 그것(666)을 깨끗이 없애버렸습니다'라고 말했다."6)

요한 자신의 계산으로는, 666이 상업에 적용된다. 그는 제국에 있는 모든 사람이 "오른손이나 이마에 낙인을 받게 하였습니다. 그리고 그 짐승의 이름이나 그 이름을 표시하는 숫자의 낙인이 찍힌 사람 외에는 아무도 물건을 사거나 팔지 못하게 하였습니다"(계 13: 16-17)라고 썼다. 돈을 대신하여 피부 이식을 한다는 근본주의자들의 예언들을 우리가 믿지는 않지만, 스웨덴에서 수천 명이 그들의 신용카드를 마이크로칩 이식으로 대체했다고 한다.7) 그 "짐승의 표시"는 금융의 힘이 전 세계에 미친다는 뜻으로 꿈-읽기를 하면 좋을 듯하다: 요한의 시대와 멀리 떨어진 지금, 그런 금융의 힘이 영향을 끼치지 않는 사람이 누가 있는가? 요한이 지혜를 요구할 때는, 그는 "낮은 사람이나 높은 사람이나, 부자나 가난한 자나, 자유인이나 종이나 할 것 없이 모든 사람에게" 말을 건네고 있다. 그는 그 상황을 그려내면서, "그 짐승의 이름이나 그 이름을 표시하는 숫자의 낙인이 찍힌 사람 외에는 아무도 물건을 사거나 팔지 못하게 하였습니다"라고 한다(계 13:17).8) 다른 말로 해서, 그들의 신분이 무엇이든, 이런 정치경제적 체제로부터 제외될 사람은 거의 없다. 그러나 현대

---

6) Frances Flannery, "666 in Popular Culture," *Bible Odyssey,* bibleodyssey.org
7) Maddy Savage, "Thousands of Swedes Are Inserting Microchips under Their Skin," *NPR: All Things Considered* (October 22, 2018).
8) Koester, *Revelation,* 604.

의 전 지구적 시장경제 속에 얼마나 시대착오적으로 번역할 수 있을지는 몰라도, 요한의 비전은 그 자신의 시대를 언급하고 있다. 재화(wealth)와 권력 자체가 서로 얽혀 돌아가는 것—그것의 "후기 자본주의자" 혹은 "신자유주의자," 혹은 참으로 "전 지구적" 경제 형태들과는 달리—은 새로운 것이 아니다. (다음 장은 "바빌론이란 탕녀"의 옛 시대에, 경제의 묵시종말적 변혁하는 힘에 초점을 맞출 것이다).

요한의 상황에서는, 유대인들과 그리스도인들이 "만일 상업 조직들에 참여하려면 공개적으로 황제를 인정하도록 압력을 받았다." 모든 상업들이 그런 조직들을 통해 이루어졌다. 요한의 공동체들에게는 신들에게 희생제물로 바쳤던 고기가 나중에 정육점들에서 판매되는 위험이 생겼다. 또한 동전들 위에 황제의 "새겨진 이미지" 때문에, "황제의 권한에 의해 요구되는 희생제물 바치기" 때문에, 압력을 받았다. 그런 일을 행하지 않으면 경제적 배척이나 더 나쁜 일을 당할 위험이 있었다. 그래서 쾨스터가 설명하듯이, 요한은 "단순히 알려진 관행을 묘사하기보다는 패러디를 사용하고 있다."[9] 요한에 의해 국제적인 것으로 암호화된 정치경제적 체제들의 서로 얽힌 것은, 나중에 "엄청난 탕녀(the Great Whore)"라는 표징 아래에서 그 베일이 벗겨지고(apokalypsis), 실제로 옷이 벗겨져 나체로 드러난다.

그러나 이미 요한은 그의 독자들이 사태를 **파악하기**를 원한다. 따라서 그는 자신의 백성들에게 중요한 단서를 준다: 짐승의 666이란 암호는 "한 사람(a person)을 뜻하는 숫자다." 그래서 그의 독자들이 누구이든, 혹은 무엇이든, 언제든, 그 베일이 벗겨지기를 원한다면, 요한 자신은 특정한 사람을 암시하고 있는 것이다.

---

9) Ibid., 595.

왜 암호인가? 왜 그냥 그 "사람"의 이름을 대지 않는가? 그 이름을 반복하는 것이 너무 불쾌한가? (마치 많은 미국 시민들이 45대 대통령 이름[트럼프] 대신에 그냥 "45"란 숫자를 사용하듯이 말이다.) 그보다는 로마제국 안에 널리 분포된 일곱 군데 도시 공동체들에게 보낸 그의 편지가 그의 독자들을 (그리고 저자를) 불필요한 위험에 노출시키게 되는 것을 그는 원하지 않았을 것이다. 그래서 요한이 독자들에게 두 번째 짐승의 이름을 "계산"해 보라고 권했을 때, 그는 게마트리아(gematria)라고 알려진 고대 암호 해독법을 사용하도록 지시하고 있다. 그 해독법에서는 그리스어와 히브리어 알파벳 각각에 고유한 숫자가 배당되어 있다.10) 요한이 이런 암호를 사용한 것은 역사를 통해 정치적인 영향을 남겼다. 중세기 초엽에는, 예를 들어, 무함마드(Muhammad)를 적-그리스도(Anti-Christ)로 지명하기 위해서, 그가 666년에 죽었다고 주장했다. 사실 그는 632년에 죽었다.11) 그러나 우리는 요한의 666은 예견하는 것이 아니라, 기억하는 것임을 보게 될 것이다. 그 누군가를.

3. 두 가지 고대의 정신적 트라우마들(Traumas)

바다에서 올라온 짐승 A는 로마제국의 권력으로 읽힌다. 요한은 그 일곱 개 머리를 로마(도시)의 일곱 개 언덕들, 그리고 로마의 통

---

10) Ibid., 596. *Gematria*는 유대교 및 그리스도교 역사의 많은 기간에 암호 해독법을 제공했다.
11) Kenneth M. Setton, *Western Hostility to Islam: And Prophecies of Turkish Doom* (Philadelphia: American Philosophical Society, 1992), 11.

치자들과 결부시킨다. 이 두 번째 짐승은 그 용이 육체를 입은 것으로, 당시의 세계적인 초강대국을 실체화한 것이다. 로마 군대들은 **바다를 통해** 도착했고, 그들 이전에 그리스 군대가 그랬듯이, 침공하는 선단들의 괴물 같은 공포를 싣고 상륙했다. 이 짐승의 "오만한 큰소리를 치며 하느님을 모독하는 말을 지껄임들"은 일부는 표범, 곰, 사자로 된, 그리고 열 개의 관을 쓴 부하 왕들을 갖고 있는 조직체에서 나오는데, 고대의 혐오스런 언어로 암호화되어 있다. 왜냐하면 로마는 단지 복종과 세금만 요구한 것이 아니라, 로마 황제를 신으로 경배하는 것을 시민의 의무요 충성심의 문제로 요구했기 때문이다. 그래서 우상화된 그 짐승은 "요한이 로마제국을 패러디한 것"이다.[12] 그러나 짐승 B는 무엇인가?

현재 학자들의 공동의견은 666로 암호화된 짐승 B를 네로(Nero) 황제로 해독하는 것이다. 54년에서 68년까지 로마 황제였던 네로는 "로마시가 불에 타고 있을 때 현악기를 탄 것"으로 우리는 기억한다. 네로는 짐승 A를 나타내고 그 예배를 강요한 것으로 해독하고 싶지만, 그러나 이런 역사적 추정이 어떻게 들어맞을까? 대체로 비전이란 문제는 모두 "장차 올 것"에 대한 것이다. 그런데 요한은 네로 황제가 죽고 난 뒤 20년이나 **지나서** 글을 쓰고 있는 것이다.

네로는 처형을 면하기 위해 도망쳐서 자살했다고 한다. "네로는 처음에 로마 백성들에게 매우 인기가 있었지만, 그의 오만하고 잔인한 이야기들이 많은 다른 로마인들, 특히 원로원 의원들로 하여금 그를 혐오하게 만들었다. 그의 14년간 통치를 견딘 뒤에 드디어 로마 원로원이 … 황제를 공공의 적으로 선언하고, 그를 발가벗겨 매

---

12) Koester, *Revelation*, 579.

달고 그의 머리를 커다란 나무창살에 끼워 넣고 공개적으로 매를 때려죽이는 것으로 선고했다."13) 그가 살아났다는 소문이 돌았다.—마치 치명적인 상처를 입은 짐승이 그랬듯이? 요한은 네로를 죽지 않는 페르소나(the undead persona)로, 초강대국의 짐승 같은 것들의 상징적 대표로, 자신의 의견을 말하고 있는 것 같다.

이것은 적절한 선택이다. 기원후 64년에 화재가 로마시를 폐허처럼 만든 뒤에, 네로가 그 화재에 책임이 있다는 (잘 보아주어도 현악기를 연주했다는) 소문이 퍼져나갔다. "비판을 피하기 위해서, 네로는 그 비난을 그리스도인 공동체에 돌렸다.…"14) 역사가 타키투스(Tacitus)는 예수를 따르는 로마인 추종자들을 반대한 네로의 복수를 그림처럼 설명한다.

> 엄청난 군중이 유죄판결을 받은 것은 그 도시에 불을 지른 범죄가 아니라 인류를 혐오했다는 것 때문이었다. 온갖 종류의 조롱과 모욕이 그들의 죽음들에 덧붙여졌다. 그들에게 짐승 가죽들을 뒤집어씌우고, 개들이 물어뜯게 했고, 죽임을 당했고, 십자가에 처형되었고, 혹은 불길 속에 던져졌고, 낮이 지나 밤이 되면 어둠을 밝히는 연료로 사용되도록 불태워졌다. … 그들이 파멸되고 있었던 것은 공공의 선을 위한 것이 아니라, 한 사람의 잔인성을 실컷 즐기기 위한 것으로 보였다.15)

---

13) Elaine Pagels, *Revelations: Visions, Prophecy, and Politics in the Book of Revelation* (New York: Penguin, 2012), 32.
14) Koester, *Revelation*, 570.
15) Tacitus, *Annals* 15.44, quoted from Koester, *Revelation*, 586.

타키투스는 이런 화려한 행사를 통해 나타난 가학적인 유머를 폭로한다. 만일 요한 자신의 패러디가 모욕에 대한 모욕으로 이해된 다면, 그건 그의 독자들이 항상 이런 위협들의 대상이었기 때문은 아니다. 네로의 행동들은 도시 로마에 국한되었고, 아시아에서는 그리스도인들의 박해가 산발적이었다. 그러나 이런 과거는 침묵당하기를 거부하였다. 로마의 화재는, 그리고 (그리스도인들에 대한) 희생양 삼기는, 요한의 생애 동안에 일어났다. 역사적인 트라우마의 구덩이가 요한의 비전의 밑바닥에 있어서, 그 비전을 흐리게 하고, 부추기고, 그리고 강화하는가?

메시아주의(Messianism)는 유대인 종교의 호전적인 측면을 지니고 있었다. 유대인 공동체들은 바빌로니아제국, 그리스제국, 그리고 로마제국과 함께 어떻게 살아야 할지―얼마나 협조해야 하고, 협상해야 하고, 혹은 저항해야 하는지―를 두고 갈라져 있었다. 이방신들(pagan deities)과 일상적으로 거래해야 하는 것이 민족적 상처에 영적인 모욕을 더해주었다. 유대인들은 출애굽 사건―집단적인 해방의 원형―의 상속자들이었다. 로마는 그들의 반란적인 경향성을 알고 있었는데, 이것이 제1차 유대전쟁에서 드러났다. 그 "위대한 반란"(66-73 CE)은 젤롯(Zealot)당 군사들이 예루살렘으로 후퇴함으로써 최고조에 달했고, 로마 군대의 포위, 성벽 함락에 이어서 마지막으로 성전이 불탔다. (예루살렘 항쟁은) 네로가 죽은 지 2년 뒤에 일어났지만, 식민지 백성에 대한 보복의 물결은 이미 시작되고 있었다. 당시의 유대인 역사가 요세푸스의 설명을 들어보자.16)

---

16) 유대인 학자요 역사가인 요세푸스(Josephus)는 (로마군에 대항해서 갈릴리에서 군부대 일부를 통솔했고), 항복한 뒤에 통역사가 되었다.

불길이 솟아오르자, 유대인들은 그 비극에 걸맞는 경악을 비명으로 질러댔다. 그들은 생명을 아끼거나 힘을 절약할 생각도 없이, 구조하고자 몰려들었다. 왜냐하면 그들이 항상 그토록 정성과 헌신으로 지켜왔던 거룩한 건축물이 자신들의 눈앞에서 사라지고 있었기 때문이었다. … 살육당한 자들 대부분은 평화로운 시민들, 약하고 무장하지 않은 자들이었는데, 그들은 잡히면 도살되었다. 시체들을 쌓아놓은 무더기가 제단(altar) 높이만큼 높아졌다. 피가 냇물처럼 성전 계단들에 흘러내렸고, 꼭대기에 있는 살육당한 시체들이 아래로 미끄러져 내렸다.[17]

눈으로 확연히 볼 수 있게, 불과 피로 붉게 물든 모습들 속으로, 끔찍한 공포의 비명소리들이 합쳐지면서 드러난 집단적인 트라우마의 엄청난 울부짖음에 대해 요세푸스가 묘사한 것을 들어보자.

로마 군단들이 휩쓸고 전진하면서 전쟁의 외침들 … 불과 칼로 둘러싸인 반란군들의 외침들, 도망치다가 적군에게 사로잡힌 사람들의 공황(panic) 상태, 그들이 죽으면서 내뱉는 외마디소리들, 언덕 위에서 외치는 소리들이 아래의 도시에 있던 군중들의 외치는 소리와 뒤섞였다. 그리고 이제 굶주려 허기로 지쳤던 많은 사람들이, 성전이 불타는 것을 보고는 다시 한 번 힘을 되찾아 탄식하고 통곡했다. 성전산은 곳곳마다 불길에 휩싸여, 그 산 밑바닥에서부터 끓어 넘치는 것 같았다. 그러나 피가 불길보다 더 많아 보였고, 살육당한 사람들의 숫자가 살육하는 자들의

---

17) Titus Flavius Josephus, *The Jewish War*, ed. Gaalya Cornfeld (Grand Rapids, MI: Zondervan, 1982).

숫자보다 더 많아 보였다.[18]

　제2 성전[19]의 파괴를 읽으면서 이것은 마태복음서에서 예수가 묵시종말적 "출산의 진통" 같은 고통을 예상하면서, 한 세대 앞서서 탄식한 구체적인 트라우마를 생각하지 않기란 어렵다. 예수는 성전 건물을 가리키면서, "저 모든 건물을 잘 보아두어라. 나는 분명히 말한다. 저 돌들이 어느 하나도 제자리에 그대로 얹혀 있지 못하고 다 무너지고 말 것이다"라고 하였다(마 24:2). 그때가 오면 "무서운 재난을 겪을 터인데, 이런 재난은 세상 처음부터 지금까지 없었고 앞으로도 다시 없을 것이다"라고 하였다(마 24:21).

　그러므로 우리는 네로 숫자(Nero number) 속에 영구히 암호화된 고대 공동체의 트라우마를 읽을 수 있다. 오늘날 트라우마는 이상한 시간성을 지닌 것으로 이해된다. 즉 과거로 완전히 사라져버리지 않고, **지금** 일어나고 있는 듯이 느껴지는 고통의 회상(flashbacks)으로 바뀌는 것이다. 트라우마의 영향은 언제든 다시 불길처럼 타오른다. 이런 방식으로 "네로(Nero)"는 죽지 않았고, "치명적인 상처를 지니고" 살아 있다.―그 짐승이 "땅위의 거주민들을 속이듯이," 억압들이 체계적으로 증폭되는 곳에 그는 살아 있다. 그리고 그 속임수는 조용한 시간 속으로 사라지지 않는다. 희생자들의 비명소리들이 배경 속으로 사라지고, 매일의 소비의 일상성 속으로 사라지고, 제국의

---

18) Ibid.
19) 편집자주: 제1 성전은 솔로몬이 기원전 966년경 예루살렘에 건축한 성전으로서 기원전 586년에 바빌로니아제국에 의해 파괴되었다. 제2 성전은 페르시아 시대에 바빌로니아 포로생활에서 귀환하여 516년경 건축한 성전으로 마카베오 반란 중에 일부 파괴되었다가 기원전 10년, 헤롯 대왕이 증축하고 62년에 완공된 성전으로서 기원후 70년에 로마제국에 의해 파괴되었다.

지속성이라는 로마의 평화(pax romana) 속으로 사라지는 때에도, 그 속임수는 사라지지 않는다. 그 강인하며 다양한 형태들 속에서, 다양한 현실의 공화국들에 걸쳐서—전 지구적 지배를 화려하게 행사할 수 있는 자들 가운데서 그 속임수들은 분명하다. 그러나 더 작은 나라들에서는 제국의 모델을 포기할 필요가 없다. (브라질에 있는 두 명의 해방신학자들은 아마존 지역의 숲들과 종족들의 파괴를 관장한 볼소나로[Bolsonaro] 브라질 대통령을 "볼소네로(BolsoNero)"라고 그들의 트위터[Twitter]에서 지칭해왔다.20))

4. 슬피 울기와 정의(正義)

요한의 짐승 패러디가 쓴맛을 갖고 있는 것은 놀랄 일이 아니다. 한 세기 뒤에 그의 두루마리가 그리스도교 성서 자체를 핏덩이로 도장 찍었다 해도, 그건 그의 선택으로 된 것은 아니다. 그는 성서의 정경(canon) 문서가 아니라 편지를 쓰고 있었던 것이다. 그러나 우리가 그 편지의 하늘 어머니(Heavenly Mother)에서 보았듯이, 그것은 해결되지 않은 트라우마, 정의를 요구하는 고통을 지니고 있고, 그 정의는 그가 알고 있는 대로의 역사 속에서는—괴물 같은 권력의 역사에서는—발견되지 않고 발견될 것을 기대하지도 않는다. 독일의 잘 알려진 희망의 신학자 위르겐 몰트만은 최근에, 모든 발랄한 낙관주의를 넘어서, "과거의 묵시종말론" 자체에 대해 썼다.21) 과거는 봉인

---

20) Dean Dettloff, "Liberation Spirituality for a Global Pandemic," *The Bias Magazine* (May 17, 2020).

21) Jürgen Moltmann, *The Spirit of Hope: Theology for a World in Peril*

이—관련된 역사를 폭로하면서—열려야 하고, 그렇지 않으면 과거는 우리를 그 반복들 속에 봉인해두고 만다. 그래서 계시록이 지향하는 심판은 해결되지 않은 과거의 고통들이 마침내 청문회를 갖고, 그때는 범죄자들이 더 이상 책임을 회피할 수 없게 되는, 그런 장면을 상상한다.

요한의 과거에 대한 감각은 (많은 익명의 유대인 묵시종말론들 가운데 하나인) 다니엘서에 스며있다. 다니엘은 바빌로니아제국에 의해 예루살렘에서 포로로 잡힌 젊은 귀족으로, 느부갓네살 왕과 다리우스 대제에게 고문(advisor)과 꿈 해몽자가 되었다.22) 성서 주석의 역사에서, 제국들은 네 개(흔히 바빌로니아, 메도-페르시아, 그리스, 로마)로 알려져서, 다니엘의 네 짐승들 형태에 맞도록 되었다(단 2:31-48).

> 나, 다니엘은, 밤에 이상한 광경을 보았다. 하늘 끝 사방에서 갑자기 바람이 일면서 큰 바다가 출렁거리는데, 바다에서 모양이 다른 큰 짐승 네 마리가 올라왔다. 그 첫째 것은 몸이 사자같이 생겼고 독수리 날개를 달고 있었다. … 그 짐승은 사람의 마음까지 지니게 되었다. 둘째 짐승은 곰같이 생겼는데 … 내가 또 바라보니 이번에는 표범같이 생긴 짐승이 올라오는데 … 그 날 밤 꿈에 본 넷째 짐승은 무시무시하고 끔찍하게 생겼으며 먼저 나온 짐승들과는 달리 뿔이 열 개나 돋아 있었다.(단 7:2-7).

(Louisville, KY: Westminster John Knox Press, 2019), 202-15.
22) 다니엘서 두루마리는 기원전 6세기에 일어났던 사자 우리에서 전설적인 일들과 더불어, 그 이후 여러 세기 뒤에, 대략 그리스제국의 안티오쿠스(Antiochus) 통치 시대에 써졌다. 안티오쿠스 통치 아래 기원전 167년에 제2성전 안에 제우스(Zeus) 상을 세워서 성전을 모멸했었다.

바다에서 올라온 다니엘의 짐승들 네 마리는 요한에게서 바다에서 올라온 용 세 마리와 땅에서 온 짐승으로 형상화되어, 동일한 동물적 요소들과 열 개의 뿔을 지녔다(계 1:2). 다니엘서에서는, "작은 뿔 하나가 새로 돋아났다. … 그 작은 뿔은 사람처럼 눈이 있고 입도 있어 큰소리를 치고 있었다"(단 7:8). 다니엘은 여러 제국의 식민지가 되었던 괴롭고 긴 역사를 포착하고 있다. 그것은 "살아 계시는 하느님, 영원하신 하느님, 영원히 무너지지 않을 왕국의 하느님"의 백성들이 겪는 고통의 데이터(사실 기록)가 아니라, 의미에 대한 기억을 담고 있다. 그리고 요한은 로마제국의 악질적인 구조 속에 악몽처럼 지속되고 있는 여러 짐승들의 역사를 꿈으로 읽어낸다. 그 역사는 메시아 예수(Meshiach Yeshua)에 의해 기적적으로 해결되지 않았고, 예수도 그것의 파괴적인 지속성을 예견하고 탄식했다.

오래된 성서적 예언자 전통에서는, 억압이 그럼에도 불구하고 결국엔 끝날 것이다. 번성하는 땅의 세계는 항상 변화하는 지평선 위에서 반짝이고 있다. 그러나 만일 우리가 너무도 많은 괴로움, 패배, 그리고 집단적 트라우마가 상징적으로 집약된 역사를 놓친다면, 우리는 요한의 "검은 것으로 둘러싸인 희망(hope draped in black)"을 파악할 기회도 놓치게 된다.23) 묵시록 2장이 주장하듯이, 묵시록에 마음을 집중하는 것은 애통해하는 일에 참여하는 것을 뜻한다. 그래야만 비로소 우리는 독수리가 외치는 "슬퍼하라, 슬퍼하라, 슬퍼하라(Woe, woe, woe)"는 소리는 땅 위에 거주하는 자들에게 내리는 저주가 아니라 그들을 위한 탄식으로 들을 수 있다. 잘려져 버린 것에 대한 탄식, 즉 있었던 것, 될 수도 있었을 것, 그리고 불가능한 것에

---

23) Joseph R. Winters, *Hope Draped in Black: Race, Melancholy, and the Agony of Progress* (Durham, NC: Duke University Press, 2016).

로 낚아 채여 올라간 것을 위한 탄식은 무엇이 잘못되었는지에 대한 기억을 지니고 있다.

그래서 정의의 가능성을 향한 길이 열리는 것은 오직 이런 애통함을 통해서 뿐인가? 왜냐하면 정의는 법률적 공허함 속에서가 아니라, 일어날 수도 있었을 가능성의 빛에서 심판하기 때문이다. 정의와 애통함이 서로 분리되면 무슨 일이 일어날까? 더 이상 참을 수 없음의 진가를 인정할 수 있다: "애통해하지 말고, 행동하라!"고 어떤 행동가들은 2016년 선거 뒤에 주장했다. 의도는 좋으나 지혜롭지 못한 명령이다. 만일 분노가 슬픔을 짓눌러버린다면, 억압되고 괴로운 감정은 조만간 그 동기를 부여하는 힘에 독을 넣지 않겠는가? 애통해하지 못한 상실은 마비로 고착되거나, 원한으로 변질될 것이다. 그러나 **지극한** 분노 역시 애통함을 공유할 수 있어서, 심지어 단지 개인적인 슬픔으로 남게 되는 것을 넘어서, 외부로 에너지를 방출한다. 그런 분노는, 심지어 혐오까지도, 필요한 변화를 촉진할지 모른다. 차이나 미에비유의 단편 소설 속의 한 인물은 그런 곤혹스러움을 헤아린다: "그러나 생각해봐. 그리고 당신은 미워해야 해. 왜냐하면 만일 당신이 미워할 수 없다면, 당신은 사랑할 수도 없고, 희망할 수도 없고, 옳게 절망할 수도 없으니까 말이야."24)

---

24) From a short story by China Mieville, "Dusty Hat," *Salvage* (August 1, 2015). Mieville은 계속하여 이렇게 말한다: "자 나서 봐. 여기는 평평한 땅이고, 그래서 문제는 세상엔 너무도 많은 치욕이 있으나 미워하기는 충분치 않아. 누군가가 내게 언젠가 말하기를, 미워하는 것은 옳지 않다고 했어. 나는 미워하기를 견딜 수 없어. 그리고 그건 경건에 관한 것이 아냐. 그건 잘 사는 것에 대한 것이야. 내가 어떻게 그걸 이해하지 못하겠어? 그게 나를 생각하게 만들었어. 왜냐하면 나는 미움으로 가득 찼고, 넘칠 정도로 가득 찼어. 그러나 생각해봐. 그리고 당신은 미워해야 해. 왜냐하면 만일 당신이 미워할 수 없다면, 당신은 사랑할 수도 없고, 희망할 수도 없고, 옳게 절망할 수도 없으니까 말이야. 균형을 바라는 어떤 맹목적 믿음 때문이 아니라, 중요한

그 분노가 함께 아파하는 마음에서—사랑에서—분리되는 것은 정의가 애통함의 눈물을 회피할 때인가? 이것이 바로 정당한 분노가 자기 의로움의 복수심(self-righteous vengefulness)으로 변질되는 때인가? 이것이 바로 정의를 위한 열정이 피의 복수로 둔갑하고, 조작을 위해 무르익는 때인가? 즉 무슬림에 대한 십자군으로, 유대인들에 대한 학살로, 이민자들에 대한 장벽으로, 미국 흑인들에 대한 숨통 조이기로 조작하기에 충분히 무르익는 때가 된 것인가?

복수의 힘은 요한의 분노에서 놓치기가 어렵다. 그 황제-짐승(Caesar-beast)을 경배한 자들과 그의 낙인(branding)을 거부하지 못한 자들 모두는 "하느님의 분노의 포도주를 마시게 될 것이다. 그것은 하느님의 진노의 잔에 부어 넣은 순수한 포도주다. 이런 자들은 거룩한 천사들과 어린 양 앞에서 불과 유황의 구덩이에서 고통을 당하게 될 것이다. 그들에게 고통을 주는 불과 유황의 연기가 그 구덩이에서 영원토록 올라올 것이다.…"(계 14:10ff).

고대의 배경에 있는 슬픔에 마음을 집중하면서, 우리는 해결되지 않은 트라우마, 즉 요한의 집단적 트라우마뿐 아니라 우리 자신들의 트라우마도 치유하는 애도과정을 거치고 있는 것일까? 그래서 저항을 위한 새로운 전략들에 새로운 힘을 불어넣고 있는 것일까?

5. 큰 물소리처럼

요한의 비전의 쓰디쓴 중심에선, 정의와 복수가 서로에게 피를

것은 떠들어댄다는 것이기 때문이지. 나쁜 음조의 억양을 가지고 말로 할 수 없는 것을 떠들어대는 것이 아니면, 미워한다는 것이 도대체 뭐야?"

흘리게 한다.—요한 이전과 이후의 인간들에게, 개인적으로 또한 집단적으로, 반작용 속에서나 반란 속에서, 정의와 복수가 너무도 쉽게 서로에게 피를 흘리도록 만들었듯이 말이다. 복음서의 "너의 원수들을 사랑하라"는 요청은 계시록에서 낯선 것처럼, 그 요청이 비난하는 문명 속에서도 여전히 낯설다. 계시록은 용서의 엄격한 기술을 가르치지도 않는다. 요한계시록은 복음서가 아니다. 그러나 요한은 폭력을 주창하지도 않는다. "만일 당신이 칼로 사람을 죽이면, 당신도 칼에 맞아 죽어야 한다"(계 13:10).25) 심지어 "그 짐승을 경배"하지 않음으로써 처형에 이를 수도 있는 상황에서도, 요한은(예수와 마찬가지로) 무장봉기를 장려하지 않는데, 무장봉기는 제1차 유대전쟁에서 분명해졌듯이, 집단 자살이나 다름없다. 비극적이게도, 정의가 오래도록 거부된 것에 절망하여 일어선, 많은 혁명적 노력에 대해서, 오히려 그 짐승 쪽이 훨씬 잘 무장되고 잘 준비된 폭력으로 대처하는 일을 훨씬 더 잘한다.26)

묵시록은 비폭력적 저항을 강력하게 가르치는 것으로 읽을 수 있다. 그것만으로도 여성주의 정치철학자 주디스 버틀러가 "비폭력의 힘(the force of nonviolence)"이라고 부른 것을 기대할 수 있다: "비폭력적 형태들의 저항은 과감하게 추구되어야 하며 또 할 수도 있다." 그녀는 그런 필요한 과감성을 발터 벤야민(Walter Benjamin)이

---

25) 베드로가 그의 스승 예수를 체포당하지 않도록, 그의 칼을 빼어 들었을 때, 이게 바로 예수가 베드로에게 한 말이다.(마태 26:52)
26) See China Mieville, *October: The Story of the Russian Revolution* (Brooklyn, NY: Verso Books, 2017). Mieville은 1917년 볼셰비키(Bolsheviks) 혁명이 성공한 것은 그들의 대의가 정의롭기 때문만이 아니라, 황제(Czar) 군대의 수십만 명의 무장을 갖추고 훈련된 병사들의 내부 반란 때문이었음을 보여준다: 이는 그 짐승들의, 황제의, 귀족들의, 그리고 이윽고 부르주아지의 폭력에 저항하여 일어난 혁명의 폭력에 승리가 허락된 매우 드문 경우다.

"신적인 폭력(divine violence)"이라고 부른 것에 연결시킨다. "신적인 (divine)"이란 단어는 여기에서 형용사인데, 인격적인 신을 가리키는 것이 아니라, 법과 규칙을 부과하는 권력이 폭력에 대해 자기-정당화 하는 것을 폭로하고, 비판하는 것을 뜻한다. 신적인 폭력은 차츰 비폭력의 정치(a politics of nonviolence)로 바뀐다.27) 비슷하게도 필립 지글러가 묵시록의 "호전적인 은총(militant grace)"이라고 부른 것은 "그 짐승의 표지"를 거부한다.28) 그것은 무엇보다도 체제의 불의를 폭로하는 것을 뜻한다. 요한은 "인내와 신앙"을 요청하고 있다. 그는 비록 권력과 재력의 짐승 같은 성격이 더욱 나빠질 것이지만, 그것이 오래 지속되지는 못할 것이라는 점을 사람들에게 확신시키고 싶어 한다. 과거의 비전에서 본 미래에 관해서는, "42개월 동안 세도를 부릴 권세를 허락받았습니다"라고 한다(계 13:5). 이 얼마나 희망적인 마감기일(deadline)인가!

그 스케줄을 해독하는 것은 우리의 문제가 아니다: 그러나 "그것이 허락되었습니다"라는 점은 문제일 것 같다. 그것에는 네 명의 말 탄 기사들에게 부여되었던 "허락"(1장)이 메아리친다. "성도들을 대상으로 전쟁을 하는 것이 허락되었다." 누가 허락했는가? 그 수동태 동사(허락되었다)는 모호하다. 그러나 요한은 대부분의 성서 저자들의

---

27) Judith Butler, "The Ethics and Politics of Nonviolence," chap. 3 in *The Force of Nonviolence: An Ethico-Politico Bind* (Brooklyn, NY: Verso Books, 2020). 버틀러는 벤야민의 "divine"을 "하느님(God)"이란 명사 대신 항상 형용사로 읽는다. 신적인 폭력은 "폭력의 비판"으로 읽어도 좋을 것이다 (ibid., 128). See Walter Benjamin, "Critique of Violence," in *Walter Benjamin: Selected Writings, Volume 1:1913-1926*, ed. Marcus Bullock and Michael Jennings (Cambridge, MA: Harvard University Press, 2004).

28) Philip G. Ziegler, *Militant Grace: The Apocalyptic Turn and the Future of Christian Theology* (Grand Rapids, MI: Baker Academic, 2018).

특징이 아닌 신적인 결정론(a divine determinism)을 명시한다. 우리가 2장에서 지적했듯이, 그의 본문은 신적인 권력 대 황제의 권력(divine vis-à-vis imperial power)의 의미를 두고 어떻게 다루어야 할지 애쓰고 있다. 묵시록은 "전능(omnipotence)"에 대하여 일반화하지 않는다. 또한 칼뱅의 "두려운 종교 명령(decretum horribile)," 즉 각자의 영혼이 천국이나 지옥으로 가도록 이미 예정되어 있다는 영원한 예정론(predestination)의 명확성을 예상하지도 않는다. 그러나 요한은 어떤 섭리적인 예정론(providential determinism)의 방식으로 그 비전-이미지의 암호를 해독한다: "그것은 하느님께서 그들의 마음속에 [그 제국의 여러 민족들 속에] 당신의 뜻을 이루려는 욕망을 심어주셨고 뜻을 모아, 하느님의 말씀이 이루어질 때까지, 그들의 왕권을 그 짐승에게 넘겨주게 하셨기 때문이다"(계 17:17). 이는 틀림없는 신적인 공모(divine collusion)다!

요한은 궁극적인 승리를 확신했기 때문에, 그는 반복해서 "인내와 신앙"을 요구할 수 있었다. 이런 승리는 분노로 이룩될 것이다. 그러나 그 폭력은 인간적인 것은 아닐 것이다. 그것은 인간의 힘과는 철저하게 다른 무엇에 의해 도달될 것이다. 그것은 "신적인 폭력(divine violence)"을 닮았는데, 이것은 벤야민의 용어로 "신화적인 폭력(mythic violence)," 즉 제국 안에서 실증된 폭력의 신화적 및 법률적 정당화들에 대항하는 폭력이다. 그런 신적인 폭력은—"살아 있는 것들을 위한 모든 생명 위에 존재하는 순수한 힘"으로서—요한계시록 속에서보다 더 잘 설명된 곳은 어디에도 없다.[29] 주디스 버틀러는 도움이 되는 구별을 한다: 벤야민이 말하는 신적인 폭력의 대행

---

29) Benjamin, "Critique of Violence," 250.

자는 "복수하는 하느님(a vengeful God)이 아니라, 복수 자체를 없애고자 하는 하느님(a God who is seeking to destroy vengeance itself)이다."30) 성서에서 말하는 신적인 폭력의 많은 것은 바로 그렇게 읽을 수 있을 것이다. 즉 만일 복수의 파괴적인 악순환 자체를 파괴하려면, 회피할 수 없는 폭력이 바로 신적인 폭력이다.

요한에게 신적인 폭력은 심판의 파도들로 다가온다. 우리는 곧 "하느님의 분노를 담은 일곱 대접(bowls)"(계 16:1)을 고려하게 될 것이다. 그러나 아직은 좀더 슬픔, 분노, 정의의 감정적인 끓어오름 속에 잠겨보자. 요한이 희생자들의 관점으로, 네로(Nero)의 얼굴에서 들여다본 억압의 극치는 그에 응답하는 도덕적 이원론(moral dualism)으로 넘어간다. 억압당하는 자들의 괴로움과 억압하는 자들의 승리 사이의 서로 반대되는 대립은 (그들의 이름이 생명책에 기록된) 구원받은 자들과 구원될 수 없는 자들 사이의 대립에 함께 중첩된다. 묵시종말 문학―유대인과 그리스도인의―에서는 그 이원성이 선(good) 대 악(evil)에 대해, 역사적으로 전례가 없는 확실한 절대성을 띤다. 그러나 바로 그 반대의 극치가 두 가지 분노, 두 가지 포도주, 즉 신적인 정의와 신화적인 복수를 아이러니하게 서로 거울처럼 비춰주는 것 같다.

다시 우주적인 음악을 들어보자: "그리고 큰 물소리와도 같고 요란한 천둥소리와도 같은 소리가 하늘로부터 울려오는 것을 들었습니다. 또 그 소리는 하프 타는 사람들의 하프 소리처럼 들렸습니다. … 그 십사만 사천 명은 옥좌와 네 생물과 원로들 앞에서 새로운

---

30) Judith Butler, *Parting Ways: Jewishness and the Critique of Zionism* (New York: Columbia University Press, 2012), 96.

노래를 부르고 있었습니다.…"(계 14:2-3). 천둥 치는 것 같은 팀파니 소리와 함께, 격동하는 바다의 포효(咆哮) 속에서, 요한은 14만 4천 명의 "숫총각들(virgins)"이 옥좌가 있는 방에서 하는 합창을 듣는데, 이상스런 목소리들이 하프의 매혹적인 고음과 섞여서, 절묘한 소리들로 이해할 수 없는 합창 속으로 모아진다. 높이 들려 올려진 총각들 이외에는 "아무도 그 노래를 배울 수 없다." 지금 나는 말러(Gustav Mahler)의 "일천 명의 교향곡"(Symphony of a Thousand, 1906년 작곡한 Symphony No. 8의 별칭—역자주)에서 소년들의 소프라노 소리를 듣고 있다. 혹은 홀스트(Gustavus Theodore von Holst, 1874-1934)가 작곡한 "행성들(The Planets)"의 "신비한 해왕성(Neptune, the Mystic)"의 말할 수 없이 강렬한 위대한 합창곡을 듣고 있는 것이다.

요한의 꿈꾸는 듯한 합창이 어떤 방식으로든 공포의 진혼곡(the requiems of horror)—요세푸스의 저서에서 공포와 죽음의 견딜 수 없는 집단적 비명소리들을 들었듯이—으로 대답하고 있는 것인가? 큰 물소리—흐르면서 솟구치면서, 수천 개의 수금들(lyres)이 서정적인 소리를 내는, 현악기들의 우주 속으로 진동하면서 흘러들어가며—가 개인적으로는 해소할 수 없는 집단적 트라우마의 불길을 식혀주기 시작하는가?[31]

여기서 고음(high-pitched)을 내는 목소리들은 모두 남성의 가성들(falsetto)이다. 우리는 이 지점에서 요한의 비전이 지닌 조화되지 않는 순수 남성성(pure masculinity)을 만난다. 이들 참된 첫 열매들은

---

31) Lawrence Langer는 홀로코스트 생존자들이 수용소에서 경험한 기억을 통합/재통합시키는 것이—이는 "직선형" 시간에 대한 시간착오적인 것이라서—불가능함을 보여준다: 집단적인 트라우마는 인간 속에 통합될 수 없는 공간 속에서 생존자들과만 더불어 존재한다. See Lawrence Langer, *Holocaust Testimonies: The Ruins of Memory* (New Haven: Yale University Press, 1991).

"여자들과 더불어 몸을 더럽힌 일이 없는 사람들이며 숫총각들"이다. 그래서 여자들의 더러움과 접촉하지 않은 이들 남자들의 순결성이 장차 생겨나는 선(good) 대 악(evil)의 이원성에 동조하기 시작한다.32) 여기서 고대의 규범적인 이성애주의(heterosexism)가 금욕으로 강화된 영적인 여성혐오주의(a spiritual misogyny)로 변형된다. 그것은 미래 교회의 성별 위계질서에 끝없이 유용한 것으로 증명될 것인데, 가장 분명하게는 여자를(아무리 처녀라도) 성직수임(ordination)에서 배제하는 것이다. 사실 일곱 교회 공동체들에 보낸 편지의 도입부에서, 요한은 교회의 한 여자 지도자를 성적으로 모욕적인 언사를 써서, "이세벨(Jezebel)이라는 여자"라고 조롱하였다(계 2:20).

그러나 아직 안 끝났다. 뭔가 더 계속되고 있는데, 꿈과 해석 사이에 젠더를 차별하는 무언가가 말이다. 중요한 문단이 그다지 분명하지 않다. 문자 그대로 번역하면 이렇다. "이제 어린 양이 가는 곳이면 어디든지 따라가는 자들은 처녀들(parthenoi)이다. 그들은 사람들에게서 산 첫 열매들이었다"(계 14:4). 그러나 (한글성서에서 모두 '숫총각'으로 번역되거나 암시된) "파르테노이(parthenoi)는 "보통 육체적으로 처녀성을 지닌, 혼인 적령기의 젊은 여인들을 가리킨다"고 쾨스터는 설명한다.33) 그래서 구름 같은 털을 가진 흰 동물―우리는 앞에서 젖가슴이 달린 인간 모습(a humanoid with breasts)을 한 짐승을 기억한다―주변에 무리를 지어 있는 자들의 젠더 구성 형태는 결국 오히려 그 고음을 내는 자들인 것 같다. 그런 만화경 같은 모호성은 요한 계시록의 선/악 이원성이 지닌 성차별(sexism) 문제를 해결하지 못한

---

32) Catherine Keller, "Ms. Calculating the Apocalyse," in *Gender and Apocalyptic Desire*, ed. Brenda E. Brasher and Lee Quinby (New York: Routledge, 2014).
33) Koester, *Revelation*, 610.

다. 그 모호성은 저자의 의도를 표현하지 못한다. 그러나 그 모호성은 우리로 하여금 단순히 이런 엄청난 영향을 주는, 악마들로 들끓는 문서를 악마화하지 않도록 막아줄 것이다. 그리고 정의를 위한 거룩한 분노를 지워버리지 않도록 막아줄 것이다.

6. 부끄러움의 꼬리표

이제 심판이 거세게 닥친다. 첫 번째 언급은 "바빌론"—로마의 또 다른 암호—에게 내린다. "무너졌다! 큰 바빌론 도성이 무너졌다!"(계 14:8). 그녀(바빌론)는 우리의 다음 장에서 표징으로 나타날 것이다. 그러나 기대되는 맛이 그녀의 독특한 풍미를 드러낸다: "모든 백성이 그 여자의 음행으로 말미암은 분노의 포도주를 마셨다"(계 18:3). 으음. 그러나 그녀의 향기롭고 맛좋은 포도주의 전 세계 소비자들은 그보다 훨씬 더 쓴 술통에서 막 따른 것을 마시도록 지금 강요되고 있다: "하느님의 분노의 포도주를 그의 노여움의 잔에 섞지 않고 따른 것"을 말이다.(옛날에는 포도주를 보통 물을 타서 섞었다.)

하느님의 분노는 특수한 국제적 대중을 겨냥한다: "그 짐승과 그의 우상에게 절을 하고 자기 이마나 손에 낙인(mark)을 받은 자들이다"(계 14:9). 우리는 이미 앞에서 이 낙인이 짐승 같은 초강대국과의 경제적 거래를 암호화한 것임을 보았다. 이제 새로운 모습이 나타난다: 짐승 B는 대중들이 예배하도록 짐승 A의 우상(an image)을 만든다. 요한은 이 우상에 대해 특별한 놀라움을 강조한다: "그 짐승의 우상은 심지어 말을 할 수도 있었다"(계 13:15). 심지어 그 우상에게 복종하지 않은 자들을 처형할 수도 있다. 그러나 성서의 전통은 단순한 우상들은 생명이 없고 벙어리라고 조롱해왔다: "그것들은 입은 있으나 말을 하지 못한다"(시 135:16). 주로 입으로 말하고 듣는 전통에서는 이처럼 말을 못하는 것은 항상 그 이미지(image)가 우상(idol)에 불과함을 폭로해왔다.

말을 할 줄 아는 인공적인 우상(image)이라니! 조지 오웰(George Orwell)이 (소설 〈1984〉에서) 각 가정의 텔레비전 스크린에서 말을 하는 빅브라더(Big Brother)가 모든 시민을 감시하는 것으로 그려내었을 때, 그는 이 계시록 본문을 꿈으로 읽어낸 것인가? 혹은 현재 스크린들이 광고들로 시끄러운 것이 우리의 경제를 추진하고, 우리의 인간 이미지들을 형성한다고 당신은 생각하는가? 혹은 "폭스 TV 채널의 복음전도자들(Foxangelicals)"이 무조건적 신앙을 바치는 대담자들(talking heads)이 그런다고 생각하는가?[34] 혹은—내가 전염병 대유행 기간에 스크린을 응시할 때—그 친절하게 말하는 이미지들이 우리에게 어떤 인공지능(AI) 디스토피아(dystopia, utopia의 반대)에 대해, 어떤 숨어서 다가오는 사이버-파시즘(cyber-fascism)에 대해 준비하도록 만드는가?[35] 요한은 어쨌든 네로-권력(Nero-power)이 위로부터 아래로 향하는(top-down) 정치적 외부의 것만은 아님을 알려준다. 이 안에서는 푸꼬(Foucault)가 말하는 원형 감옥(Panopticon)을 어렴풋이 예상하는데, 그는 현대의 권력이 주로 위로부터 행사하지 않고, 모든 곳에서 응시함을 내면화했다고 주장한다. 권력은 우리의 욕망을

---

34) Catherine Keller, "Foxangelicals, Political Theology, and Friends," in *Doing Theology in the Age of Trump: A Critical Report on Christian Nationalism*, ed. Jeffrey W. Robbins and Clayton Crockett (Eugene, OR: Cascade Books, 2018).
35) See Eric Trozzo, *The Cyberdimension: A Political Theology of Cyberspace and Cybersecurity* (Eugene, OR: Cascade Books, 2019).

억제하기(repress)는커녕 도리어 **형성한다**(shape).36) 요한의 세계적인 권력 우상은 이 포도주/성(sex) 맛을 내는 "경배"가 의미하는 내향적 헌신, 욕망, 갈증을 권유한다.

이제 흰 구름 위의 그 인간 모습의 존재(the humanoid, 한글성서에는 "사람의 아들 같은 분," "인자 같은 분"으로 번역됨)가 다시 나타나자, 천사가 "큰 소리"로 응답한다: "낫을 대서 거두어들이십시오. 땅에 있는 곡식이 무르익어서, 거두어들일 때가 되었습니다"(계 14:15). 그러자 구름 위에 앉은 분이 낫을 휘둘러서, "땅에 있는 곡식을 거두어들였습니다." 천사가 "땅의 포도를 거두어서, 하나님의 진노의 큰 포도주를 만드는 술틀에다가 던졌습니다." 여기서 분노의 포도(the grapes of wrath)라는 변혁의 원동력(metaforce, 은유)이 시작되었다. "술틀은 성 밖에 있었고, 거기에서 포도가 짓밟혔습니다. 그 술틀에서부터 피가 흘러 나와서 말고삐(한 길) 높이까지 닿고, 거의 2백마일(천 리)이나 퍼져 나갔습니다"(계 14:19ff). 그 짐승에게 굴복한 모두가 "마시기"에 충분하다. 환각적인 정밀성을 지니고, 그것은 "그녀의 음란에 대한 진노의 포도주"를 패러디한다.

이런 피의 홍수는 원래의 "666"에 의해 유대인들과 그리스도인들이 피를 흘린 것에 대한 트라우마의 기억을 지니고 있는 듯하다. 다시 선과 악의 묵시종말적 대립이, 황금률(the Golden Rule)을 뒤집으면서, 거울처럼 서로를 반사시킨다. 다른 것들이 하느님 자신에게

---

36) Foucault의 "panopticism"은 현대의 삼옥 모델을 Jeremy Bentham이 Panopticon (원형 감옥)로 제안한 것에서 유래된 것인데, 그런 원형 감옥에선 중앙에 감시초소가 있어서 감옥의 모든 방을 각각 감시할 수 있다. 푸꼬는 기율(discipline)이 어떻게 "자기 자신을 위해" 행동한 것이 권력의 이해를 위해 봉사하도록 만드는지를 분석한다. See Michael Foucault, "Panopticism," pt. 3, chap. 3, in *Discipline and Punish: The Birth of the Prison*, trans. Alan Sheridan (New York: Vintage Books, 1995, 1977).

행한 것을 하느님의 분노가 그 다른 것들에게 행한다. (이런) 하느님의 폭력과 제국의 폭력 모두 성만찬/영성체(the Eucharist)를 조롱하는 것처럼 보이는데, 그 고대의 제의는 한 비폭력적 선동가(예수)에 의해 시작된 포도주를 마시는 의식으로서, 함께 공동생활하고 또 함께 피를 흘린 것을 기억하는 제의이다. 여기에서 메시아적인 것은 로마제국에 의해 희생된 어린 양이 아니라 피에 젖은 승리자로 나타난다. 그리고 그 원형경기장을 채우고 있는 것들은 오랜 세월 동안 그리스도교가 희생시킨 사람들—틀린 그리스도인들, 비그리스도인들이라고 희생시킨 사람들—의 망령들이다.37)

그러나 그 전투를 달리 읽어내는 방식이 남아 있다. 즉 신적인 폭력은 정당한 비폭력(just nonviolence)을 없애는 것이 아니라, 오히려 그것이 가능하도록 만든다는 것이다. 적어도 이것이 요한과 동시대의 사람이 쓴 로마서 속에 나타난 분명한 의미다: "할 수 있는 대로 모든 사람과 더불어 화평하게 지내십시오. 사랑하는 여러분, 여러분은 스스로 원수를 갚지 말고 …." 바울에게는 비폭력 정신이 훨씬 더 일관되어—그러나 유사하게 강화되고 있다: "그 일은 하나님의 진노하심에 맡기십시오. 성서에도 기록되기를 원수 갚는 것은 내가 할 일이니, 내가 갚겠다고 주님께서 말씀하신다고 하였습니다"(롬 12: 19). 요한은 정말로 수백 마일 넓게 "하느님의 진노에 맡기고 있다." 요한은 그의 사람들에게 무장하고 복수하거나 봉기하라고 요청

---

37) Nietzsche는 그의 저서 *On the Genealogy of Morals*에서 터툴리안(Tertullian)을 인용하여 스포츠와 그리스도교의 예배를 비교한다: "운동선수들 대신에 우리는 순교자들이 있다; 우리는 피를 원한다; 그래요 그러면, 우리는 그리스도의 피를 갖고 있다." See Friedrich Nietzsche, *On the Genealogy of Morals*, ed. Keith Ansell-Pearson, trans. Carol Diethe (New York: Oxford University Press, 2006), 30.

하지 않는다. 그러나 그의 계시록의 영향들은 본래의 의도와 상관없이 피를 흘린다. 결국 우리는 주님(Lord)의 이미지대로 만들어지지 않았는가? 그의 도구가 되도록?

그의 무서운, 그리고 날랜 칼이 되도록?

포도와 칼의 피에 젖은 덩어리가—다시 음악과 함께—압착되어 정치적 역할을 했다. "내 눈이 오시는 주님의 영광을 보았네 / 그는 분노의 포도들이 쌓인 곳을 짓밟아 포도주를 짜내고 있네.…" 노예해방과 여성 참정권을 위한 활동가요 시인인, 줄리아 워드 하우(Julia Ward Howe)는 남북전쟁에서 북쪽을 지지하여 "공화국의 전투 찬가"를 작곡했다. 그리스도께서 "사람들을 거룩하게 만들고자 죽으셨듯이, 우리도 사람들을 자유롭게 만들기 위해 죽자." 이 전쟁은 저항한 사람들에게 하나의 (짐승 같은) 미국 전쟁의 잠시 멈춤 그 이상의 것을 주었다. 해방의 동기야 어떻게 복잡하게 얽혔을지라도, 남북전쟁은 법적으로 노예제도를 끝내버렸다. 비폭력적 전략으로도 결국엔 승리할 수도 있었을 것이라며 반대 주장을 할 수 있다. 그럴 수도 있겠지, 아마도. 그러나 얼마나 더 늦은 뒤에? 칼/말씀(S/Word)을 짓밟아라.

다른 한편에 돌아가서 생각해보자. "그의 무섭고 신속한 칼의 치명적인 번개"는 오랜 세월 계속된 짐 크로우(Jim Crow)[38]와 린치(lynching, 私刑)를 막지 못했으며, 또한 북부와 남부에서의 지속적인 인종차별도, 그리고 흑인들의 생명도 소중하다(Black Lives Matter)의 제2의 거대한 파도[39] 역시 막지 못했다. 신적인 폭력은, 당신이 그

---

38) 역자주: Jim Crow는 미국에서 1876년부터 1965년까지 시행된 인종분리법.
39) 역자주: 2020년 Minneapolis에서 George Floyd의 죽음으로 촉발된 전국적인 저항.

걸 어떻게 노래하든, 지금까지는 백인 우월주의라는 그 짐승-머리를 격퇴하는 데 실패해왔다.

혹은 경제적인 불의라는 짐승-머리도 마찬가지다. 이제 또 다른 우상적인 미국 문학의 인유(allusion)가 터져 들어온다. 바로 〈분노의 포도, *The Grapes of Wrath*〉다. 이 소설 작품은 찬송가를 인용하면서 시작한다. 존 스타인벡이 언론인으로서의 경험을 근거로 1939년에 발표한 이 소설은 대공황 기간에 황진지대(Dust Bowl)[40]에 갇힌 삶들을 살핀다. 이들 오클라호마 농부들은 가뭄, 대규모 굶주림, 농업 경영회사로 변천, 은행의 담보상실처분(foreclosure) 등등의 악순환 속에 갇혀버렸다: 환경 파괴와 경제적 하락이 서로 손을 잡고 동행한다. 스타인벡의 정치적 의도들은 숨김이 없다: "나는 이런 일에 책임이 있는 탐욕스러운 새끼들에게 부끄러움의 꼬리표(a tag of shame)를 달아주고 싶다."[41] 생사를 건 탈출로, 그의 작중 인물들은 캘리포니아로 (66번 도로를 따라) 이주한다. 그곳에서 그들은 남아도는 일꾼들 탓에 생계비도 안 되는 노임을 받는다.

스타인벡이 요한의 묵시록을 수확하는 말을 들어보라: "굶주린 사람들의 눈에는 점차 분노가 서린다. 사람들의 영혼 속에 분노의 포도들이 채워지고, 점점 진한 포도주가 되어 간다." 그 괴로움은 쓰디쓴 묵인으로 약화될 수도 있고, 혁명적인 분노의 격정 속으로 터질 수도 있다. 제3의 길을 찾아서, 소설의 주인공들은 농장 노동자들 가운데 노동조합을 결성하려고 애를 쓴다. 황진(Dust Bowl) 지역의

---

[40] 역자주: 황진지대(Dust Bowl)는 미국 로키산맥 동쪽 기슭의 대초원 지대, 1930년대에 모래 강풍이 내습하였던 지역.

[41] Quoted in Melvyn Bragg, "John Steinbeck's Bitter Fruit," *The Guardian* (November 21, 2011).

견딜 수 없는 경제사회적 포도주 짜는 틀이 새로운 연대를 낳을 수 있으리라는 그의 희망 때문에, 스타인벡은 공산주의자라고 널리 비난받았다. 그 소설은 그런 희망의 궁극적 실현을 묘사하지는 않는다. 그 소설은 없어서는 안 될 **묵시**를 제공한다:

> 이것은 "나(I)"에서부터 "우리(we)"로 바뀌는 시작이다. 사람들이 반드시 소유해야 할 것을 만일 당신이 소유하고 있다면, 당신은 자신을 보존할 수 있을지도 모른다. 만일 당신이 원인들과 결과들을 분리할 수 있다면, 만일 당신이 페인(Paine), 마르크스(Marx), 제퍼슨(Jefferson), 레닌(Lenin)은 원인들이 아니라 결과들임을 알 수 있다면, 당신은 살아남을 수도 있을 것이다. 그러나 그걸 당신은 알 수가 없다. 왜냐하면 소유한다는 것은 질적으로 당신을 영원히 "나(I)" 속에 동결(凍結)시켜서, "우리(We)"로부터 영원히 단절시켜 버렸기 때문이다.42)

이런 상호연결성을 밝히는 것, "우리(We)"를 강조하는 것이 외로운 슬픔에서부터 애통함을 공유하고 집단적 변혁으로 움직여나감의 표시가 될 것인가? "나(I)"라는 얼어붙은 홀로주체로부터 긴급한 "우리(We)"의 모임(서로주체)에로 해방됨 속에서, 심지어 무제한적 자본주의의 우상숭배자들도 회개할 기회를 얻는다. 최후의 기회라고? 그래서 요한의 편지에서도 변화를 위한 요청은 반복된다. 그러나 "그들은 자기의 행위들을 회개하지 않는다"(계 16:11).

어떤 포도주 틀로 눌린 오래된 희망이 심지어 미국에서도 존속

---

42) John Steinbeck, *The Grapes of Wrath* (New York: Penguin, 2006: orig., 1939), 152.

되고 있는가? 비록 민주적 사회주의(democratic socialism)에는 도달하지 못하지만, 뉴딜(New Deal) 정책은 연대의 새로운 포도넝쿨을 길러냈고, 제한적이고 투쟁적인 경제의 민주화도 전적으로 없어진 것은 아니다. 또한 그린뉴딜(Green New Deal), 혹은 다크 그린(Dark Green)을 요청하고, 실제로 평등주의적 민주주의, 억압적 경쟁이라는 짐승들 대신에 협동의 체제를 요청하는 사회 민주주의적 잠재력의 새로운 물결을 막지도 못했다.[43] **우리는 활발한, 의견을 달리하는 목마름을 느끼는가?**

7. 또 다른 깊이의 용들

한편 일곱 천사들에게 "너희는 가서 하느님의 분노의 일곱 대접(bowls)을 땅에 쏟아라" 하고 외치는 소리가 있었다(계 16:1). 이 이미지는 또 다시 우리 문명의 축적된 결과들과 함께 우리와 맞선다.— 이는 **미리 예정된 것의 불가피성이 아니라 패턴을 갖춘 결과들의 불가피성이다.** 그 액체로 쏟아 붓는 분노가 지구를 향한 복수를 말할 것도 없고, 직접적인 신적인 개입을 의미할 필요도 없다. 사실 천사들은 "하늘과 땅과 바다와 물의 근원을 만드신 분께 경배하여라" 하고 외쳤다(계 14:7). 결국 그 태양-여인(the Sunwoman)을 구한 것은 땅이고, 그 아이를 구한 것은 하늘이었다.

---

43) 영국과 독일에서 기독교 민주적 사회주의의 명확한, 그러나 매혹적 역사에 대해서는 see Gary Dorrien, *Social Democracy in the Making: Political and Religious Roots of European Socialism* (New Haven: Yale University Press, 2019).

그래서 이제 그 대접들 가운데 하나가 바다에 쏟아 붓자, "바닷물이 죽은 사람의 피처럼 되고, 바다에 있는 모든 생물이 죽었습니다"(계 16:3). 이번에는 **모든 것**이 죽었다. 일곱 번째 봉인 때문에 우리가 애통해하였던 단지 바다와 살아있는 것들의 1/3이 죽은 것이 아니다. 요한계시록의 대파멸의 소용돌이는 심지어 현재 바다의 산성도(pH) 수준의 변화와 적조 현상을 넘어서는 정도다. 마찬가지로 "강들과 샘물들"도 피처럼 되었다(계 16:3-4). 이 대접은 훨씬 오래 전 제국으로부터 탈출할 때—"내 백성을 보내라" 할 때 파라오가 말을 듣지 않아서 나일 강이 피로 변했던 때—를 생각나게 한다. 그 후 "넷째 천사가 그 대접을 해에다가 쏟았습니다. 해는 불로 사람을 태우라는 허락을 받았습니다. 그래서 사람들은 몹시 뜨거운 열에 탔습니다"(계 16:8-9). 또 다시 그리스도교 근본주의자들이 기후변화에 대하여 그런 예언의 적절한 일치를 더 잘 이용할 수도 있으리라고 당신은 생각할 것이다. 그러나 우리는 요한의 편지에 나오는 포도 짓밟기, 피, 불, 붉은 용을 가시적인 은유, 즉 마침내 지구를 독성화하고 과열시키는 불의에 대한 가시적인 은유로 읽어낼 수 있다.

사정없이 불태우고 피로 물들이는 환경의 대파괴를 경고하는 요한의 이 구절이 스스로 성취하는 예언(self-fulfilling prophecy)의 역할도 하지 않았나 하고 나는 계속 의심한다.[44] 그리스도교 성서의 맨 마지막에 위치한 요한의 글과 그의 이미지들이 2천 년 동안 매혹시킨 것을 볼 때, 우리는 요한계시록을 이용하여 파괴적인 정치경제—

---

44) 나의 책 *Apocalypse Now and Then*에서 나는 요한계시록이 스스로 성취하는 예언으로 작용한다는 견해를 내어놓았다. See Catherine Keller, *Apocalypse Now and Then: A Feminist Guide to the End of the World* (Boston: Beacon, 1996; reprint, Minneapolis: Fortress Press, 2004).

역사의 여러 가지 트럼프 묵시록(Trumpocalypses)—를 정당화한 것들을 외면할 수 없다. 그리고 그 결과로 나타난 지구 트라우마를 하느님의 처벌하심으로 읽을 필요는 없으나, 그렇게 읽을 수도 있다.

그러나 이번 세기에서 나는 그에 대한 강력한 반대 주장도 듣고 있다: 2천 년 뒤에 탄소에 취한 경제가 전 지구적인 영향을 끼친 것에 대해, 도대체 왜 전 지구적 권력과 탐욕에 대한 제국의 불의에 대항하여 외친 사람(요한)을 비난하느냐? 도대체 왜 요한과, 파괴에 대한 그의 경고를 "지구 파괴자들"에게 넘겨주는가?

그래서 만일 요한의 하느님이 제국으로 하여금 그 자체의 담즙(쓴맛)을 마시도록 **허용하신다면**, 어떻게 이런 신학을 전능하신 결정론(omnipotent determinism)이 아니라고 읽을 수 있단 말인가? 아마도 이럴지도 모르겠다. 즉 반석이신 하느님은 인류로 하여금 그 독약을 맛보고 또한 그 제국의 표지(label)를 혐오스럽다고 인식하도록 하신다고 말이다. 다섯 번째의 대접 다음에, 우리는 그 짐승의 왕국이 어둠과 고통 속으로 무너졌다고 읽는다. 그러나 그 백성들은 "괴로움을 못 이겨서 저희의 혀를 깨물었습니다. 그들은 아픔과 부스럼 때문에, 하늘의 하나님을 모독하였습니다. 그러나 그들은 자기들의 행동을 회개하지 않았습니다"(계 16:10-11). 시대착오적으로 말한다면, 통치자의 부인론(denialism)이 그 참모습대로(최근에, 지구의 건강은 말할 것도 없고, 코로나바이러스에 관하여 대재앙적인 실패이자 반민주적인 실패의 모습대로) 아무리 명백하게 폭로되어도, 그 부인론의 신봉자들은 약한 자를 들볶는 그들의 짐승에게 책임이 있다고 보지 않는다. 그럼에도 불구하고 "회개"할 기회, 집단적인 제정신에로 있을 법하지 않은 변혁을 할 기회는, 대파멸의 날(doomsday)을 향한 소용돌이의 매 회전마다 주어진다.45)

암호가 해독된 네로-짐승(Nero-beast) 뒤에서 붉은 용은 무엇을 전조(前兆)로 예고하는가? 그 권력의 힘은 미친 듯이 날뛰며 행패를 부리는가? 그 자신의 "우리"를 만드는 나-나-나(me-me-me) 하는 것은, 희생 염소(혹은 희생 양)로 삼을 집단에 반대하여 백인의, 혹은 국가적 정체성을 만들기 위해 연합함이다. "자유"를 소비하는 것에 흥분하여, 그들은 지금이나 그때나, 정치경제의 발톱들 속에 전 지구를 장악하고 있다. 여섯 번째 대접과 함께 "더러운 영들"—짐승들의 입에서 나온 체계적인 구조악의 에너지들—이 인간의 통치자들을 "히브리어로 하르마겟돈(Harmageddon)"이라는 곳으로 모았다(계 16:16). ("당신은 우리가 도대체 어디로 가는지 아는가?") 그리고 일곱 번째 대접에, "그 큰 도시"가 갈라지고, 나라가 붕괴되고, 지구 행성의 대파괴가 닥친다.—인간과 물질 요소들의 대파괴가.

그리고 일곱이란 숫자로 정리된 이런 모든 혼돈 속에서, 요한은 미래를 미리 계획하는 것은 고사하고, 보지도 않고 있다. 그는 그의 현재에서 어떤 패턴을 읽고 있다: 그 패턴은 우리가 알고 있는 역사를 형성하는 머리가 여럿 달린 제도적 힘이다. 심지어 지금도.

그들의 상황 속에서 읽어보면, 묵시록의 그 용과 두 짐승들은 반-우주적 세력들(anti-cosmic forces)이다.[46] 요한은 놀라게 만드는 명확

---

45) "만일 집단적으로 우리가 자신들을 우리 행동의 미친 것 같은 과정으로부터 자유롭게 하고, 엄청난 뎃기를 치르고라도 전 지구적인 위기에 적절히 대응하려면, 우리는 지구 전체와 그 모든 사람들에 대한 열정적인 관심을 가져야 한다." See John B. Cobb Jr., *Spiritual Bankrupcy: A Prophetic Call to Action* (Nashville, TN: Abingdon, 2010), 181. 박만 역, <영적인 파산>(한국기독교연구소, 2014), 325.

46) 땅과 바다의 괴물들을 우주적인 세력들로 읽는 다른 방법이, 심지어 성서적인 방법이 있다. *Tehomophobia,* 혹은 깊은 것을 두려워함(창세기 1:2의

성을 가지고 위험에 맞선다. 즉 그는 이미 화폐로 주조되었고 표시되었고 규범화된, 그리고—피에 젖은 강인함을 지닌 한 패턴을 눈에 보이도록 시각화하고 있으며, 귀로 들을 수 있도록 청각화하고 있다. 메시아가 그 제국을 무너뜨릴 길을 예비하면서, 그는 패러디로 그 제국을 무너뜨리고 있다.

괴로움에 빠진 저자에게 나는 한 잔의 붉은 포도주로 건배한다. 피보다 더 검고, 더 진한 포도주를.

---

*tehom*의 의미로)은 나의 저서 *Face of the Deep*에서 중심적인 은유인데, 거기에서 나는 *creatio ex nihilo*, *절대적인 무(無)에서 일방적인 창조*라는 오랜 그리스도교적 추정을 조사했다. 그 대신에 나는 *creatio ex profundis*라는 성서적으로, 그리고 실존적으로 공명이 가는 견해를 제공한다. 그런 깊음으로부터 창조에서는, 물이 넘치는 혼돈을 창조의 잠재성으로 읽는 다른 방법이 있다. 그리고 레비아탄(Leviathan)은 하느님의 장난치는 애완동물로 나타난다(시편 104편). See Catherine Keller, *Face of the Deep: A Theology of Becoming* (New York: Routledge, 2004).

5장

묵시록의 포르노 여왕

전 지구적 경제 그때와 지금

"이리 오너라. 많은 물 위에 앉은 엄청난 탕녀(the great whore)가 받을 심판을 보여주겠다. 세상의 왕들이 그 여자와 더불어 놀아났고 땅에서 사는 사람들이 그 여자의 음란의 포도주를 마시고 취했다." —요한계시록 17:1-2.

1. 간음의 소동

한 천사가 우리를 초대하여 국제적인 성(sex)과 권력(power)으로 점철된 광경을 보여준다. 우리는 앞에서 취하게 만드는 이 인물에 대해 슬쩍 엿볼 수 있었다. 그녀는 "분노의 포도주 잔"을 받았다. 이제 우리는 "분홍색 짐승 위에 타고 앉은 방탕한 여인"을 관음증의 태도로 가까이 잡아 당겨 급격히 확대하여, 아뿔싸 실례, 그냥 봅시다. 그녀는 고대의 화려한 옷을 입고 있어서, "자주색과 빨간색 옷을 입고 금과 보석과 진주로 꾸미고, 손에는 금잔을 들고 있었는데, 그 속에는 가증한 것들과 자기 음행의 더러운 것들이 가득하였다."

진한 것으로 컵 하나 가득, 정말로, 우리가 곧 보겠지만, 가장 진한 것으로 가득하다. 전 지구적인 방탕으로 발효된 이 포도주의 묵시적 향기는 앞으로 우리의 다섯 번째 변혁의 힘(은유)의 정체를 밝힐 것이다. 그녀의 앞이마에 문신(tatoo)으로 새긴 표제(caption)는 "한 이름, 한 신비, '위대한 바빌론, 탕녀들의 어머니'…"라는 것을 알린다. 홍을 돋우는 향기와 함께 포도주는 희생자들의 피와 더불어 붉게 흠뻑 젖는다. 왜냐하면 그녀는 "성도들의 피와 예수의 증인들의 피로 취했기 때문이다"(계 17:6).

총각인 요한은 그런 성행위와 폭력에 놀라서 어이없어 하는 것 같다. 그래서 그 짐승을 타고 있는 여인의 신비를 천사가 요한에게 안내를 갖고 설명한다. 666이란 숫자에서도 그랬듯이, 암호를 해독하려면 "지혜를 지닌 마음"이 필요하다. 그 짐승의 일곱 머리는 "일곱 개 산들"로 이제 정체가 밝혀졌다. (윙크, 윙크. 도시 로마의 7개 언덕이다.) 열 개의 뿔은 그 "짐승의 권위" 아래에 있는 나라들을 의미한다. 그 나라들은 천사가 그에게 알려주었듯이, 오래지 않아 어린 양에 대항한 그들의 전쟁에서 패배할 것이다.

그러나 우선 음란한 포르노 같은 폭력이 폭발한다. 전 지구적인 여러 개의 뿔을 지닌 채로 바빌론과 취해서 음행을 한 그 짐승은 분노해서 그녀에게 달려든다. 그녀가 타고 있는 짐승의 성적인 경향은 가학적 스트립쇼로 변한 것 같다: 열 개의 뿔들과 그 짐승이 "그녀를 비참하게 만들고 벌거벗은 꼴로 만들 것이다. 그들은 그 탕녀의 살을 삼키고, 그 여자를 불살라 버릴 것이다"(계 17:16). 그 여자는 죽임을 당했고, 요리과정을 거쳐 먹혀버렸다.

이제 요한에게 직설적으로 말한다. "그 여자는 세상의 왕들을 다스리는 통치권을 가진 큰 도시를 가리킨다." 계시록보다도 앞서서, 제국의 세계적인 수도는 우상 같고, 탐욕스러운 권력이라고 헐뜯은 오랜 예언자적 전통이 있었다. 새로운 바빌론은 최초의 세계적 제국이었던 전설적인 바벨(Babel)을 떠올리게 한다. 그녀를 불태운 것은 요한 당시 네로의 통치 때 로마를 불태웠던 것을 생각나게 하지만, 더욱 큰 대화재의 예표(prefiguration)였을 뿐이다. 그러나 첫 번째와 두 번째 짐승은 이미 로마정부와 그 황제라고 그 정체가 알려졌다.

따라서 무엇이 로마라는 이 몸을 유별나게 만드는가? 왜 다른 사람들이 "그녀"에게 흥분하는가? 그녀의 상징적으로 충만한 섹슈얼리티, 그녀의 힘을 받은 여성성인가? 정말로 많은 학자들이 본문의 여성 혐오적인 폭언들을 들춰내었다. 우리는 이런 여성주의적 읽기 전통을 무시하지 않을 것이다. 그러나 우선 나는 물어보고 싶다. 즉 로마에 대한 요한의 다중 암호를 지닌 패러디 상황에서, 그녀의 악의적인 성(sex)은 무엇을 뜻하는가? 요한이 논박하는 특수한 정치적 공격은 무엇인가?

그녀가 그 위에 앉은 많은 물들은 "사람들, 대중들, 나라들, 그리고 언어들"이다. 그 큰 도시의 권력의 자리는 세계임이 분명하다. 만족시킬 수 없는 그녀의 방탕은 전 지구적 권력의 흐름을, 바로 정치의 "도시(polis)"로 구체화한 것이다. 이렇게 그녀는 짐승 위에 올라타 있다. 그녀는 그 짐승이 흥분하게 만든다. 갑자기 그 짐승이 그녀에게 덤빈다. 여인을 잡아먹는 폭력은 어떻게 초강대국 권력이 자체에 모순되게 행동하는지를 보여주는 것인가? 그 권력이 살고 있는 바로 그 육신, 자원들, 노동력을 먹어치우는 모순을? 음탕한 공격성에 의해 유지되는 그 질서가 마침내 내부에서부터 붕괴되는가? 그러나 제국 내부의 갈등과 배반은 오히려 그 "뿔들"이나 심지어 짐승들이 각각 서로에게 덤벼드는(성애적) 것에 의해 그 의미가 더욱 잘 전달되지 않았을까?

"그녀"는 다른 종류의 권력을 뜻하는 것임이 분명하다. 앞 장에서 우리는 그 짐승을 제국의 통치체제, 즉 더 많은 권력을 위한 정치적 권력의 표징으로 읽었다. 그래서 그녀의 오만한 도시성은 붉은 용—두 마리 짐승—열 개의 뿔이라는 집합적 권력에 무엇을 더해주는가? 그것은 우리가 그녀의 도시적인 (성적) 매력의 구체적인 **상품들**을 인정할 때 비로소 그 내부적인 모순이 그 의미를 폭로하게 된다고 나는 주장하고 싶다. 오직 그때야 비로소 요한의 정교하며 감각적인 패러디가 우리 자신들의 시대의 괴물 같은 모순과 같은 시간에 발생하게 (물론 시대착오적으로) 될 것이다.

2. 상품들(Cargo)

바빌론의 파괴는 요한계시록에서 그 어떤 비전-광경보다 훨씬 자세히 그려내듯 보여준다. 그 도시가 붕괴되어, "온갖 더러운 영의 소굴이 되고," "재난 곧 사망과 슬픔과 굶주림이 하루 사이에 닥칠 것"이다(계 18:8). 요한은 아마도 출애굽 때의 재앙들만이 아니라, 그가 살았던 시대에 로마를 덮쳤던, 하루에 1만 명씩 죽인(79-80년 CE) 대재앙도 기억하고 있었을 것이다. 아마도 그는 또 악성 유행병의 패턴, 그리고 장차 다가올 갈렌의 전염병(165-186 CE),[1] 즉 서로마제국의 마지막이 시작된 전염병을 꿈으로 읽어내고 있지 싶다. (이 글

---

1) 역자주: 갈렌의 전염병은 약 5백만 내지 1천만 명의 사망자를 낸 전염병. 그 병에 대한 기록을 남긴 의사의 이름 Galen을 기념하여 그렇게 부른다.

을 쓰고 있는 순간에 나의 오만한 도시가 왕관 바이러스[crowning virus = corona virus-역자주]를 애통해하지 않았으면 좋았을 텐데.)

"그녀의 음행의 포도주," "그녀의 간음의 미치게 하는 포도주," "모든 민족이 그 여자의 음행에서 비롯된 분노의 포도주에 취했고"를 반복한 뒤에, 우리는 "세상의 상인들이 그 여자의 사치 바람에 치부하였다"는 말을 듣는다. 순식간에 그녀의 몰락 이야기는 그들의 몰락 이야기가 된다. 그것은 "마음속으로 '나는 여왕의 자리에 앉아 있고, 과부가 아니니, 절대로 슬픔을 맛보지 않을 것이다' 하고 말한다"는 여자의 이야기다. 왜 풍족한 권력이 애통함에 양보해야 한단 말인가? 거대한 재부(wealth)는 항상 손실에 대한 대체물, 기분 전환, 중독물질들을 조달할 수가 있다. 요한은 이전의 바빌론을 두고 말한 이사야의 비웃음을 메아리처럼 울린다: "방탕한 여인아, 네가 평안히 앉아서 마음속으로 이르기를 '나보다 더 높은 이가 없다. 나는 과부가 되지 않을 것이며, 자식을 잃는 일도 없을 것이다' 하였다"(사 47:8). 여기서 권력의 오만함은 애통해하기를 거부하는 것으로 측정된다. 즉 오만한 권력은 독수리가 외치는 "슬퍼하라, 슬퍼하라, 슬퍼하라(ouai, ouai, ouai)"를 듣지 못하게 마련이다.

이제 묵시록의 어두운 아이러니(반어법)가 그런 거부에 대답하면서, 도시의 침묵에 관해 잊혀지지 않는 노래를 부른다.

> 하프(竪琴)를 타는 사람들과 노래를 부르는 사람들과
> 피리를 부는 사람들과 나팔을 부는 사람들의 노랫소리가
> 다시는 네 안에서 들리지 않을 것이요,
> 어떤 종류의 기술자도
> 네 안에서 하나도 보이지 않을 것이요…

신랑과 신부의 음성도

다시는 네 안에서 들리지 않을 것이다. (계 18:22-23)

18장의 시적 표현은 학자들이 "도시 탄식 장르(city lament genre)"라고 부른 것에 속한다. 계시록보다 훨씬 오래된 또 다른 사례에서—"우르의 파괴를 두고 부른 애가(Lamentation over the Destruction of Ur)"라는 메소포타미아의 노래에서—우리는 "내게 화로다(슬픔), 나의 도시는 더 이상 존재하지 않고—나는 그 여왕이 아니다. 오 난나(Nanna)여, 우르(Ur)가 더 이상 존재하지 않는다—나는 그것의 여자 지배자가 아니다. … 나는 슬프게 운다"는 노래를 듣는다. 바바라 로싱은 계시록 18장을 "바빌론에 대한 풍자적인 애곡(a satirical lament)이라, 혐오스러운 (로마)제국을 두고 미리 그 파멸에 장송곡(dirges)으로 조롱하고 있다"고 읽는다.2)

그러나 묵시종말적 탄식은 심지어 바빌론이 애통함을 거부하는 것을 조롱하면서 복수심에 불타는 마음을 넘어선다. 그 시적 표현은 그 제국의 붕괴에 앞선 부름을 전한다: "그녀에게서 나오라, 나의 사람들이여." "그녀에게서 나오라"는 그 부름은 일부 그리스도교 공동체들이 로마 문화에 너무도 잘 통합되어 있다는 요한의 염려를 분명히 담고 있다. 그러나 정확히 어떤 형태의 교류(intercourse)를 여기에서 지적하는 것인가? 여기서 요한의 초점은 로마의 황제숭배라는 우상숭배도 아니고, 그렇다고 짐승 같은 권력의 폭력도 아니다. "더 이상" 존재하지 않는 생명 유지 활동들을 위한 그 장송곡의 끝에서, 우리는 "그것은 네 상인들이 땅의 세도가로 행세하고, 모든 민족이

---

2) Barbara Rossing, *The Choice between Two Cities: Whore, Bride, and Empire in the Apocalypse* (Harrisburg, PA: Trinity Press International, 1999), 102ff. 110.

네 마술에 속아 넘어갔기 때문이다"(계 18:23)는 본문을 읽게 된다.

지난 세기에 그 본문을 읽으면서, 나는 이들 다국적 상인들에 대한 비난을 단순히 도덕주의로 여겼다. 나는 그 본문과 관련된 구절을 참지 못하고 건너뛰었다. 그것은 마치 고대의 상품 목록(inventory list), 즉 선과 악, 하느님-천사-메시아 대 짐승들-악마들-탕녀의 웅장한 이원론 한복판에서 강박적으로 상세하고 세련되지 못한 고대의 상품 목록처럼 느껴졌다. 이제야 나는 내가 무엇을 빠뜨렸는지 보게 된다. 독자들 자신이 그 상품 목록 전체를 읽어보라(세어보라):

> 그리고 세상의 상인들도 그 여자를 두고 울며, 슬퍼할 것입니다. 이제는 그들의 상품을 살 사람이 하나도 없기 때문입니다. 그 상품이란, 금과 은과 보석과 진주요, 고운 모시와 자주 옷감과 비단과 붉은 옷감이요, 각종 향나무와 각종 상아 기구와 값진 나무나 구리나 쇠나 대리석으로 만든 온갖 그릇이요, 계피와 향료와 향과 몰약과 유향이요, 포도주와 올리브기름과 밀가루와 밀이요, 소와 양과 말과 병거와—그리고 인간의 몸들과 영혼들입니다. (계 18:11-13)

28개나 되는 품목들이다. 상징들로 채워진 본문 속에서, 마침내 터무니없이 많은 상품들이 나를 위해 하역되었다. 이들 수입품들(imports)의 **중요성**(import): 그 비전은 로마제국에 의해 유지되고 감시된 땅과 바다의 길을 통해 운송된 고대 무역의 사치스러운 산물들을 품목별로 전해주고 있다. 상인들이 그들의 방탕한 재부(財富)의 손실을 두고 탄식하는 것에 대해 요한이 풍자한 것은 깊이 감정을 상하게 한다: 그것은 오늘날의 "지구적 경제(the global economy)"라는 것에 대해 함축성 있는 비판을 한다.

플리니 원로(Pliny the Elder), 타키투스(Tacitus), 그리고 페트로니우스(Petronius) 같은 로마의 작가들은 그런 상품들을 사치와 방종의 사례들로 나열한다고 로싱은 지적한다. 그러나 "계시록은 이런 타락에 반대하는 도덕주의자들의 논박을 공유하지만, 그러나 훨씬 더 나가서, 인구의 대부분을 희생시킨 대가로 도시 지배층들을 부유하게 만든 착취체제 전체를 비난한다."3) 제국의 도시, 술 취한 바빌론은 지구적 경제를 지배하는 탐욕을 구체화한 것이다.

3. "그녀에게서 나오라"

도시에 살았던 로마 작가들이 당연한 것으로 여겼던 일상용품인 노예들이 요한의 화물 목록에서는 궁극적 상품으로 지정된 것은 우연이 아니다. 2천 년 전 로마에서는 가재용(家財用) 노예들을 거래하는 지구상에서 가장 큰 시장을 운영했다. 교역은 광장을 중심으로 이루어졌는데, 그곳에서는 새로 수입된 노예들이 소리치는 경매자들 가운데 발에는 흰색 칠을 하고 항상 서 있었다. 요한은 제국의 노예 거래를 하는 도시, 즉 인간을 거래하는 것이 일상이었던 도시 중심지들에 위치한 공동체들에게 편지를 쓰고 있다.4) 노예 상인은 "몸들의 장사꾼(somatemporos)"이었다. 사람들이 잡혀온 몸들로 사고 팔렸다. 그 노예들은 정치철학자 조르조 아감벤이 "벌거벗은 생명

---

3) Ibid., 8.
4) See Craig R. Koester, *Revelation: A New Translation with Introduction and Commentary*, Anchor Bible (New Haven: Yale University Press, 2014), 706.

(bare life)"이라고 부른 것을 실증하는데, 인간들이 어떤 권리나 보호도 모두 박탈당한 몸들인 것이다.5) 이런 상투적인 말을 비정상적인 것으로 만들려는 뜻으로, 요한은 그의 품목의 끝에서 "노예들"을 "인간의 몸들과 영혼들"이라고 풀이했다.6)

가재용 노예는 15세기 이래로 아프리카의 현대 시장 자원이 되어, 19세기 중반까지 **그리스도교적인** 형태로 계속 다시 발명되었다는 사실은 이 본문의 미래에 대해서도 몸으로 증언한다. 우리가 알고 있는 "문명(civi-lization)"이 (도시를 뜻하는 *civitas*에서 유래된 말) 수없이 많은 노예들의 노동에 근거했다는 사실은 묵시종말에 대해 마음을 집중하는 과업의 역사적 향방을 설정해준다. 대서양을 오가며 노예무역을 했던 기간보다, 오늘날 3배나 더 많은 사람들이 노예화된 것—대부분 여자들로서 4천만 명이 넘는다—에 대해서는 사람들이 대체로 생각조차 않는다.7) 그리고 물론 노예 임금보다 약간 더 많은 임금을 받고 일하는 수십억 명의 사람들이 있다.

상인들과 그들이 거래하는 인간 및 그 밖의 것들로 된 상품들을 강조하면서, 요한은 고대의 사회윤리에 뭔가 새로운 것을 첨가했다:

---

5) Giorgio Agamben, *Homo Sacer: Sovereign Power and Bare Life* (Stanford, CA: Stanford University Press, 1998).
6) Koester, *Revelation,* 706.
7) "'노예제도'란 말은 발목에 채운 쇠사슬들과 대서양을 오간 선박들 이미지를 떠올리게 한다.−이런 묘사는 확고하게 과거에 해당되는 것으로 보인다. 그러나 오늘날 역사상 어느 때보다도 더 많은 사람들이 노예화되어 있다. 전문가들은 15세기와 19세기 사이에 대략 1천3백만 명의 사람들이 잡혔고 팔렸다고 계산한다. 유엔 국제노동기구(ILO)와 Walk Free Foundation에서 출판한 최근 숫자에 의하면, 오늘날에 4천만 명 이상의 사람들이−대서양의 노예무역의 숫자보다 3배도 더 되는−현대판 노예로 살고 있다고 한다. 여인들과 소녀들이 현대 노예 희생자들의 71%를 차지한다. 아동들이 25%로 전 세계 모든 노예들 중 1천만 명에 이른다." Kate Hodal, "One in 200 People Is a Slave, Why?" *The Guardian* (February 25, 2019).

"바빌론/로마 도시에 대한 풍자적인 탄식(a satirical city lament)이라는 장르를 적용하면서, 요한계시록 18장은 엄격히 성서적 혹은 고전적 패턴을 따르지 않는다. 그 전형적인 패턴을 수정한 것들에는 비판의 대상으로 바빌론의 '상인들'에 초점을 맞춘 것이 포함되어 있다."[8] 세계경제에 대한 요한의 비난을 예상하기에 가장 가까운 것은 에스겔이다. 에스겔은 해상제국 두로(Tyre)를 두고 말한다: "네가 무역품을 싣고 여러 바다로 나갈 때에, 너는 여러 백성을 충족시켜 주었다. 네 많은 재물과 무역품으로 세상의 왕들을 풍부하게 만들어 주었다" (겔 27:32이하). 두로가 (기원전 332년, 알렉산더 대왕에게) 멸망하였을 때, 왕들과 선원들은 애도하여 애가를 불렀다.[9] 그러나 요한은 "상인들의 제3의 애가를 극적으로 첨가했다. 이 상인들이 애곡하는 애가는 요한계시록 18장의 구조적 중심이 된다."[10]

> 화를 입었다. 큰 도시야!
> 바다에 배를 가진 사람은 모두
> 그 도시의 값진 상품으로 부자가 되었건만,
> 그것이 한순간에 잿더미가 되고 말았구나! (계 18:19).

다른 말로 해서, 바다를 통해 온 것은 단지 침략군의 선단(fleets)만이 아니라, 파도처럼 끝없이 밀려온 화물선들(cargo ships)도 있다. 요한은 로마인들의 무역에서의 불의뿐 아니라 그들의 경제적 세계화(globalism)도 풍자하고 있다. 쌍날 가진 칼/말씀(S/Word)은 국제 도

---

8) Rossing, *The Choice*, 113.
9) 예언자는 두로(Tyre)이 멸망을 에스겔서 26장에서 예언한다.
10) Ibid.

시적 경제를 폭로하여, 그 자체의 체계적 지배와 그 다국적 짐승-권력에 달라붙어 기생충처럼 올라타고 있음을 드러낸다. 경제체제에 관한 담론이 시작되기 훨씬 오래 전에, 그는 탐욕이라는 악덕을 단지 비난만하는 것을 넘어서서 체계적인 비판을 한다.

로마제국의 과도한 권력, 폭력, 탐욕을 몹시 꾸짖고, 특히 만족할 줄 모르는—잔학하게 파괴적이고 또한 불가피하게 자기 파괴적인—경제를 파악하기 위해, 요한은 한 여인의 몸을 꿈꾸었다. 그의 백성들을 "그녀 밖으로 나오라(come out of her)"고 요청한 데서, 그 성적인 은유가 그림처럼 보인다: 전 지구적 무역의 몸 밖으로 나오라. 그녀와 상업적인 교류(intercourse, 성교)를 중단하라. 요한은 이처럼 전체화하는 체계로부터 떠나는 것이 어렵다는 것을 인정한다. 그것은 필요한 일자리들과 상품을 제공할 뿐 아니라, 동시에 채울 길 없는 욕망을 길러주고 또 채워주기도 한다. 그 물질적 구체성을 요한이 조롱한다는 것은 그 경제체제의 암호가 지닌—마치 회고하듯이 보인—중독성을 풀어준다:

네가 마음속으로 탐하던 실과가 네게서 사라지고,
온갖 화려하고 찬란한 것들이 네게서 없어졌으니,
다시는 아무도 그것들을 찾아볼 수 없을 것이다. (계 18:14)

이 "영혼"은 일상용품을 원하지만, 다른 "영혼"은 일상용품들로서 팔린다. 권력은 단지 욕망을 좌절시키거나 보상해 줄뿐만 아니라, 그걸 **만들어 내기도** 한다. 요한의 은유들에서, 권력은 **유혹한다**. 바빌론의 경제는 여기에서 그 백성들에 의해 내면화되어서, 동시에 그것들을 객체 대상들로 지키려고 한다고 읽혀진다. 만일 노예들이 인간을 상품화하는 명백한 증상이라면, 세계경제의 상인들, 선원들, 그리고 소비자들은 그들이 상품을 사듯이 자신들도 팔리기도 했다. 그래서 그 큰 탕녀의 그림은 제국의 피지배자들로서—단지 그들의 객체 대상들로서만이 아니라—자신의 몸과 영혼의 상품화를 뜻한다. 우리의 세계경제체제는 반세기 동안 "신제국주의(neo-imperial)"라고 불러왔다. 그 상품 광고들은 포르노 이미지로 매끄럽게 도배한다.11) 섹슈얼리티 자체는 계속 잘 팔게 하고, 그리고 팔리기도 한다. 특히 아직도 여성의 정체성을 지닌 섹슈얼리티로 말이다.

요한의 묵시록은 이 모든 것들 중에서, "마음속에 깊이 새겨진 문화적 대본(script), 즉 지나치게 많은 과잉을 여성적인 것으로 반사적으로 암호화하는 마음속에 깊이 새겨진 문화적인 대본에 따라서" 작동한다.12) 그 탕녀에 대한 요한의 비전이 지나치게 과잉되었다는 점, 즉 묵시종말의 표징들로 넘쳐나는 본문 안에서 서서히 클로즈업 되는 그녀에 대한 표현들은 당시의 여성혐오를 보여준다. 그것은 상품화 자체를 폭로하기 위해서 섹슈얼리티에 대한 고대의 상품화를 거울처럼 반사시켜 보여준다. 그래서 나는 질문을 더 이상 억제할 수 없고, 점점 무례하게 된다. 즉 경제에 관한 그의 비판이 아무리 고상하고, 정말로 예언자적이라 해도, 이 요한(John, 대문자든 소문자든)은 그가 혹평하고 있는 육체적 흥분에 선정적으로 봉사하고 있는 것은 아닐까? 예언이 포르노그래피(외설 문학)가 된 것인가?

---

11) 신제국주의 혹은 신식민주의에 대한 첫 해설을 위해서는, See Jean-Paul Sartre, *Colonialism and Neo-colonialism*, trans. Azzedine Haddour, Steve Brewer, and Terry McWilliams (New York: Routledge, 2001, 1964). 사르트르는 식민주의가 끝나가고 있을 때 글을 썼다.

12) Stephen Moore, *Untold Tales from the Book of Revelation: Sex and Gender, Empire and Ecology* (Atlanta: SBL Press, 2014), 119.

4. 도색사법(Pornē-graphy)을 보여주기

요한의 그려내기는 문자 그대로 포르노(Pornograph, 외설춘화) 같다. 혹은 오히려 도색사법(桃色寫法, pornē-graphy)이다. 요한이 바빌론의 타이틀로 쓴 용어는 '포르네(pornē)'이다. 창녀를 뜻하는 이 그리스어 '포르네'는, 로마의 화려함으로 눈부시게 꾸민 아이콘을 기대하여 쓴 '헤타이라'(hetaira, courtesan, 고급 창부)와는 구별된다. '포르네'와 '헤타이라'의 차이를 인식하는 것은 고대 로마의 욕설의 통렬한 맛을 감상하는 데 본질적이다. 기원전 4세기부터 '헤타이라'는 "특히 아테네의 희극 속에서 인식할 수 있는 형태였고," 때로는 그녀의 재치와 저명한 남자들과의 사귐을 축하받았다. 그녀는 "정의상 아버지, 남편, 혹은 포주의 통제 아래 있지 않은 혼인할 수 없는 여인"이라서, "재산 많은 남자들을 성적으로 유혹하면서" 세상에서 살 길을 마련했다고 스티븐 무어는 설명한다. 그녀는 이름의 권위를 지녔고, 대중 앞에 나타났다. 이와는 매우 대조적으로, '포르네'는 "길거리에 소속되어, '헤타이라'가 지닌 이름도 없고 얼굴도 없는 유곽(brothel)의 파트너였고, 또한 일종의 상품 교환에 참여함으로써 계속적으로 비인간화되고 실체화되었다."[13]

다른 말로 해서, 계시록 17장의 '포르네(pornē)'는 "가장 비천한 종류의 창녀이며, 문신을 한 노예"로 여겨야 한다.[14] "한 남자에게

---

13) Laura K. McClure, *Courtesans at Table: Gender and Greek Literary Culture in Athenaeus* (New York: Routledge, 2003), 18.
14) C. P Jones, "Stigma: Tattooing and Branding in Graeco-Roman Antiquity," *Journal of Roman Studies* 77 (1987): 139-55, here 151.

충성하는 '헤타이라(hetaira)'와는 달리, 바빌론은 굉장히 난잡하여 세상의 모든 왕들에게 봉사한다. 그녀의 이름을 이마에 새겨 넣은 채, 그녀는 제국의 너무 많은 육체와 피의 유곽 종사자들의 신분을 공유하는 노예로서 암암리에 표시되었다. 그러나 동시에, 바빌론은 자신을 여왕/왕비로 불렀다."15) 그래서 스티븐 무어의 주석에서는, 계시록 17-18장은 "**왕위에 오른 포르네**(an enthroned porne)라는 역설"16)로 우리에게 나타난다. 이런 전적인 상품화—뼛속 깊이—의 긴장감 있는 상징은 노예화와 동시에 그 반대편의 절대적 통치를 의미한다.

로마의 정치경제에 대한 요한의 풍자는 그 역설에 의해 실행된다. 제국과 그 전사-통치자들(warrior-rulers)의 초강력-남성주의(hyper-masculinism) 속에서는, 어떤 이미지도—심지어 짐승 같은 괴물들도—'포르네'보다 더 조롱당할 수는 없다. 엄격하게 가부장적인 권력을 지닌 도시 지배층이 여기에선 여성화된다. 그러나 품위 있는 여신 로마(Roma)를 경배하는 신전들이 제국 안에 도처에 퍼져 있는 것과는 달리, 위대한 바빌론은 가장 낮은 등급의 여성성으로, 즉 성 노예로 폭로되고 욕을 먹는다. 위대한 베일 벗기기는 가학성 음란증의 스트립쇼로 변해버린다. 즉 그 포르노 여왕은 묵시종말적 섬광 속에서 멸시를 당하고, 죽임을 당하고, 잡아먹힌다.

우리의 시대착오적인 꿈 읽기에선, 그 베일들이 아직도 벗겨지고 있다. 그 짐승이 그 탕녀에게 달려들 듯이, 풍자는 뒤돌아서 계시록 자체의 남성적 순결성을 물어뜯는다. 한 무리의 페미니스트 성서비평가들이 외설적으로 지나친 성차별주의의 베일을 벗겼고, 물론 성 노동자들을 악마화하는 베일도 벗겼다.17) 그러나 묵시종말적 반

---

15) Moore, *Untold Tales*, 123.
16) Ibid., 115

전(reversal)의 물어뜯기 선수(요한)는 그 패러디를 자체의 동물과 성적인 모호성으로 시작한다: "우리는 어디에서 그 짐승이 끝나고, 그리고 그 여자, 즉 바빌론이 시작되는지 말할 수 없는데, 그들 각자가 로마를 싱징하기 때문이다." 그래서 스티븐 무어는 "그 탕녀와 그 짐승이 협동하여 로마를 대표하는 것은 남성성이 붕괴되어 여성성과 동물성의 뒤섞임 속으로 돌아온 것"이라고 추측한다.[18]

짐승 패러디는 계속 뒤틀린다. 왜냐하면 이런 여성-동물의 혼란이 우리를 첫 번째 표징의 형상에로 되돌아가게 하지 않는가? 첫 번째 표징은 서로 다른 성(sexes)과 생물종들이 뒤섞인 채 구름 속에 모여 있는 것으로 시작하였다: 양털 같은 것으로 덮힌 "사람 같은 것"이 여성적인 젖가슴을 내보이고, 그 후 어린 양의 몸을 나타낸다. "계시록 안의 예수가 지닌 극히 괴상한 인물 모습(hyperqueered figure of Jesus) 속에서는, 모든 위계서열의 이분법들(hierarchical binaries)이 해체된다.—여성에 대한 남성 우위뿐만 아니라, 여성성에 대한 남성성의 우위, 심지어 동물에 대한 인간의 우위도 해체된다. 그런 것들은 되새김질하는 양의 위장 속에서 소화되어, 그 양의 인간적 여성의 젖가슴에서 우유로 새어나온다."[19] 스티븐 무어가 요한의 비전을 사탄 같다고 조롱했듯, 우리도 또한 반어적인 감상으로—현대의 퀴어링(queering)하는 것과 또한 그것을 자극하기 위해 고대의 외설사법(pornē-graphy)의 능력을 동시에 적용하면서—읽을 수도 있다. 젠더, 퀴어, 그리고 동물에 관한 연구들의 관점에서 보면, 천상의 위계

---

17) Luis Menendez-Antuna, *Thinking Sex with the Great Whore: Deviant Sexualities and Empire in the Book of Revelation* (New York: Routledge, 2018).
18) Moore, *Untold Tales*, 152.
19) Ibid., 152 n.18.

서열을 구름 낀 복잡성 속으로 흐리게 만드는 것이 바로 그 자체의 베일을 벗기는 작업이다. 성적인 모호성이 그 자체로 문제는 아니다. 많은 뿔들과 치명적 상처를 지닌 짐승이 그렇게 했듯이, 죽임을 당한 그 포르노 여왕이 지닌 역겨운 남성성도 그 자체로 그 메시아적인 몸에 대한 조롱을 수행한다.

그 붉은 짐승이 분노해서 그것을 (성적으로) 타고 앉아 있는 난잡한 자에게 덤벼든 것은 섹슈얼리티에 관한 것이 아니다. 그 비전은 그 가학성 성도착증(sadomasochism)을 변혁시키는 힘으로 작용하는데, 로마를 지나치게 혐오하는 것에 대한, 뭔가 다른 것, 뭔가 근본적인 것, 뭔가 그 당시엔 적합한 단어가 없었던 것의 베일을 벗기려는 것이다. 우리는 앞에서 그 엄청난 탕녀가 제국의 경제를 뜻하는 암호라는 것을 인식했다. 한 문명의 자기파괴를 설명하면서, 요한은 꿈으로 읽어내고 있다. 나는 요한이 읽어내는 꿈이 섹시한 것도 아니고 덧없는 것도 아니라, 정치권력과 세계경제 사이의 내적 모순(internal contradiction)이라고 주장한다.

5. 정치적 뿔들(Horns), 경제적 외설(Porn)

여러 개의 뿔과 머리를 지닌 그 짐승은 여러 민족들의 다중성과 로마 국가의 권력을 구성하는 왕들을 암호화한 것이다. 그러나 제국의 국제적 특성은 상업의 전 지구적 체계에 의해 유지되는데, 요한은 그 체계의 권력이 비인간적이라고 보았다. 뿔 달린 괴물과 야하게 꾸민 말을 탄 자는 서로 철저하게 공생(symbiosis)하는 가운데, 불의와 피 흘림에 취하게 만드는 포도주에 함께 참여함을 보여준다.

정치와 경제 사이에 늘 그렇게 일어나듯이 말인가? 국가는 경제를 위해 세금 혜택, 경찰과 군대, 정치적인 지원을 제공하고, 그 보답으로 경제는 자신이 태워주고 있는 정치인들에게 되갚는다. 권력은 그 잔등 위에 만족할 줄 모르는 부(wealth)를 태워 운반하는 경향이 있다. 요한계시록의 정치경제에서는, 정치적 통치권이 전 지구적 수퍼파워로 작동하는 한편, 그 경제체제는—"많은 물들 위에 앉아서"—고대의 전 지구적 시장을 장악한다. 혹은 시장 지구(market planet)를 장악한다.

그리고 지금은? 정치경제의 형태들은, 진화 및 혁명들을 통해, 여러 가지 민주주의, 자본주의, 사회주의 형태 등을 거쳐, 극적으로 바뀌어왔다. 때로는 좀 더 좋은 것(better)으로, 때로는 그 짐승(the beast)으로 바뀌어왔다. 현대의 여러 세기를 통해 자본주의 경제체제가, 자신을 민주주의의 참된 동반자라고 팔아대면서, 성장하고 번성해왔다. 그것은 시민들의 자유와 시장의 자유가 서로 관계를 맺는 방식을 통해 살고 있다. 자본주의가 더욱 전 지구적인 것으로 성장하면서, "자유(freedom)"의 또 다른 의미가 나타났다. 한 민족국가 **안에서의**(within) 자유가, 국가들 사이의 경계들을 **넘어서**(beyond) 제한 없이 건너다니는 자본의 자유(freedom of capital)가 되었다. 자본은 어딘가 다른 곳에서 값싼 노동력을 발견함으로써 가장 큰 이윤을 얻는다. 이런 신자유주의(Neo-liberalism) 모델에서는 부와 권력의 도취된 결합이, 자본과 국가의 상호 중첩됨 속에서, 그 모순을 증명한다.

여기서 오늘날 정치학과 경제학의 냉정한 분석을 보자(적절한 묵시종말적 제목을 걸고). 즉 **"자본주의는 어떻게 끝날 것인가?"** 하는 질문이 그 제목이다. 볼프강 쉬트레에크는 "자본주의는 1970년대 이후 위기의 길에 들어섰는데, 그 역사적 전환점은 자본이 전 지구적인 이윤 압박에 대응하면서 전쟁 이후 복지사업을 포기한 것이었다"고 주장한다. 그는 세 가지 장기적 추세를 찾았는데, "그 세 가지 모두가 다소간 전쟁 이후 시대가 끝나면서 시작되었고, 또한 부유한 자본주의적 민주주의 체제들 전체 안에서 또 다시 나란히 진행되었다. 그 세 가지는 성장의 둔화, 불평등의 증가, 그리고 부채의 증가였는데, 이것은 공적, 사적, 그리고 전체적 문제였다." 미국의 종교나 묵시종말적 문화에 관심이 없었던 이 독일의 경제사회학자는 "현대 자본주의의 세 가지 묵시종말적 말 탄 남자들―정체(stagnation), 부채(debt), 불평등(inequality)―은 경제적 풍경과 정치적 풍경을 계속 황폐화시키고 있다"고 선언할 수밖에 없었다.20) (네 번째 말 탄 남자는 이상하게도 빠져 있다.)

최근의 이런 경제-정치적 추세들을 요한의 탕녀 패러디로부터 짜맞추어 추정할 수는 없다. 그러나 "위기의 연속(crisis sequence)"이라는 보다 더 폭넓은 형태는 그렇게 추정할 수 있다. 최근 역사에서 정부의 정책들은 "두 개의 평형점 사이에서 흔들리고 있는데, 하나는 정치적인 것이고, 다른 하나는 경제적인 것으로서, 그 두 가지를 동시에 획득하기란 불가능하다." 쉬트레에크에 의하면, 현재의 서구 민주주의 체제들은 두 가지 요소들, 즉 "민족국가주의자들(national state people)…과 국제시장주의자들(international market people)" 사이에서 위험한 싸움을 하고 있다. 자본주의란 오직 토지, 노동, 자본을 완전히 상품화하는 것을 억제함으로써만 생존할 수 있기 때문에, 그

---

20) "정확히 말해서, 3가지 위기들은 서로 서로 뒤를 잇고 있다: 1970년대의 세계적 인플레이션, 1980년대의 공공 부채들의 폭발, 그리고 이어진 십여 년 동안 사적인 부채들의 급격한 증가가, 2008년 금융시장의 붕괴로 이어졌다." See Wolfgang Streeck, *How Will Capitalism End? Essay on a Failing System* (Brooklyn, NY: Verso Books, 2016), 15, 18.

위기는 막바지에 이르고 있다. 그러나 자본주의는 무한히 만족할 줄 모르는 "성장(growth)"에 의해 동기가 부여된다. 그리고 억제를 주관할 권력을 가진 조절 체계가 보이지 않는다. 위기가 본격화되자, "전쟁 직후 자본주의와 민주주의의 막무가내식 혼인은 끝장에 이르렀다."[21] 그 1945년의 혼인은 하늘에서 맺어진 것이 아니라, 두 차례 세계대전의 대파멸 뒤에 새로운 질서를 세우려는 (전쟁이 아니라 거래를 하는) 긴급성, 그리고 공산주의와 경쟁하는 긴박한 도전 속에서 이루어진 것이었다. 21세기에서는, 그들이 이혼하는 것도 심지어 요한의 탕녀-짐승 쌍의 결합이 깨어지는 것처럼 보일 것인가?

여전히, 당신은 나의 설명에 반대할지도 모른다. 즉 그 짐승의 힘은 어떤 민주주의를 뜻하지도 않고, 또한 자본주의는 그 무자비한 조상을 닮은 점이 거의 없다고 말이다. 그리고 요한 당시 로마제국의 극단적인 사회적 모순이 도대체 현대의, 비록 실망스럽긴 하지만 그럼에도 불구하고 넓은 범위에 걸쳐 서서히 진행된 통계로 보아, 민주적으로 **또한** 경제적으로 의미 있는 발전들을 이룬 것과 무슨 관계가 있냐고 말이다. 특히 사회적으로 민주주의적인 유럽의 많은 나라들에서는 충분히 공정하지 않느냐고 말이다. 그러나 미국에서 최상의 100 가정들의 부와 바닥 90% 가정들의 부를 비교한 최근의 "물질적 능력 지표"를 고려해보자: 그 비율은 108,765 대 1이다. 그 보고서가 선언하기를, 이것은 "로마제국의 전성기에 원로원 한 사람 대 노예 한 사람 사이의 물질적 능력의 차이와 대략 같다"고 한다.[22] 옛날부터 그런 소수의 독재 권력이 연속되는 것은 신자유주의가 신

---

21) Ibid., 16, 24, 20.
22) Jeffrey A. Winters, *Oligarchy* (New York: Cambridge University Press, 2011), 215, 217.

제국주의임을 폭로하지 않는가?

그러는 동안, "민족국가의 사람들"—종종 포퓰리스트(인기몰이 하는 자들) 혹은 신국가주의자들이라고 지칭되는데—이 국제적인 뚜렷함으로 나타났다. "점점 증가하는 불만을 이용하려고 계획하는 자들에게는, 국가주의가 사회적 재건과 정치적 성공을 위한 명백한 처방으로 나타났다. 세계화(globalism)의 승자들도 패자들도 세계주의(cosmopolitanism)와 국가주의(nationalism) 사이의 갈등을 반영했다."23) 그래서 우리는 미국에서뿐만 아니라 유럽에서도 신-국가주의(neo-nationalism)의 발생을 보아왔다.—이것은 백인 우월주의자들이 이민자들(유색인종들)에게 보인 적대감을 통해 지역적 정체성들을 재충전하는 운동들의 국제적 연결고리다.24)

경제적인 국제도시로서의 **로마다움**(*Romeness*), 즉 그 도시의 성격은 복잡한 현상이다. 그것은 다문화적 다양성(인종적, 성적, 종교적 차이)의 자유를 포함하는데, 이는 진보적 사상 속에서 종종 자본주의에 대한 비판들과 공통적인 이유를 만든다. 그러나 우리는 중요한 긴장을 위험스럽게 과소평가한 것 같다. "도시와 시골 사이에는 거의 극복할 수 없는 장벽이 있다.… 도시 거주민들은 다문화적, 세계주의적 세계관을 발달시킨다." 위험한 긴장들이 그때—지금도—도시와 시골 사람들 사이에서 발전된다. "지역들의 관점에서 보면, 엘

---

23) "낡은 좌파는 국가가 없는 국제주의로 물러났고, 새로운 우파는 이어지는 정치적 공백을 메우기 위해 민족-국가를 제공했다." See Wolfgang Streeck, "Trump and the Trumpists," *Inference: International Review of Science 3*, no.1 (April 2017).

24) As Hannah Arendt predicted in her 1946 essay, "The Seeds of a Fascist International," in *Essays in Understanding* (1930-1954): *Formation, Exile, and Totalitarianism* (New York: Schocken, 2005).

리트 세계주의(elite cosmopolitanism)는 전 지구적 승리자들이라는 새로운 계급의 물질적 이해관계에 봉사한다. 양편 모두가 자신들의 진영에게, 그리고 그 안에서만 말하면서, 스스로 선택한 고립을 통해 상호 경멸을 강화한다.…" 그러나 자유주의적인 지배층의 본국 수도(liberal elite metropole) 중심주의와 더욱 급진적인 상호 교차부 공통주의(intersectionalism)를 혼동하지 않는 것이 중요하다. 즉 세계주의(cosmopolitanism)와 **우주**(cosmos)를 혼동하지 않는 것이 중요하다(여기에 태양-여인이 신호를 보낸다.…)

국제적인 벤처사업을 먹이로 삼는 상징적으로 붉고 주황색 나는 그 짐승(이것은 지혜로운 머리가 없다)이 모험하는 것에 관해서 말하자면, 그것은 세계적 무역 조약들과 다원주의적 세계주의 정서 **모두를 공격한다**. 쉬트레에크는 트럼프가 대통령이 되고 난 뒤에 곧 "트럼프의 대통령직은 신자유주의의 미국식 형태의 결과이자 끝이다"[25]라고 썼다. 우파 국가주의는 국제 자본에 심지어 저항하면서도 그것으로부터 이익을 거두었다. 노동계급, 즉 자유주의와 신자유주의에게 무시당하고 가짜뉴스들에 의해 조종된 노동계급은, 성차별과 인종차별의 원한으로 발효된 적대감의 독한 새 포도주를 짜내었다. 여기에 만일 국제적 국가주의자들의 정치와 거침없는 전 지구적 자본주의가 저지르는, 지구를 뒤흔드는 내적인 공모와 모순이 아니라면, 도대체 무엇이 있었는가? 야비한 만화처럼, 그 거대한 짐승과 극도로 더러운 여자는 아직도 올라타고 있는가?

이리하여 예를 들자면, 캘리포니아의 끝없는 산불들이 기후변화

---

[25] "힐러리 클린턴이, 골드만 삭스에서 막대한 강연료를 받으면서, 한편 그녀 자신을 '열심히 일하고 규칙들대로 노는' 미국인들을 위한 변호자로 표현하려고 감히 시도한 것은 실패할 수밖에 없었다"(Streeck, "Trumpists").

가 아니라 환경론자들 때문에 일어났다고 한다. 즉 만일 환경론들이 벌목을 방해하지 않았더라면, 산불 문제가 없었을 것이었다고 한다 (벌목해서 불에 탈 나무가 없으니까-역자주). 참으로 "아무런 슬픔을 알고자 하지 않으려는" 사람의 그 창녀(*pornē*) 같은 외설적인 논리다.

6. 트럼프묵시록(Trumpocalypse) 지금, 그리고 언제?

믿을 수 없는 모순의 곤경 가운데서, 그리스도교 근본주의자들이 바빌론의 국제주의 비전을 이용했던 자취를 우리는 잃어버리고 싶지 않다. 미국의 종교-정치적 우파의 징조로서, 2018년에 출판된 〈트럼프묵시록, *Trumpocalypse*〉은 경제적인 측면과 그 밖의 다른 측면에 대한 설명과 함께 오늘날의 바빌론적 세계주의(Babylonian globalism)를 드러내고 있다.26) 그 책의 부제목은 그 주장을 간략히 요약한다: "마지막 때의 대통령, 세계화 엘리트에 대한 전쟁, 그리고 아마겟돈 초읽기 시작." 그 저자들은 그 엘리트에 초점을 맞추면서,

---

26) "내가 올 때까지 지키고 있어라" 하고 책의 뒷면이 소리친다. 누가복음서에 있는 그 구절의 의미는, "정의와 사랑의 시대가 가능하게 될 때까지 견디고 있어라"이다. 여기에서는 "그리스도인들이 투표장에 나갔더니, 하느님께서 나타나셨다." 그런데, 사탄처럼 말하는데도, 포르노 스타 연합의 트럼프(Trump of porn star associations)와 자기 모순적 파열이 어떻게 하느님에게 사랑을 받느냐고 만일 누가 의아해한다면, 저자는 오래된 대답을 제공한다: "다윗 왕은 살인자, 거짓말쟁이, 그리고 간통한 자였지만, 성서에서 하느님이 '마음에 맞는 사람'이라고 부른 유일한 사람이었다"(삼상 13:14). See Paul McGuire and Troy Anderson, *Trumpocalypse: The End-Times President, a Battle against the Globalist Elite, and the Countdown to Armageddon* (New York: FaithWords, 2018), 35. For the opposite point of view, see David Frum, *Trumpocalypse: Restoring American Democracy* (New York: Harper, 2020).

엄청난 탕녀(Pornē)의 이마에 문신한 것을 "성서의 위대한 신비들 가운데 하나"로 전시한다. 그 문신은 "신비, 큰 바빌론, 탕녀들의 어머니, 그리고 지구의 가증스러운 것들"이다. 그 탕녀는 그 책의 저자들에게 "은밀한 국가 쿠데타와 마술적 비술들(occult)의 폭발을 예언"할 열쇠를 제공한다. 그 저자들은 "초국적 기업들, 국제은행들, 정부기관들, 두뇌집단 연구소들, 재단들, 그리고 비밀 사회조직들의 서로 얽힌 연결망이, 어떻게 세계 정부, 현금화폐가 없는 사회, 그리고 그 예언자들이 예언한 보편적 종교를 창설하려고 일하고 있는지"를 폭로한다.27) 이런 모든 것이 "대사기극(the Great Deception)" 속에서 공모한다는 주장이다.

미국의 근본주의는 19세기에 시작될 때부터 여러 영적인 이단자들과 국제적인 (유대인들의 소유라고 읽는) 은행들을 가진 하나의 세계 정부(a one-world government)를 위한 악마적인 음모를 경고했다.28) 그러나 맥과이어와 앤더슨(《트럼프묵시록》의 공동 저자)은 그들의 최근 정보에서, 경제의 세계화를 지금의 탕녀 여왕의 일차적인 변장 형태로 제시한다: "세계화의 죄악들은 낙태처럼 하느님의 가슴에 깊은 슬픔을 준다." (여자들의 음탕함을 가지고 다소간 추상적인 경제적 견해를 가열시키니, 아주 멋진 수법이다!) 그들은 의기양양하게 (triumphantly) 선언하기를, "트럼프(Trump)는 세계화와 싸우는 몇 안 되는 정치가들 가운데 하나다. 대부분의 공화당원들 및 민주당원들은, 오바마와 클린턴 내외와 더불어, 모든 의도와 목적에서, 부유한

---

27) McGuire and Anderson, *Trumpocalypse*, 97.
28) See Matthew Avery Sutton, *American Apocalypse; A History of Modern Evangelicalism* (Cambridge, MA: Belknap Press of Harvard University Press, 2014).

기업들의 돈을 받는 엘리트 종업원 명부에 올라있다. 그들은 세계화(globalism)를 촉진하는 여러 무역 조약들을 갖고—마치 그들의 유럽연합(EU) 동업자들처럼—오래 전에 미국을 배반했다"고 주장한다.[29]

그 마지막 주장은 쉬트레에크가 폈던 의견을 설명해준다: 즉, 정치적 자유주의와 경제적 신자유주의가 융합한다. 그러나 그가 위험을 무릅쓰고 불확실한 결과를 추측하는 것을, 이들 종교적 우파들은 흥분된 확신으로 말한다: "이게 바로 그거야. … 이게 바로 우리의 가장 위대한 순간이야. 당신이 이 특별한 순간에 여기 미국에 있도록 시간이 창조되기 전부터 하느님께서 특별히 계획하신 거야." 당신, 이 책을 읽는 독자여! "오늘, 루시퍼(Lucifer, 魔王) 체제가 등장하면서, 바빌론이 다시 일어나고 있다.…" 그러니 "달러화의 붕괴와 그에 따른 수십억 달러 파산을 포함한 전 세계적 경제 위기를 기대하라." 또한 그들은 "최고 부자들의 대파멸의 날 준비(Doomsday Prep for the Super-Rich)"라는 제목의 〈뉴요커, *New Yorker*〉 잡지기사를 인용하여, 실리콘밸리의 내부자들 대략 절반 정도가 대파멸의 날을 준비하면서, 물자를 비축하고 뉴질랜드에 부동산을 사들이고 있음을 보여준다.[30] 불행하게도 그것은 사실이다. 이와 더불어, 그들은 예언하기를—아마도 이것도 과녁으로 삼아—미국에 남아서 부족한 자원들을 놓고 싸울 사람들 중에서 "인종전쟁들(race wars)"로 폭발할 미국을 말한다. 동시에 트럼프를 반대하여 음모를 꾸미는 모든 정보기관들의 "은밀한 국가"가 유럽 원자핵 공동연구소(CERN=Conseil européen pour la recherche nucléaire-역자주)의 물리학자들이 추진하고

---

[29] "Trump opposes globalism" whereas "Hillary thrives on it" (McGuire and Anderson, *Trumpocalypse*, 98).
[30] Ibid., 296; 12f.

있는 비밀 음모와 손을 맞잡고 있다고 주장한다. 모든 것이 그 창녀의 "신비" 속에 숨겨져 있다고 말이다.

"인류 역사상 가장 위대한 초자연적 깨달음"의 동터오는 새벽을 방해하려고, 그런 세계적 음모가 그 저자들이 열거하는 "뉴에이지 신념들(New Age beliefs)"로 추진된다:

> 만물―지구, 사람들, 식물들, 그리고 동물들―이 신(god)이다.
> 모든 사람이 각각 "그리스도 의식"을 얻을 수 있다.
> 인류는 지구를 파괴하고 있으며, 그것이 변하지 않으면, 어머니 지구(Mother Earth)는 인간을 파괴하도록 강요될 것이다.
> 이런 파괴의 가장 큰 범죄자는 그리스도교인데, 왜냐하면 성서가 말하기를 사람들이 지구를 지배할 것이라고 하기 때문이다.
> 예수는 무함마드, 붓다, 공자 등을 포함한 많은 위대한 스승들의 하나에 불과하다.
> 전 지구적인 평화는 오직 신세계 질서, 보편적 통화체계, 그리고 한 사람의 세계 지도자를 통해서만 얻어진다.31)

이처럼 난잡한 영성에서는 종교다원주의, 신학적 자유주의, 영적인 포괄주의, 그리고 환경보호주의가 모두 하나다: 그것은 "pan(凡, 모두)," 즉 모든 것(the All)의―정통주의의 영원한 걱정거리인―범신론(pantheism)이라는 악이다.32) 상호의존성을 포함하는 어떤 설명도

---

31) Ibid., 117.
32) 범신론(汎神論, Pantheism)에 대한 두려움과 비방을 훌륭하게 탐구한 것을 보려면, See Mary-Jane Rubenstein, *Pantheologies: Gods, Worlds, Monsters* (New York: Columbia University Press, 2018).

총체성이라는 창녀(Whore of Wholeness)를 포옹하는 것이다. 근본주의 조상들에게 다윈(Darwin)이 그랬듯이, 기후과학은 그들의 마귀론(demonology)의 열쇠다. 왜냐하면 이런 반-과학적, 반-다윈주의적 이데올로기, 지구 공동체, 지구온난화란 모두 이런 전 지구적, 자유주의/신자유주의 엘리트들의 음모 속에 함께 들어 있기 때문이다. 이런 묵시종말론의 어느 것도 **문자적으로는** (계시록의) 본문 속에서 발견되지 않기에, 종교적 우파들이 문자적으로 읽어내고자 하는 것이 문제된 적은 없었다.

그러나 여전히—비록 그것을 인정하기에는 나의 내부에 있는 밧모 섬의 요한이 기가 막혀 하겠지만—아마겟돈 전쟁으로 내닫는 카운트다운을 "세계화론자 엘리트에 반대하는 전투"로 읽고, 그래서 사탄적으로 세계화된 자본주의에 대한 전투라고 구체적으로 읽어내는 것은, (계시록) 본문의 예언자적 직관의 중요한 무엇인가를 포착하는 것이다. 그것은 또 엘리트 **보수주의자들**이 갖고 있는 것으로 추정된 신자유주의에 대한 우파의 **적대감**을 우리가 더욱 분명하게 인식하도록 만든다. 정치와 경제 사이의 갈등은 정파를 초월한다. 많은 백인 노동자계급과 시골 주민들이 공화당을 지지하도록 만드는 능력에서,33) 그리스도교 우파는 정치가 그 전 지구적 창녀(the Global Harlot)를 도덕적으로 배척하는 것이라고 읽을 수 있다. 그러나 그리스도교 우파는 그 국가주의적 정치라는 짐승을, 정말로 그것

---

33) 편집자주: 여론조사에 따르면 "시골에 사는 미국인들의 2/3는 트럼프를 지지하는 반면에, 도시에 사는 인구의 2/3는 그를 싫어한다." 이것은 대학 졸업자가 인구의 1/3인 미국에서 트럼프가 엘리트들의 무능과 부패에 대한 혐오를 불러일으킨 결과이기도 하지만, 저소득층의 계층 상승 가능성이 7.5%에 불과한 구조의 결과이기도 할 것이다. Fareed Zakaria, *Ten Lessons for a Post-Pandemic World* (New York: W. W. Norton & Company, 2020), 70, 91-92.

이 "열망하는 파시즘"34)이라는 짐승을 인식할 수 없기 때문에, 그 자체가 지닌 묵시종말적 자기모순에는 눈이 먼 것이다. 왜냐하면 그 포르노 여왕(Porn Queen)은 우파들의 자금 조달 자원이자 동시에 당장 눈앞의 것을 좋아하는 유권자들의 소비 욕망의 근원이기 때문이다.—요한계시록에서도 정복당한 도시들의 지배층들뿐만 아니라 대부분의 사람들이 "그녀의 진미(珍味)들"의 사치스러움을 갈망했듯이 말이다. 그래서 심지어 "그녀"가 전 지구적 국가주의라는 뿔이 많은 짐승을 타고 있을 때, 그리스도교 우파들은 그 안장을 공유한다.

문자적으로 말해서—전 지구적 온난화보다 더 전 지구적인 것은 없다. 그래서 〈트럼프묵시록〉은 기후 대재앙을 유발하는 전 지구적 경제와 환경운동을 터무니없이 동일시할 수 있다. 그리고 전 지구적으로 (또한 지역적으로) 추잡한 이익(진액) 짜내기를 위해—오직 바빌론 지배층의 이익을 위한—백인 근본주의자들의 원한과 적개심을 무기로 삼을 수 있다. 기후위기가 생태적으로, 또 경제적으로 취약한 서민들의 지역에 점점 더 심각한 것으로 드러나기 때문에, 기후변화 부인론(denialism)은 점점 더 거세게 공격할 것이다.

7. 지구가 중요하다

한편, 쉬트레에크의 개관적 설명에서 빠졌던 네 번째 말을 탄 자

---

34) William E Connolly, *Aspirational Fascism: The Struggle for Multifaceted Democracy under Trumpism* (Minneapolis: University of Minnesota Press, 2017). See also William E. Connolly, *Climate Machines, Fascist Drives, and Truth* (Durham, NC: Duke University Press, 2019).

가 뒷걸음쳐 들어온다. 시장의 무제한적 성장은 "자원"이 갖는 한계에 봉착한다. 지구의 물질은 달러의 추세들로 깨끗하게 넘어가지 않을 것이다: 그것은 산업자본주의에 양보하지도 않고, 산업시대 이후 순수 금융의 세계에 양보하지도 않을 것이다. 그러는 한편, 보수적인 출산정책에 의해 인구 증가가 강요된 대중들은 더 많은 물질을 필요로 할 것이다. 그러나 가뭄과 화재, 홍수, 그리고 멸종들로 인해 사용할 수 있는 물질들은 더욱 적어질 것이다. 물질이 반격한다. 그래서 유행병도 그 푸르스름한 말을 타고, 미국 정부를 조롱할 것이다. 실업과 자포자기가 한 세기에 한 번 있을 정도의 수준으로 올라가고, 우리의 자기 파괴적 정치경제를 폭로하면서, 탕녀가 타고 있는 짐승의 둘레를 돌며 그 푸르스름한 말이 달릴 것이다. 한계들이 문제다. 지구의 물질은 한계들을 요구한다.

"신비, 바빌론"의 술 취한 폭식 탐욕 안에서—소비 탐욕이 전 지구적 경제로 실체화되면서—그 정치적인 짐승은 그녀를 제약하지 않는다. 그 짐승이 그녀를 먹어치운다. 그러나 소비하고 소비되는 것(먹고 먹어버림을 당하는 것)은 동일한 문명이라서, 심지어 그 문명은 노동자들과 그 지구 행성의 생명도 먹어치운다. 자체를 상품화하는 그 탕녀와 약탈하는 권력은 함께 작동하거나, 아니면, 전혀 작동하지 못한다. 그러므로 그 짐승도 역시 망해간다.

어떤 그리스도교 근본주의는 최소한 전 지구적 경제를 위협으로 인식한다. 그러나 그 신학에서는 지구화를 우리 인류의 지배에(to) 위협은 되지만, 인류의(of) 지배가 곧 위협이라고 여기지는 않는다. 당연히 성서에서 인간이 처음 출현하였을 때, 지배(dominion)가 부여되었기 때문이다. 사제문서(priestly) 저자들은 원래 바빌로니아제국에 의한 짐승 같은 지배의 상황들 아래에서, 혹은 그보다 조금 전에,

창조에 관한 창세기 본문을 썼다. 창세기 1장 26절 이하는—당시로선 급진적이었는데—우리 모든 사람 각각에게 "하느님의 이미지"대로 창조된 권위를 부여했다. 그 본문은 끝까지 뚜렷하게, 여자들, 어린이들, 노예들, 즉 "우리 모두 함께"를 의미했던 것이다.

그렇다면 신학적으로, 무슨 신성, 무슨 신적인 특질을 우리가 반영하도록 기대되었던가? 가장 분명하게도, 엘로힘(Elohim)이 창조하신다. 그래서 우리도 창조성(creativity)에로 초청된다. 그러나 어떤 종류의 창조성인가? 창세기 1장은 분명하다: 신은 무(nothing)에서부터 창조한 것이 아니라, "깊은 곳(the deep)"에서부터 창조하셨다. 그 후 엘로힘은 말하기를, 좋다! 좋다! 창조된 모든 것 각각에, 모든 빛을 비추는 것, 흐르는 것, 빛을 비추는 것, 배를 깔고 기는 것, 엉금엉금 걷는 것, 헤엄치는 것, 그리고 마지막으로 말을 하는 것. 좋다! 좋다! 그토록 우리는 물질적인 우주를 사랑하기를 배우도록 요구되었다. 상징적인 제6일에는, 우리가 나온 뒤에, "하느님이 만드신 **모든 것**을 보았더니, 정말로 그것은 매우 좋았다"(창 1:31). 흔히 잘못 읽듯이, 인간은 그 자체로는 "매우 좋다"가 아니다. 우리는 모든 것 각각과 더불어 "함께 모두 안에" 있다.—모든 창조의 물질들과 함께. 그렇지 않으면 우리는 그다지 중요하지 않다.

얼마나 짐승 같은 아이러니인가: 인간이 하느님과 닮았다는 것이 도대체 어쩌다가 "힘내라, 하느님 같은 세계의 주인들이여, 땅을 다 써버리고, 그 피조물들을 다 사용해버려라"고 둔갑했다니. 마치 우리가 조만간 봉착하게 될 것처럼 말이다. 그러나 아직 기회는 있다. 원초적인 혼돈의 물들이 아직 흐르고 있다. 알파(alpha)라는 근원으로부터 나온 물들이, 탕녀-짐승 쌍의 말괄량이 앞에 열려 있다. 그리고 그 다음은? 우린 아직 거기까지에 이르진 않았다.

6장

말씀으로 무기 삼기

두 차례 만찬 이야기

또 나는 큰 군중의 소리와도 같고 큰 물소리와도 같고
요란한 천둥소리와도 같은 소리를 들었습니다.
할렐루야! 주 우리 하느님 전능하신 분께서 다스리신다.

―요한계시록 19:6

아마 저 위에 하느님이 계시겠지
그러나 내가 사랑에서 배운 모든 것은
너보다 더 빨리 총을 빼든 누군가를 어떻게 쏘느냐 하는 것
그리고 네가 밤에 들은 것은 외치는 소리가 아니었어
그것은 누가 빛을 보았다는 것도 아니었고,
그것은 차갑고 깨어진 할렐루야
할렐루야
할렐루야
할렐루야

―Leonard Cohen

1. 메시아의 대위법(Messianic Counterpoint)

성탄절이나 부활절 즈음에는 헨델의 요한계시록 19:16의 웅장한 장면, "주의 주! 왕의 왕!"이 터져 나오는 것을 보지 않고 지나치기란 상당히 어렵다. 그러나 단지 헨델의 할렐루야(Halleluja) 합창만이 아니라 오라토리오(Oratorio) "메시아(*Messiah*)" 3부 전체를 뉴욕 카네기 홀에서 직접 들었던 경험은 나를 아찔하게 만들었다. 그 노래의 부드럽고 열망하는 관심의 영향에 대해 나는 준비가 안 되었었다. 제1부는 요한의 묵시록이 아니라, 이사야서 40:4로 시작한다:

너희는 위로하여라! 나의 백성을 위로하여라!
너희의 하나님께서 말씀하신다.
예루살렘 주민을 격려하고, 그들에게 일러주어라.
이제 복역 기간이 끝나고, 죄에 대한 형벌도 다 받고,
지은 죄에 비하여 갑절의 벌을 받았다고 외쳐라.
한 소리가 외친다. "광야에 주께서 오실 길을 닦아라.
사막에 우리의 하나님께서 오실 큰 길을 곧게 내어라."

이 구절을 선택한 것은 히브리인들의 희망에 대한 시적 표현으로 매우 적절하다.[1] 성가대 합창이 예언서의 긴 글을 지나며 노래로

---

[1] 이 부분의 영문 번역은 헨델의 후원자였던 King James II의 선왕 King James I에 의해 위탁된 것인데, James I는 1603년부터 그가 죽은 1626년까지 영국과 스코틀랜드를 통치했고, James II는 영국과 아일랜드를 1685년에서 1688년 Glorious Revolution으로 퇴위당할 때까지 통치했다.

길을 낸 뒤에, 헨델은 예수의 탄생으로 나아간다. 제2부는 요한복음을 인용하여 "보라 하느님의 어린양"으로 시작하고, 위로와 편안함의 친숙한 이미지를 강조한다. "진실로 그는 우리의 괴로움을 맡으시고, 우리의 슬픔을 짊어지셨네." 노래는 이런 슬픔을 공유하도록 초대하고, 확대하며 실제로 슬픔을 **실어 나른다**.

그러나 선택된 본문들이 세상의 권력 구조를 폭로하는 장면에서는 그 부드러운 기분을 잃어버린다.

> 어찌하여 뭇 나라가 공모하며,
> 어찌하여 뭇 민족이 헛된 일을 꾸미는가?
> 어찌하여 세상의 임금들이 나서고,
> 어찌하여 통치자들이 음모를 꾸며 주를 거역하고,
> '기름 부음 받은 분'을 거역하는가? (시 2:1-2)

전쟁을 하는 나라들은 이처럼 자신들의 분노를 '기름 부음 받은 분'—히브리어로는 '마시아흐(*maschiach*),' 즉 정의의 희망—에게 향한다는 점에서 서로 일치한다. 이에 대한 응답은 "네가 그들을 철퇴로 부수며 …"라고 한다(시 2:9). 오직 그때에 이르러서야 비로소, 열 번의 할렐루야와 계시록의 언어로 "할렐루야, 주 우리 하나님, 전능하신 분께서 왕권을 잡으셨다"(계 19:6)가 터져 나온 뒤에 "주의 주!(Lord of Lords)" 하고 할렐루야 합창이 나온다. 고음으로 외치는 그 합창은 또한 요한계시록 19장의 꿈같은 여섯 번째 암호인 **말씀의 무기화**(Weaponizing of the Word)가 도착했음을 표시한다고 보자. 그 원래의 유대인들의 희망이 들리게 된다: 불의한 통치를 끝내버리는 메시아 시대의 도래를 열망하는 소리다. 땅 위의 통치자들은 마침내 정의와 자비를 실천하고, 그들을 다스리는 주님(Lord)의 권위를 이용하기보다는 인정하게 될 것이다.

내가 이처럼 직접 본 콘서트에서, 뭔가 다른 것이 나의 경계심을 풀어주었다. 세속적인 코스모폴리탄의 다양한(나와 동행한 유대인 친구들을 포함해서) 청중이 할렐루야 합창 전체를 부르는 동안 벌떡 일어서 있었다. 그것은 전통이긴 하지만, 그렇게 망설임 없이 존경을 바치는 것을 보고 나는 놀랐다. 계시록의 대단한 영광보다 더한 뭔가가, 그 호전적인 투쟁정신을 무장 해제시키는 뭔가가 오고 있었다. 그러나 그런 "더한" 것이 군주들과 통치자들의 (그런 예술작품을 위촉한 사람을 포함해서) 계보를 오랫동안 무장 해제시킨 적은 결코 없었다.

상당히 위대한 "메시아" 공연들에도 불구하고, 수천 년 동안 계속 실망한 것들 때문에 성서의 그 희망이 지닌 빛나는 광채가 사라졌는가? 예수를 따르는 자들을 위해 메시아가 왔을지라도, 메시아 시대는 오지 않았다. 아직도 오지 않았다. 그리스도인들이 메시아가 "다시 오기"를 기다리고 있는 것은 유대인들이 첫 메시아를 기다린 세월만큼 길다. 그러나 "다시 옴(재림, Second Coming)"2)이라는 말은 성서에 없다. 문자 그대로 말해서, 그리스도의 "오심(coming)"에 대한 희망을 말한 것은 신약성서에 거의 30번 나오지만, 그러나 거기에 "다시(again)"나 "두 번째(second)"란 단어가 붙어 있지는 않다: 그런 말은 '파루시아(*parousia*)라는 그리스어인데, 이 말은 되돌아옴(return)을 뜻하지 않는다. 그것은 "현존/임재(presence)"를 뜻한다. 성서적인

---

2) 성서 속에서 "second coming(재림)"에 비슷한 유일한 말은 히브리서 9:28인데, 이는 그리스도가 "죄를 다스리기 위함이 아니라, 그를 열심히 기다리고 있는 사람들을 구원하기 위해서 두 번째 나타날 것"을 약속한다.

그 희망은 그 이후에 나온 것들보다 흥미로울 정도로 덜 미래적이다. 그것은 누군가가 왔고, 갔고, 다시 온다는 것—아래로, 위로, 그리고 초자연적인 하늘에서 되돌아오는 것—에 대한 것이 아니다. 그것은 급진적 현존/임재(a radical presence), 지금-존재함(a being-now)이라서, 결코 단순한 부재(absent)가 아니고, 그래서 단순한 되돌아옴도 결코 아니다.

예수가 불러일으킨 메시아에 대한 희망의 고대 형태는 그의 십자가 처형으로 인해 그의 공동체에선 산산이 부서졌다. 그러나 그와 더불어 일어난 희망—슬픔에 잠긴 친구들 몇 명의 정신신체적 비전들에서, 바울이 "영적인 몸(spiritual body)"이라고 부른 부활에서 일어난 희망—은 그만 끝난 것이 아니었다. 실망들도 끝난 것이 아니었다. 비록 로마제국은 계속 반격했을지라도, 집단적 부활(a collective resurrection)이라는 예언자적인 꿈은—위대한 영적인, 그리고 물질적인 일어섬(a great rising up)으로—거듭 되살아났다.3)

헨델의 음악과 매우 다른 음악 전통에서는, 명랑한 흑인영가(spiritual)가 "에스겔이 마른 뼈들을 연결했다"란 말로 시작한다. 우리는 전체 뼈들을 두고 노래를 따라 부른다: "넓적다리뼈가 엉덩이뼈에 연결되고, 엉덩이뼈는 등뼈에 연결되고…"4) 노예제도와 사형(私

---

3) 편집자주: 크로산은 예수의 부활이 개인적 부활이 아니라 불의하게 고난을 당하고 죽은 이들의 집단적(corporate) 부활, 공동체적 부활의 첫 열매이었음에 틀림없다고 주장한다. 존 도미닉 크로산 & 조나단 리드, <예수의 역사: 고고학과 주석학의 통합>(김기철 역, 한국기독교연구소, 2010), 402.

4) See Helen Brown, "The Life of a Song: 'Dem Dry Bones,'" *Financial Times* (March 18, 2016), ft.com. 이 이미지를 사용한 최근의 신학과 설교는 Luke A Powery, *Dem Dry Bones: Preaching, Death, and Hope* (Minneapolis: Fortress Press, 2012)를 보라. 또한 이 장르에 대한 고전적 주석은 James H. Cone, *The Spirituals and the Blues* (Maryknoll, NY: Orbis Books, 1992)를 보라.

刑, lynch-ing)에 항거해서, 한 세기 전에 써진 것으로는, 흑인 작곡자이자 저자인 제임스 웰돈 존슨(James Weldon Johnson)이 "마른 뼈들의 골짜기"에 오랜 세월 주검으로 누워 있던, 이스라엘의 예언자 에스겔의 비전을 보고 있다. 심지어 백인 우월주의라는 사막 속에서도, 그들 뼈다귀들은 마침내 서로 덜걱거리면서 다시 모여든다: "뼈다귀들이 다시 일어설 것이다." 그 희망은 고대의 예언을 꿈으로 읽어낸다.

메시아가 오기를 기다리는 대망(Messianic expectancy)은 그리스도교 시대 이전에 이미 여러 세기 동안 지속되었다. 그리고 그 희망은 예수를 따르는 유대인들에 대한 국가적 박해, 그리고 (4세기 이후에는) 예수를 따르지 않는 유대인들에 대한 (그리스도교의) 국가적 박해가 지속됨으로써 시험을 받았다. 요한계시록은 예수의 짧은 생애가 끝난 후 1세기의 메시아에 대한 실망이 특히 들려오게 한다. 폭력과 환멸이 그 이후의 모든 희망적인 돌파구들을 흐리게 만들었다. 이제 예수 탄생 이후 제3 천년기에 들어서, 할렐루야 소리는—우리가 일단 그 콘서트홀을 떠나고 나니—공허하게 울리는 것 같다. 승리의 재림을 통한 집단적 위로가 아니라, 전 지구적인 유행병, 가난, 지구 행성의 건강 파괴 등이 "땅위의 거주자들"을 기다리고 있는 것 같다.

땅의 상처에 하늘의 모욕을 덧붙여보자면, 요한이 말하는 "왕들의 왕(King of Kings)"이 꾸중 들어야 할 유죄(culpability)의 부담을 좀 져야 하는 것 아닌가? 기대했던 사람이 간단히 오지 않았다는 것을 두고 하는 말이 아니다. 누군가, 무엇인가가 그의 이름으로 계속 왔다. 십자군의 날뛰는 십자가들, KKK(1866년 조직된 백인 우월주의 폭력단체)의 불타는 십자가들을 갖고 계속 왔다. 무엇인가가 다시 또 다시 계속 와서, 그리스도인들의 폭력을 강력하게 되풀이하고 있다.

이제, 불협화음으로 울리는 탈근대적 대위법(postmodern counterpoint)으로, 헨델의 합창 뒤에 메아리치면서 들려오는—심지어 "뼈들이" 충격으로 일어섬을 향해 삐걱거리고 덜거덕 거리면서 울리는—"깨어진 할렐루야(broken hallelujah)"를 우리는 듣는가?

2. 정신분열적-묵시의 정의(正義)

나는 또 하늘이 열려 있는 것을 보았습니다. 거기에는 흰 말이 있었고 "신의와 진실"이라는 이름을 가진 분이 그 위에 타고 계셨습니다. 그분은 공정하게 심판하시고 싸우시는 분입니다. 그분의 눈은 불꽃같았고 머리에는 많은 왕관을 썼으며 그분밖에는 아무도 알지 못하는 이름이 그분의 몸에 적혀 있었습니다. 그분은 피에 젖은 옷을 입으셨고 그분의 이름은 "하느님의 말씀"이라 하였습니다. 그리고 하늘의 군대가 희고 깨끗한 모시옷을 입고 흰 말을 타고 그분을 뒤따르고 있었습니다. 그분의 입에서는 모든 나라를 쳐부술 예리한 칼이 나오고 있었습니다. 그분은 친히 쇠지팡이로 모든 나라를 다스리실 것입니다. 그리고 전능하신 하느님의 분노의 포도를 담은 술틀을 밟아서 진노의 포도주를 짜내실 것입니다. 그분의 옷과 넓적다리에는 "모든 왕의 왕, 모든 군주의 군주"라는 칭호가 적혀 있었습니다. (계 19:11-16)

양극성장애(조울증)로 고생한 것을 반영한 자신의 회고록에서, 마크 본네구트는 그 이전의 양극성(bi-polarity)을 지적한다. "십자가 처형과 부활 뒤에 예수가 밖으로 나와서 일을 시작하여, 말을 타고 다니면서, (원수까지 사랑하라는 비폭력적) 산상수훈과 8복(the Beatitude)에 대해 다시 재고했다는 아이디어를 나는 중요하게 생각했다. 이런 박력 있는 새로운 그리스도가 도대체 어디에서 나왔단 말인가?"5) 보네구트는 우리를 즉시 요한계시록에 데리고 가서, 우리가 처음에 구름 속에서 보았던 메시아 같은 인물이 이제 "흰 말"을 타고 달려 나오는 것을 보여준다.

여기 요한계시록 19장에서는, 그 "말을 탄 사람은 신실하고 참된 자(Faithful and True)라고 불려진다." 거의 어린 양 같이 들리지만, 그가 신앙을 바치는 하느님과는 분명히 다르다. 그러나 오해하지 말라: "의로움으로 그는 심판하고 전쟁을 벌인다." 그 메시아 같은 전사(the messianic warrior)가 이제 완벽한 힘을 지니고 다가온다. 젖가슴이 튀어나오지도 않고, 양털 같은 머리카락이 양의 머리를 만들지도 않고 말이다. "하늘의 군대가 희고 깨끗한 고운 모시옷(아마포)을 입고, 흰 말을 타고 그분을 따르고 있었습니다"(계 19:14). 비록 그분의 옷은—마치 어린 양의 겉옷처럼—이미 피에 젖어있지만, 그들 하늘 군대의 모시옷은 피에 젖지 않는다. "그분은 피로 물든 옷을 입으셨고, 그분의 이름은 '하나님의 말씀'이라 하였습니다."

첫 번째 표징과 또 다른 닮은 점은 혀(tongue)다. "그분의 입에서 날카로운 칼이 나오는데 그분은 그것으로 모든 민족을 치실 것입니다. 그는 친히 쇠지팡이(철퇴)를 가지고 모든 민족을 다스리실 것입니다"(계 19:15). 번역에서 없어진 또 하나의 힌트가 그 양(the sheep)을 생각나게 한다: 그리스어 본문은 "그가 그들을 **보살필**(shepherd)

---

5) Mark Vonnegut, *Just Like Someone without Mental Illness Only More So: A Memoir* (New York: Delacorte Press, 2010), 163.

것이다"이기 때문이다. 그러나 이어서 "그는 전능하신 하나님의 맹렬하신 진노의 포도주 틀을 밟으실 것입니다. 그분의 옷과 넓적다리에는 '왕들의 왕(King of Kings),' '군주들의 군주(Lord of Lords)'라는 이름이 적혀 있었습니다." (헨델의 가사에서는 피에 굶주림으로 도취되고 문신으로 친숙한 이 본문이 생략되었다.)

주님의 칼/말씀(S/Word)은 "국가들"의 불의를 끝낸다. 직접적으로 메시아(Messiah), 예수 그리스도(Jesus Christ), 혹은 어린 양(Lamb)이라고 이름을 밝히지는 않았지만, 이 말을 탄 사람은 승리할 것이다. 그래서 우리는 다시 멈추고 묻는다: 이 박력 있는 하느님의 말씀은 다른 요한(John), 즉 하느님은 사랑이시라고[6] 밝힌 편지의 저자인 다른 요한에 의해 이름 붙여진 하느님의 말씀에 "신실하고 참될" 것인가? 혹은 8복의 복음서 태도에 "신실하고 참될" 것인가? 그래서 동시에 우리는 묻는다: 아무리 멋질지라도, 어떤 사회적 변화가 일찍이 날카로운 **말씀들** 없이 이루어진 적이 있었던가? 또한 그 자르는 칼날, 즉 행동주의, 대결, 비전이 지닌 용기의 그 칼날, 그 끝(eschatos)이 강철처럼 단단하게 될 때는 과연 언제인가?

이야기의 진행 줄거리는 다음과 같다. 요한계시록 19장의 전 지구적인 전투는 그 짐승 같은 초강대국들을 물리친다. 그 과정에서 단지 지배층만이 아니라, 심지어 로마 시민들뿐 아니라 피지배층도 대부분 도살된다. 20장의 앞부분에서 그 짐승, 그의 거짓 예언자들, 그리고 그 용-사탄이 모두 불의 연못(lake of fire)에 던져져서 그곳에서 "천 년간" 고통 속에 갇혀 있게 된다. 그 "천 년(*chilia*, millennium)"은 그 후 오랫동안 기대되어 왔다. 로마에 저항하다 죽은 이들은 이

---

[6] "사랑하지 않는 사람은 누구든지 하느님을 알지 못하나니, 하느님은 사랑이시기 때문입니다"(요한1서 4:8).

기간에 부활하여 "그리스도와 함께 [똑같이] 천 년 동안" 다스릴 것이다. 그 다음에, 짧은 최후의 전투가 있고, 마지막엔 어린 양의 혼인잔치가 시작될 수 있다.

그 시간표는 흐릿하고 직선적이 아니다.—꿈의 시간에 적절하다. 왜냐하면 실제로 그 흰 말을 타신 분이 도착하기 전에 "어린 양의 혼인날은 이미 왔다"(계 19:7)는 점 때문이다. 그 혼인잔치는 그 모든 폭력과 그 천 년보다 앞서는 것으로 보인다. 따라서 그 천 년이 지난 뒤에, 옛날의 뱀-용-악마-사탄의 "감옥"에서 마지막으로 풀려나면, 무엇이 일어날 것인가? 그는 **다시** 나라들을 속여서, "곡과 마곡(God and Magog)"(종종 이슬람으로 여겨진)을 "지구의 네 구석들"에서 모아들여, 그 "사랑받는 도시"를 에워싼다.—그러나 하늘에서 내려온 불에 삼켜진다. 그리고 난 후, 마지막 심판(final judgement)과 새로운 창조의 완벽함이 이어지는데, 이는 우리의 마지막 장에서 심사숙고 할 것이다: "거룩한 도성, 새 예루살렘이 하느님으로부터 하늘에서 내려오는데, 신부가 그의 신랑을 위해 치장한 것처럼 준비되었다." 그녀(거룩한 도성)가 오는 것도 역시 두 번째 옴(재림)인가? 재혼인가? 오히려 그 비전들 자체가 꿈같이 현존(parousia)하는 속에서 소용돌이치며 상승하는 것으로 보인다.—끝도 없는 문자적 해석들과 더불어 사건들을 마지막을 향해 가는 직선적인 연속으로 계산하는 것 속에 그런 거짓말을 집어넣으면서 말이다.

희망에 굶주린 역사 속에서, 신부와 신랑의 행복한 결말로 인도하는 대파멸의 이야기에 대해 이렇게 명상하면서 우리는 공감한다. 그러나 피에 젖은 흰 옷을 입은 그 의로운 전사와 함께 하느님의 말씀이 무기화되었다. 심지어 (그 시간표가) 직선적인 것이 아니더라도, 악몽 같은 폭력으로부터 곧장 도망치는 일은 없다. 우리는 오직 그 폭력을 **거쳐** 지나갈 수밖에 없다. 그것은 그 본문이 자체와 모순됨을 직면하고, 또 느끼는 것을 뜻한다. 꿈이란 (독일어로 *Traum*인데) 치유되지 않은 트라우마(trauma), 즉 그것이 깨어지면 병리학적 분열들 속으로 떨어질 수도 있고, 집단적 차원에서 정신분열적-묵시가 될 것 속으로 떨어질 수도 있는 피해, 긴장, 모순들의 트라우마를 폭로하기도 한다. 여기에서 폭로는, 그 긴장이 치유되지 않은 채로 봉인이 열리지 않는 한, 그 자체를 반대하여 닫아버린다.

우리는 앞에서 어린 양과 사자라는 양극성 속의 내부적 긴장을 만났다. 유다의 사자(the Lion of Judah)는 왕권의 표상(emblem)으로서 오래 지속된 희망을 뜻하는데, 그 희망은 고대 유대인 역사의 상당히 오랜 기간을 통해 반복해서 일어난 희망이며, 그 희망 안에 요한의 신앙이 깊이 스며있다. 그 희망이란 바로 위대한 전사인 왕이 제국의 원수들로부터 작은 이스라엘을 구원하러 올 것이라는 희망이다.[7] 이처럼 마지막 승리를 위한 대결의 희망이 성서의 종말론(eschatology)을 형성하는데, 이 종말론은, 그리스도교 시대 이전 수백 년 동안에 서서히 보다 더 극단적이 되었고, 선과 악의 대립 속에 더욱 더 이원론적이 되었고, 더욱 더 필사적으로 신의 권능에 의존하게 되었다. 사실상 보다 더 끔찍한 실망들 한복판에서, 더욱 묵시종말적(apocalyptic)으로 되었다.

예수의 추종자들—그들 중에 밧모 섬의 요한도 있었다—이 예수의 갑작스럽고 잔혹한 죽음을 어떻게 해석할까 씨름할 때, 부활이 그 문제를 간단히 해결해주지는 못했다. 이사야서의 "고난 받는 종"이라고 부른 대안적인 메시아 인물이 그들의 통찰의 열쇠였다: "마

---

7) Richard D. Patterson, "Lion and Lamb as Metaphors of Divine Human Relationship," *Bible.org* (April 2, 2009).

치 도살장으로 끌려가는 어린 양처럼 마치 털 깎는 사람 앞에서 잠잠한 암양처럼…"(사 53:7).[8] 요한은 이런 비폭력적 메시아주의(nonviolent messianism)를 따른다. 그가 "예수의 증언"을 지니고 있다. 그것은 예수를 **예배하지** 않음을 뜻하지만, 그러나 "하느님을 예배하라! 예수의 증언은 곧 예언의 영이다"(계 19:10).

그런 예언의 영은 서로 대립하는 것들의 불가능한 일치를 낳았다. 즉 사자가 어린 양과 함께 눕는다. 이사야는 이미 기원전 8세기에 궁극적 생태환경을 꿈꾸고 있는데, 그곳에선 광포한 잔인성과 메시아에 대한 희망의 취약성이 화해를 이루고 있다. 시대착오적으로 말하자면, 우리의 다윈(Darwin)적 공격성이 사라진 것이 아니라, "극단적 협동성(hyper-cooperativity)"에로 진화한다.—오랫동안 고통받아 온 사랑의 어린 양과의[9] 채식주의자의 동반자 관계로 그려진다.

그러나 무기화된 말씀(the Weaponized Word)의 변혁하는 힘에서는 그 사자(Lion)가 피에 굶주린 "하느님의 말씀"으로 되돌아온다. **자기가 도살당해서 피에 젖은 어린 양은 요한계시록의 맨 마지막까지 양털로 덮인 비인간적이고 비폭력적인 모습을 지닐 것이다.** 그러나 본문은 간접적으로 어린 양(Lamb)과 (내내 사자로 그려진) 심판관

---

8) Jeremias는 세례자 요한의 말을 이사야가 미리 말한 고난 받는 종에 관한 예언과 연결한다: "그는 굴욕을 당하고 고문을 당하였으나, 아무 말도 하지 않았다. 마치 도살장으로 끌려가는 어린 양처럼 마치 털 깎는 사람 앞에서 잠잠한 암양처럼, 끌려가기만 할 뿐, 아무 말도 하지 않았다."(사 53:7) (ibid.).

9) Marcia Paily, "Philosophical Questions and Biological Findings: Part I: Human Cooperability, Competition, and Aggression," *Zygon* 55, no.4 (December 2020): 1090-1106. 이 협동성의 관계적 토대와 신학적 의미에 대해서는 Marcia Paily, "Separability-Amid-Situatedness or Distinction-Amid-Relation in Theological Voke," pt. II. chap. 1 in *Commonwealth and Covenant: Economics, Politics, and Theologies of Relationality* (Grand Rapies, MI: Eerdmans, 2016), 123-54를 보라.

(Judge) 및 전사-말씀(Warrior-Word)을 함께 섞고 있다. 우리는 정말로 이렇게 질문해야 한다: 요한은 희생자(the victim)와 희생시키는 승리자(the victorious victimizer)를 하나로 말하는 것이 아닌가? 피에 젖은 어린 양이 피에 젖은 전사가 되었는가? 본문에서는 결코 그렇지 않다. 어린 양은 여기서 지금 "심판하고 전쟁을 하는" "왕 중의 왕, 주님들 중의 주님"으로 불리는 이 말씀이라는 전사 인물(warrior figure of this Word)과 직접적으로 동일시되지는 않는다(계 19:11). "예수"는 증인(그리스어로 *martyrion*)으로서, 끝까지 죽임을 당한 어린 양과 연결되지, 그 전사와 합쳐지지는 않는다. (그러나) 그런 구별로는 그리스도인들이 일으킨 전쟁들의 문제를 해결하지는 못한다. 그것은 위험한 역설에 대한 마음 집중하기를 요구한다. 심리학적-신학적으로 말하자면, 양극성(bipolarity)은 유지된다.―한쪽이 다른 쪽을 물리치지 않는다. 그것은 정신분열의 묵시적 긴장을 여전히 보유하고 있다.

그 비전은 어린 양을 전면에 두는데, 이것을 요한은 "본다." 이에 비하여 그는 "정복한" 사자(the Lion)를 "듣는다." 설사 그렇다 해도, 어린 양/증인/사랑과 사자/전사/심판관 사이의 해소할 수 없는 차이는 변혁적인 일치의 기회를 유지하고 있는 것으로 보인다.―만일, 코넬 웨스트의 유명한 말, 즉 "정의란 대중 속에서 사랑이 어떻게 보이는 것"[10]임을 우리가 결코 잊지 않는다면 말이다. 그런 정의롭게 보이는-사랑은 사라지는 것이 아니라, 힘의 길을 변경하는 것이다. 피에 젖은 어린 양은 꼬꾸라져 죽은 체 하지 않고, 불가피한 패

---

[10] "인간이 되는 것은 정의에 대한 증언을 하는 것이다. 정의란 사랑이 대중 속에서 보여지는 것이다(Justics is what love looks like in public.)―인간이 되는 것은 사랑이 되고 사랑 받는 것이다." Cornel West, *Hope on a Tightrope* (Carlsbad, CA: Hay House, 2008), 181, cf. 210.

배로 나아가지도 않는다. 그리고 그것은 양처럼 더 안전한 목장으로 물러서지도 않는다. 예언자적인 증언에서는 정의가 결코—항상 사랑이 지닌 유혹인데—개인적인 감성 속에서 묵인하고 마지못해 따르지는 않는다. 정의로운 사랑은 온전한 사회 질서를, 새로운 세상을, 새로워진 "하늘과 땅"을—보고—요구한다.

3. 두 차례 만찬 이야기

나는 또 태양 안에 한 천사가 서 있는 것을 보았습니다. 그는 하늘 높이 날고 있는 모든 새에게 큰소리로 "자, 다 같이 하느님의 큰 잔치에 오너라. 왕들과 장성들과 장사들과 말들과 그 위에 탄 사람들과 모든 자유인과 노예와 낮은 자와 높은 자의 살코기를 먹어라" 하고 외쳤습니다. (계 19:17-18)

그러나 우리가 새로운 세계를 흘깃 보기도 전에, 트라우마 증후군이 또 들이닥친다. 그것은 서로 대립하는 것들의 또 다른 긴장을 드러낸다.—이번 것은 심지어 요한의 짐승/탕녀 패러디보다 더 무자비하게 풍자적이다. "큰 무리의 음성과 같기도 하고, 큰 물소리와 같기도 하고, 우렁찬 천둥소리와 같기도 한 소리로" 또 다른 "할렐루야!"를 외치면서, 어린 양의 혼인식이 다가온다. 요한은 천사의 말을 듣는다: "어린 양의 혼인잔치에 초대를 받은 사람에게는 복이 있다고 기록하여라." 그러나 곧 한 천사가 이와는 다른 종류의 만찬 초대를 새들에게 전한다: "공중에 나는 모든 새들에게 큰소리로 외치기를 '하나님의 큰 잔치에 모여라. 왕들의 살과, 장군들의 살과, 힘센

자들의 살과, 말들과 그 위에 탄 자들의 살을 … 먹어라' 한다." 그러나 그건 오직 만찬의 메인코스일 뿐이다.

그리고 나서: "모든 자유인이나 종이나 작은 자나 큰 자의 살을 먹어라." 로마제국에 저항하여 목숨을 걸지 못한 모든 사람들—인구의 대부분인데—은 말을 탄 자에게 살해되는 것 같다. 즉 "그의 입에서 나온 칼에 의해 죽임을 당했고, 그리고 모든 새들이 그들의 살을 파먹었다"는 것 같다. 이런 경멸적 풍자에서, 어린 양의 즐거운 혼인잔치는 하느님의 식인(食人) 파티를 거울처럼 반영한다. 그래서 로마제국에 단순히 복종한 생명들은 아무런 가치도 없다. "새들을 위해서나 가치가 있을까." 그러나 나는 히치콕(Hitchcock)의 영화 "새들(The Birds)"을 감수성이 예민한 시기에 보았다. 나는 그 은유의 발톱을 제거하여 무력화할 수 없다. 이 공포의 잔치는 혼인식 후 만찬에 의해 직접 드리워진 그림자처럼 보인다.

이런 두 잔치 사이의 차이는 서로 대립하는 것들을 일치시키는 통합을 나타내 보이지 않고, 그것들의 정신분열적-묵시의 모순을 드러낸다. 이 장면에서, 요한계시록은 체계적인 폭력에 맞서는 신적인 폭력의 단지 불가피성을 폭로하는 것만이 아니라, 폭식성(voracity)을 드러낸다. 그 신부에 의해 상징화된 시민적 질서를 위한 예언자적 희망, 새로운 예루살렘의 도래는 여기에서 대량학살에 내맡겨진다. 요한은 심지어 원수까지도 사랑하라고 하신 그의 스승의 급진적인 복음을 이해하지 못했는가? 사실상 원수까지 사랑하는 그런 "사랑"은 묵시록에서 효과적으로 작동되는 것이 아니다.[11] 이름도 없는 사

---

[11] 요한은 "사랑"을 훈육하는 힘으로 읽는다: "나는 내가 사랑하는 사람은 누구든지 책망도 하고 징계도 한다. 그러므로 너는 열심을 내어 노력하고, 회개하여라"(계 3:19).

람들에게, 사랑은 어린 양의 약속된 혼인잔치를 추진하는 힘으로 보인다.―그리고 이름도 없는 사람들은 사랑이 없는 권력에 의해 궁지에 몰린다.

정의로운 사랑의 긴장감은 유지되지 않는다. 그러나 이 두 차례 만찬들처럼 그 병적인 증세들은 우리로 하여금 그 본문을 무시하든지, 아니면 그걸 변명하지는 못하게 한다. 윤리적으로 악몽 같은 그 장면들은 꿈으로 읽는 동기를 잃게 하지 않고, 그걸 중요한 것으로 여기게 한다. 메시아의 역사는 그 자체 안에―**우리의** 역사들 안에― 치유하는 희망(healing hope)과 유혈이 낭자한 영광(gory glory) 사이의 해소되지 않은 긴장이 있다. 그 긴장 속에 평화와 폭력, 정의와 복수, 사랑과 분노라는 삶의 깊은 알력들을 억누르고 있다.

비록 그 묵시종말적 이야기 전체를 "새들에게" 내던져주고 싶은 유혹을 받지만, 그것은 단지 우리를 그 거울 속에 가둘 뿐이리라. 만일 그 대신에 우리가 "그 증언을 지닌다면," 즉, 그것을 의식 속에 지닌다면 어떨까? 그러면 우리는 그것에 대해 책임이 있을 것이고― 응답할 수 있을 것이다. 그것을 **비난하는** 것과는 같지 않다. 요한이 로마제국의 그 폭식적인 폭력을 일으키게 한 것은 아니었고, 그것을 거울처럼 반영하고 조롱했을 뿐이었다. 그는 로마제국의 불의가 더욱 나빠짐을 내다보았다.―실제로 그렇게 되어서, 한 세기 뒤에 디오클레티아누스 황제 시대(303-311년)에, 너무도 문자 그대로 최대의, 그리고 가장 피에 젖은 그리스도인들에 대한 박해가 자행되었다. 또한 요한이 보았던 그 메시아적 폭력이 차후 그리스도교 제국의 역사를 만든 **원인**이 되지도 않았다. 또한 계시록이 말하는 순교자-성인들의 1천년 통치는 차후 비잔틴 제국(330-1453년)의 1천 년 통치를 설명하지도 못한다. 분명히 그렇지 않다.

그러나 우리는 계속 질문하지 않을 수 없다: 요한의 그 (만찬) 본문이 그리스도인 군주들의 침공을 미리 사전에 재가(정당화)했는가? "정복한 적군들을 살려두는 것은 어리석은 관대함이다."12) 이것은 위대한 신학 변증론자 유세비우스(Eusebius) 감독이 최초의 그리스도인 황제인 콘스탄티누스가 패배한 "야만인들"을 대량 처형한 것을 정당화하면서 쓴 말이다. 원수(적)는 어리석게도 "사랑" 받게 할 것이 아니라, 박멸시켜야 한다. 아주 의롭게 말이다. 이제 그리스도교세계 전체가 그 제국이었다. 요한의 하늘 군대는, 그가 말한 "하느님의 잔치"는 스스로 성취하는 예언으로 작용하기 시작했는가? 그것은 "묵시종말적 관습(apocalypse habit)"을 만들어냈는가? 즉 마지막 전투-대파멸-구원(the final battle-doom-salvation) 시나리오를 폭식적으로 반복하는 관습을 만들어냈는가?13)

요한계시록을 정경의 맨 끝에 두어서, 긴 책들 중의 책이요, 두루마리들 중의 두루마리로 튀어나오게 함으로써 계시록의 충격을 도와주었다. 신약성서로 지정된 27권의 책들은 요한이 계시록을 쓴 뒤 2세기가 지난 뒤에야 정경화되었다. 요한계시록은 정경에 포함된 마지막 책이었다. 그것은 367년 콘스탄티누스 황제 시대의 또 다른 지도적인 신학자였던 아타나시우스(Athanasius)가 권위를 부여한 책들의 목록을 최종적으로 만들어서 일어난 일이었다. 이런 정경화가

---

12) Ramsay MacMillan, *Constantine* (New York: Harper & Row, 1971), 40. 재인용
13) 그 본문을 스스로 성취하는 예언이라고 읽으면서, 나는 그 본문을 비난하고자 했다. 마치 그 폭력적 비전이 충분히 영향을 주어서 후일의 그리스도교 권력의 잔인한 짓들에 기름을 부었다고 읽었다. 그렇게 읽은 것은 단지 잘못일 뿐 아니라, 그리스도교 시대를 오랫동안 앞섰던 체계적 폭력을 과소평가하는 것이다: 요한의 메시아 같은 어린 양/전사가 와서 패퇴시킨 제국의 힘 말이다.

일어난 것이 그리스도교가 박해를 벗어나 자유롭게 된 것—즐거운 "어린 양의 만찬"—뿐만 아니라 동시에 그 자체가 제국으로 된 때였던 것은 우연의 일치로 보이지 않는다. "하느님의 만찬"을 위한 식탁도 마련되었다.

4. 종교적 자유인가, 그리스도교 승리기념패(Trophy)인가?

만일 묵시록이 로마제국을 그리스도교화(Christianization)한 열쇠였다면, 그리스도교를 제국화(imperialization)한 것에도 묵시록이 무죄라고 할 순 없다. 그래서 이런 문명의 형성 속으로 잠깐 잠입해보는 것은 우리가 현재 묵시종말을 분류하는 데 도움이 될 것이다.

유세비우스, 아타나시우스, 콘스탄티누스 황제보다 한 세기 앞서서, 아프리카 신학자 테르툴리아누스(Tertullianus)가 밧모 섬의 요한의 비전에 의해 용기를 얻어서, 로마제국의 통치에 대하여 전례가 없는 요구를 했다. 이것은 그가 "처음 생각했다고 여겨질 수도 있는데(그는 라틴어로 *liberte religionis*라고 불렀다), 15세기 뒤에 미국의 혁명가들이 자신들의 새로운 사회적 및 정치적 체제에 채택하려고 했던 종교의 자유였다. 테르툴리아누스는 로마의 행정장관 스카풀라(Scapula)에게 용감히 맞서서, 종교의 자유는 "근본적인 인간의 권리요, 자연이 부여한 권한으로서, 각 개인이 자신의 확신에 따라 강요당하지 않고 예배할 수 있는 것"[14]임을 주장했다. 이런 방식으

---

[14] Tertullian, quoted in Elaine Pagels, *Revelations: Visions, Prophecy and Politics in the Book of Revelation* (New York: Penguin Books, 2012), 131; Tertullian, *Apology*, 24; *To Scapula*, 2.

로 예수를 따르는 사람들은 유대인들이 (외국의 통치 아래에서) 정치와 종교 사이에 두었던 간격을 더 넓혔다. "하느님이 인간 영혼을 창조했다는 것을 근거로 테르툴리아누스가 요구했던 것을, 1776년 미국의 혁명가들은 비슷한 근거로 창세기의 창조 이야기를 언급하면서, '모든 사람들은 평등하게 창조되었으며, 그들의 창조주에 의해서 양도할 수 없는 권리를 부여받았다'고 주장했다."[15]

위대한 그 아프리카 신학자는 인간평등주의를 말하고 있었는데, 이것이 나중에 (그리스도인들의) 제국에 대항하여 (그리스도인들의) 혁명을 추진했을 뿐만 아니라, 아프리카 노예들의 해방을 위한 투쟁에 기름을 부었다.[16] 백인 그리스도인 우파가 "종교의 자유"라는 수사를 제멋대로 인용했던 시대에는, 이런 고대의 역사는 잊혀졌다. 현재의 분석에서 핵심은, 테르툴리아누스가 요한계시록의 메시아주의를 전하고 있다는 것이다. "물론, 테르툴리아누스는 그리스도인들의 자유를 말하고 있었고, 오직 로마가 망한 후, 요한이 예언했듯이 그리스도가 영광 속에 강림하셔서, 새 예루살렘을 통치할 것을 희망했다. 그러나 실제로 일어난 것은, 그의 모든 미래의 비전에도 불구하고, 맹렬한 예언자 요한이 미처 예견하지 못한 것이었다."[17]

요한이 약속한 것은 메시아 같은 칼/말씀(S/Word)이 머리가 여럿인 짐승을 이겨 승리할 것이라는 점이었다. 그러나 그가 그렸던 것은 로마제국에 **대한**(over) 그리스도교의 승리였지, 그리스도교화된

---

15) Pagels, *Revelations*, 132.
16) Laurel Schneider는 그녀의 책 *Beyond Monotheism: A Theology of Multiplicity* (New York: Routledge, 2008)에서 테르툴리아누스가 원래 삼위일체론과 현대의 다원주의적 정의(正義) 사이의 인종적으로 의미 있는 연결을 이끌어내고 있다고 말한다.
17) Pagels, *Revelations*, 132.

로마의(of) 승리는 아니었다. 아이러니들 가운데 아이러니다: 머리가 여럿 달린 그 짐승이 군주들 중의 군주(Lord of Lords)로 변형되었다. 그 무기화된 말씀의 표징을 꿈으로 읽어내면서, 우리는 콘스탄티누스 황제가 그의 라이벌과 중요한 전투를 벌이기 전날 밤에 꾸었다는 유명한 꿈을 떠올린다. 꿈속에서 그에게 내린 권고는 "그의 병사들의 방패들 위에 하늘에서 내리는 하느님의 표징을 그리라는 것"이었다. 기울어진 X자와 그 머리를 둥글게 휘어서 R자를 만들어, 그는 방패들 위에 그리스도(Christ)를 표시했다.[18] 그 표징은 XR인데 그리스어로 '크리스토스(xristos, Christos)'의 처음 두 글자(chi rho)다. 또 다른 설명에서, 유세비우스는 행군 중에 콘스탄티누스가 본 비전을 말한다. "그는 말하기를 해가 중천에서 기울기 시작할 무렵 한낮에 하늘에 빛의 십자가 승리기념패(trophy of a cross of light)가 태양 위에, '이것으로 정복하라'는 글씨와 함께 나타난 것을 그의 눈으로 직접 보았다고 했다."[19] "승리기념패(Trophy)"는 깃발 위에 십자가 모양의 XR을 그린 것을 뜻한다. 최초의 (그리스도인들의) 군대가, **문자 그대로**, 그리스도(Christ)라는 글자 아래에서 진군한 것을 보라.

콘스탄티누스 황제의 승리로 인해 그 당시 폭력적인 경쟁자들로 내닫기 쉬웠던 세 개의 머리를 지닌 로마제국을 하나로 묶어서, 그가 유일한 카이사르(Caesar)가 된 것이다. 324년에 콘스탄티누스 황

---

18) Lactantius, *De Mortibus Persecutorum*, 44.4-6, in *Lactantius: De Mortibus Persecutorum*, trans. J. L. Creed (Oxford: Oxford University Press, 1984), quoted in Noel Lenski, "The Reign of Constantine," chap. 3 in *The Cambridge Companion to the Age of Constatine*, ed. Noel Lenski (New York: Cambridge University Press, 2006), 71.

19) Eusebius, "The Life of the Blessed Emperor Constantine," vol. 1 in *The Greek Ecclesiastical Historians of the First Six Centuries of the Christian Era* (London: Samuel Bagster & Sons, 1843-1847), bk. 1, chap. 30, p. 27.

제는 수도를 로마에서 비잔틴으로 옮기고, 그 이름을 콘스탄티노폴리스(Constantinopolis, "콘스탄티누스의 도시")로, 또한 "새 로마(Nova Roma)"라고 바꿨다. 그는 죽을 때까지 개종하지 않았지만, 자신의 통치체제를 공고히 하기 위해서, 반복되는 박해에도 불구하고 계속 퍼져가는 그리스도교 운동을 인정했다. 그는 그리스도인들뿐만 아니라 (그에게 공로를 돌리자) 누구라도 자신들의 **어떤** 종교 때문에 박해를 받는 것을 금지하는 법령을 통과시켰는데, 그 정책은 테르툴리아누스가 한 세기 전에 요구했던 것이었다.

만일 당신이 그 당시에 예수를 추종하는 자였다면, 이런 놀라운 변화를 당신도 환영하지 않았겠는가? 당신도 새로운 예루살렘의 혼인식 만찬을 환영하지 않았겠는가? 콘스탄티누스의 오랜 통치를 통해, 묵시종말적 표징들이 많이 증가되었다. 한 동전 위에는 십자가를 승리의 트로피로 하고 그 용의 패배를 새겨 넣었다. 당시의 그림에는 콘스탄티누스의 역할을 사탄 같은 바다의 용에게 승리하는 장군으로 그렸다. 유세비우스는 콘스탄티누스 황제가 요한의 계시록을—개념적으로, 또한 정치적으로—빛나게 성취했다고 칭찬했다: "그리고 나는 황제의 지적인 위대함을 경이롭게 느꼈는데, 그는 마치 신적인 영감에 의한 듯이, 그 예언자가 이 괴물에 대해 미리 말했던 것을 표현했다.…"20) 로마는 항상 가혹했다. 그러나 동전들, 조각들과 웅변에 표시되었듯이, "우리와 그들 사이의 간격은 깊어졌고, 황제와 그의 군대는 불운한 적군보다 높이 올라갔고, 모든 잔혹한

---

20) Eusebius Pamphilus, *Church History, Life of Constantine, Oration in Praise of Constantine*, Nicene and Post-Nicene Fathers ser. II. vol., 1, ed. Philip Shaff; trans. Arthur Cushman McGilffert (Grand Rapids, ME.: William E. Eerdmans, 1890), bk. 3, chap. 3.

행위들이 용서되었으며, 모든 '야만인들'은 한 덩어리로 처리되었다."21) 거기에 "어리석은 관대함"은 없었다. 제국에 반항하는 종족들에 대해서는 전면적인 학살과 노예 삼기가 진행되었다. 새로 채택된 하느님(God)을 위한 만찬인가?

우리는 당시 교회 지도자들이 요한계시록의 틀림없이 반-로마적인 혹평을 어떻게 해석했는지 의아할 뿐이다. 새롭게 그리스도교화된 제국의 상황에서, 그들은 묵시록의 반제국주의를 어떻게 다루었을까? 여기에 아타나시우스의 신학이 등장한 것이다. 그가 콘스탄티누스 황제와 협동한 것은 두 사람 모두 통합하는 정통주의를 모색했기 때문이었다. 그리스도인들 가운데는 그리스도와 하느님의 관계를 두고 여러 해석이 있었다.─그리스도는 하느님과 "동일한" 본성(*homo-ousius*)인가 "유사한" 본성(*homoi-ousius*)인가? 이처럼 문자 그대로, '이오타'(iota: 그리스어 i)라는 글자 한 자의 차이는 학자들의 토론에만 국한되지 않고, 공동체적 논쟁을 부추겼고, 길거리의 다툼에로 흘러 들어갔다. 콘스탄티누스 황제는 신학적인 뉘앙스에는 전혀(단 하나의 iota도) 관심이 없었다. 그는 제국의 통일을 위한 보루로 그리스도교를 통일하기 위해 니케아회의를 소집했다. 하나의 주님(Lord), 하나의 제국, 하나의 황제, 하나의 교리, 하나의 신앙, 하나의 세례가 필요했다. 아타나시우스(Athanasius)파가 유사 본성을 주장한 아리우스(Arius)파를 물리쳤고, 이후로 아리우스의 "oi"는 이단으로 취급되었다. (비록 교리를 두고 처형은 없었지만, 일부 귀양살이가 있었다). 그 이후로 니케아 신조(Nicene Creed)가 대부분 교회들의 교리가 되었다.

---

21) Ramsay MacMullen, *Constantine*, Routledge, Rivals (New York: Routldge 2014; orig., Dial Press, 1969), 40.

그러면 아타나시우스의 계시록 읽기는 어떠했는가? "아타나시우스는 요한의 우주적 전투 비전을 재해석해서, 그 자신이 45년 이상 싸웠던 전투에—이단에 반대하여 그가 '정통 그리스도교'라고 여긴 것을 확립하기 위한 전투에—이것을 적용했다." 이런 목표를 위해서, 그는 이단자들에 대항한 자신의 투쟁의 생생한 이미지로 계시록의 우주적 전투를 읽어내었다. 이처럼 그는 "그리스도교의 의견을 달리하는 자들"에 대한 엄중한 경고로 요한의 비전을 사용해서, "하느님은 조만간 구원받은 자와 저주받은 자를 나누실 것이다.—오늘날 '정통'과 '이단'을 나누실 것"[22]으로 읽었다.

4세기에 로마제국이 크게 변모하면서, 계시록의 칼/말씀(S/Word)이 지닌 반제국주의는 변두리로 밀려났다. 정통파와 이단과 적대자들 (그들도 자신들이 정통, "올바른 생각"이라고 믿었던) 사이의 분열은 그리스도교 내부의 심연 속으로 깊어져갔다. 그러나 그리스도교가 공식적으로 국가종교가 된 것은 4세기 말엽, 테오도시우스(Theodosius) 황제 치하에서였다. 다른 종교들은 물론 대안적인 그리스도교 고백들마저 박해를 당하게 된 것은 합법적일 뿐 아니라 규범적인 것이 되었다. 종교의 자유를 재빨리 벗어나서 종교적 박해로 진입한 것은 오늘날 비그리스도교적이라고 간주되는 실천들(특히 섹슈얼리티에 관한 것으로, 종종 다른 그리스도인들이 실천하는 것들)을 억압하기 위해 "종교적 자유"를 동원하는 것으로 섬뜩하게 메아리치고 있다. 그리스도교 우파에게는 종교적 자유가 XR(*chi rho*)의 깃발 아래에서—사회적, 법적, 그리고 정치적 권력들이 신학적 정통주의라고 여기는 것과 융합되어—실행되고 있다.

---

[22] Pagels, *Revelations*, 165.

5. XR 병사들이여 진군하라

제국의 권력이 서양에서 로마 교황의 옷을 입고, 새로운 우두머리들을 길러냈기에, 새로운 적대자들이 종교-정치적 일치의 새로운 형태를 만들도록 촉발하였다. 이것이 가장 명백히 드러난 것은 교황 우르반 2세(Urban II)가 1천 년 전에 무슬림들을 상대로 십자군전쟁을 일으킨 것이었다. 이를 넘어선 또 다른 형태는 아직 나오지 않았다. 그는 영리한 정치신학자로서, 그리스도인 귀족들에게 서로 싸우지 말고, "진정한 원수"와 대항하여 싸우라고 간청했다: "자신들의 형제자매들과 싸우고 있는 자들은 이제 미개한 야만인들(이교도들)과 대항하여 싸워라."23) "유럽" 자체가 등장한 것은 아마 틀림없이 이런 내부의 전쟁을 거쳐 외부의 적에 맞서 단결한 결과였다.24) 이슬람도, 아브라함의 자손들 가운데 의견을 달리하는 나이 어린 형제로서, 역시 이단적이고 정치적 위협으로 여겨졌다. 제3제국(Third Reich, 독일의 히틀러 통치체제-역자주)의 법 이론가인 카를 쉬미트는 그런 "친구-원수 구별"을 모든 정치의 제1원리로 보았다. "누가 당신의 원수인지 내게 말해보시오, 그러면 나는 당신이 누구인지 말해 주겠소."25)

---

23) Cited in Roberta Anderson and Dominic Bellenger, eds., *Medieval Worlds: A Sourcebook* (New York: Routledge, 2003), 90.
24) For more, see Catherine Keller, "Crusade, Capital, and Cosmopolis," chap. 8 in *Cloud of the Impossible: Negative Theology and Planetary Entanglement* (New York: Columbia University Press, 2015), 239-65.
25) Carl Schmitt, "Theory of the Partisan; Intermediate Commentary on the Concept of the Political (1963)," *Telos* 127 (2004): 85, "정치적 행동과 동기가 환원될 수 있는 구체적인 정치적 구별은 우군과 적군 사이의 구별이다." See Carl

여기서 핵심은 칼/말씀(S/Word)이 그리스도교 제국들의 편에서만 싸웠다는 것이 아니다. 로마의 패권의 새로운 정치종교적 형태에 의견을 달리하여 **대항한** 운동들도 요한계시록을 통해 용기를 얻었다. 예를 들어, 그들은 엄청난 탕녀 속에서 교황청의 음란한 재부(wealth)를 읽었다. 이런 운동들은 12세기의 수도승 피오레의 요아킴(Joachim of Fiore)이 기록으로 남긴, 묵시종말적인 언급으로 가득한 비전들에 의해서도 영감을 받았다. 그는 교회의 위계서열이 사라지고, 모두가 직접 하느님에게 다가가는 "성령의 시대"의 임박한 도래를 선포했다. 첫 세대 그리스도인들의 사랑의 공동체에서처럼, 모든 물건들은 공동으로 소유한다. 이런 운동들—급진적 프란치스코파, 월든파, 보헤미안, 후스파 등—이 퍼져나가자, 교회는 거듭 거듭 그들을, 무수한 유대인들과 "마녀들"과 더불어 이단자들로 단죄했다. 이단재판과 집단학살들이 그리스도로 축성되었다.

로마 교황청에 항거하여 **정치적으로** 성공했고, 그래서 **종교적으로도** 살아남은 것은 오직 개신교 종교개혁뿐이었다. 루터는 신성로마제국에 대한 독일 귀족들의 민족주의적 불만을 이용해서 로마교회와 철저하게 결별할 수 있었다.[26] 이제 요한의 정치적 반제국주의가 온전한 힘으로 되돌아온다. 그러나 요한계시록에 대해 루터는 깊이 상반된 감정을 갖고 있었다. "이 책 요한계시록에 대해서, 나는

Schmitt, *The Concept of the Political*, exp. ed., trans. George Schwab (Chicago: Chicago University Press, 2007, 1996), 26.

26) 예를 들어, 루터의 1545년판 성서에 쓰인 이미지는 교황의 3중관을 쓴 바빌론의 탕녀(그림 6)를 보여준다. 루터가 바빌론의 탕녀를 로마 가톨릭교회와 비교한 것에 대해서 더 많은 것은, see Martin Luther, "The Babylonian Captivity of the Church, 1520," ed. Erik H. Herrmann, in *The Annotated Luther: Volume 3: Church and Sacraments*, ed. Paul W. Robinson (Minneapolis: Fortress Press, 2016).

각자 자기 의견들을 자유롭게 갖도록 각자에게 맡겨둔다. 나는 내 느낌을 말하는 바다. 나는 이 책에 없는 것이 하나 이상임을 깨닫고, 그래서 나로선 이 책이 사도적이지도 않고 예언자적이지도 않다고 여긴다."27) 어떤 역사가의 해설에선, "루터는 말하기를, 많은 말들 속으로 당신의 배짱을 갖고 들어 가시오라고 한다."28) 루터는 학자로서 묵시록이 (요한복음서의 저자가 쓴) "사도적인 것"이 아님을 알았고, 또한 그 책은 정경 속에 포함되지 말았어야 했다고 믿었다. 그는 불평하기를, 묵시록은 분명하게 말하지 못하고, 그 대신에 "비전들과 이미지들"을 다루었다고 했다. 결국, 그에게는 "(눈이 아니라) 오직 귀들만이 그리스도인들의 감각기관이었다."29)

그러나 루터는 성서를 일상적 독일어로 탁월하게 번역하면서, "비전과 이미지들"을 지닌 그 마지막 책에 흥미를 감소시키고자 하지 않았다. 왜냐하면 그는 무려 20개도 더 되는 전면 그림─그의 친구요 비텐베르크 궁중 화가인 장로 크라나하(Cranach)에 의한 목판화─을 포함시켰기 때문이다. 크라나하의 이미지들은 "압도적인 시각적 만남"으로30) 요한계시록을 관리한다. 교황의 3중관(papal tiara)을 쓴 엄청난 탕녀 이미지가 주는 영향력은 결코 과소평가할 수 없다.

반-로마교회적 저항의 변혁하는 힘은 현대 초기에 종교적이며

---

27) Martin Luther, "Preface to the Revelation of Saint John," in *The Works of Martin Luther, vol. 35: Word and Sacrament: Volume One,* ed. E Theodore Bachmann (Minneapolis: Fortress Press, 1960), 398.

28) Timothy Beal, *The Book of Revelation: A Biography* (Princeton, NJ: Princeton University Press, 2018), 121.

29) Martin Luther, "Lectures on Hebrews," in *The Works of Martin Luther, vol. 29: The Selected Pauline Epistles, Volume 2,* ed. Jaroslav Pelikan and Walter A. Hansen (Minneapolis: Fortress Press, 1968), 224.

30) Beal, *Revelation,* 123.

Lucas Cranach the Elder, *The Whore of Babylon Illustration for the Luther Bible*, 1522. Collection of The British Library, London.

민족주의적인 반제국주의에 기름을 부었다. 사회적 혼란 속에서 루터는 묵시종말적 동기들(motifs)이 맞불 놓기가 될 수 있다고 염려할 이유가 있었다. 종교개혁의 새로운 급진적 지도자였던 토마스 뮌처는 그 이전의 급진주의자들처럼, 요아킴(Joachim)의 계시록 읽기에 의해 영감을 받았기 때문이다. 뮌처는 농민들에 대한 독일 귀족들의 불의에 맞서서, 마침내 농민반란을 이끌었다. 그러나 루터는 그들 독일 귀족들에 의지해서 로마교회와의 위험한 결별을 할 수 있었다. 이제 그는 칼/말씀(S/Word)의 분노를 가지고 귀족들을 지지하여, 그들이 농민 10만 명을 학살하게 했다. 루터의 무기화한 묵시종말론을 들어보자: "세상이 피 흘림 없이 통치될 수 있다고는 생각하지 말자. 통치자의 칼은 피에 젖어 붉은데, 왜냐하면 세상은 악하고, 칼은 하느님의 몽둥이이고, 그 악에 대한 복수이기 때문이다." 이런 맥락에서 루터는 또 〈유대인들과 그들의 거짓말에 대하여, *On the Jews and Their Lies*, 1543〉라는 책을 썼다.31) 정신분열적 묵시의 비극적인 아이러니가 깊어져 간다.

종교개혁은 아니자르가 "그리스도교적 유혈정치(hemopolitics)"32)라고 너무도 기민하게 진단한 또 하나의 더욱 깊은 증세를 분명히 보여준다. "피는 그리스도교 세계의 중요한 개념들을, 그리고 그리스도교를, 그 자체로부터 갈라놓은 구별을 제시하기도 하고 폐지하기도 하는 이름이요 사물이다: 즉, 신학과 의학을, 금융과 정치를, 종교와 인종 등을 갈라놓은 것이다."33) 피는 성례전적으로 축성되고 공유되어, 동방과 서방 그리스도교 제국들로부터 흘러나와 현대 초기에 "혈액들"로 인종 구별하기 속으로, 그리고 묵시종말적 피의 잔치들 속으로 내내 흘러들어갔다. 피는 그리스도교 역사를 흠뻑 적셨다. 피는 (요한의 핏빛 바다처럼) 그리스도교 신앙의 모든 기관들에 해독을 끼쳐서, 그들과 우리의 피에 굶주린 유산들에 **마음을 쓰지 않게** 한다.

주님(Lord)의 분노가 개신교 통치자들과 권세들(principalities and powers)에 의해 포도 짜는 틀에 눌리게 되자, 가톨릭의 포도주들로 응답받았다. 그리스도인들 사이에 나누어질 수 있는 것은 더 많은 피였다. 학살당한 인구로 말하자면, 서구 역사상 가장 피를 많이 흘린 전쟁은 30년 전쟁(독일 신성로마제국 내에서 1618-1648년 가톨릭과 개신

---

31) Martin Luther, "About the Jews and Their Lies," in *The Annotated Luther, vol. 5: Christian Life in the World*, ed. and trans. Hans J. Hillerbrand (Minneapolis: Fortress Press, 2017), 440-607.

32) Gil Anidjar, *Blood: A Critique of Christianity* (New York: Columbia University Press, 2014), 84.

33) Ibid., 258.

무장한 SS 모집 포스터, 1943년
"유럽 동료들과 함께 SS 표징 아래에서 너는 정복할 것이다."

교 사이의 종교전쟁으로 시작해, 전 유럽에 확산—역자주)이었다.34) 나중에 서로 다른 자들—유대인들, 토착민들, 노예로 잡힌 사람들, 마녀라고 고발된 여자 치유자들의 공동체들—과의 종교적-정치적 폭력이 정확히 묵시종말의 전 지구적인 대량학살들로 이어졌다.

현대 세기의 새들은 엄청나게 다양한 포식 잔치(gorge-orgy)를 확보했다.

나는 "하느님의 위대한 만찬"을 두고 역사적인 조롱을 한 것들 속을 계속 행진하고 싶지는 않다. 당신은 세속화가 마침내 그것을 중단할 것이라고 생각할 것도 같다. 그것은 **어떤** 세속화냐에 달렸다: 다른 말로 해서, 어떤 종류의 신학이 세속화될 것이냐에 달렸다. 지난 세기의 묵시종말석 인종학살의 세속화에 관해서는, 일련의 포스터들이 눈에 들어온다. 나치(Nazi) 점령 하의 프랑스 비쉬(Vichy) 도

---

34) Steven Pinker, *The Better Angels of Our Nature: Why Violence Has Declined* (New York: Penguin, 2012), 195.

시에 걸린 모병 포스터는 콘스탄티누스 황제를 모방하고 있다. 독일군 군복을 입은 프랑스 병사들이 "이 표징 아래에서 우리는 승리할 것이다(Sous ce signe vinquerons)"라는 표어 위에 행진하는 그림이다. 콘스탄티누스의 십자가가 나치스의 스와스티카(Swastika,꺾쇠-십자기장 卍)로 변형되었다. 스와스티카는 나치스 친위대(SS. Schutzstaffel)를 번갯불처럼 형상화한 것이다.

히틀러가 유행시킨 "천년**왕국**(Reich)"이란 말의 근원은 유럽의 그리스도인들에게는 분명했다: "그리고 그들은 그와 더불어 천년 동안 다스릴 것이다"(계 20:6). 더 직접적으로, 나치스는 요아킴의 1135년의 영향력 있는 비전을 수용했다: 그의 제3시대(Age), 혹은 "영역"은 독일어로 "Third Reich(제3제국, 1933-1945)"이다. 그러나 요아킴의 성령의 제3시대는 반(anti)권위주의적 운동들, 공동체주의들, 원형-공산주의들, 그리고 유럽의 영적인 대항문화들에 영감을 주어 고취시켰다.

이런 모든 것들에 대해, 묵시록의 옛 두루마리는 심지어 그 메시아의 극단적 형태들 속에서도, 콘스탄티누스 황제의 제국주의나 근대 초기의 민족주의, 혹은 나중의 파시즘의 원인도 아니었고, 깊은 동기들도 아니었다. 초강대국 패턴들이 요한의 본문보다 앞서 있었고, 또 그 이후에도 있었다. 그러나 그 무기화된 말씀(the Weaponized Word)은 항상 억압을 정당하다고, 멸종을 고귀하다고, 그리고 대량살육은 불가피하다고 뒷받침하는 데 사용되었다. 그처럼 머리가 여럿 달린 악(evil)을 회피하기 위해서는, 반(anti)묵시종말적 자세를 취하고 싶은 유혹이 남아 있다.35) 그런 유혹에 넘어간다면, 묵시종말

---

35) For more than on "anti-apocalypse," see "Opening: Dis/closing 'The End'," chap. 1, and "Time: Temporizing Tales," chap. 3, in Catherine Keller, *Apocalypse*

론의 이원론적 순수성을 우리가 거꾸로 흉내내고 있는 것이 아닌가? 묵시종말론의 이원론적 순수성을 거울처럼 반사하기보다는, 그것에 유념하는 것이 더 낫다.

6. 계시들(Revelations), 혁명들(Revolutions)

우리들의 표징들을, 심지어, 혹은 특히 이런 호전적인 표징들을, 통과해 나가는 어려운 아이러니는 이렇게 요약할 수 있다: 억압에 대한 집단적 **저항**(resistance)은 억압 자체 못지않게 묵시록의 영향이기도 하다. 요한의 쌍날을 가진 비전의 뒤에서는 유대인들의 메시아주의(Jewish messianism)가 작동하고 있는데, 그것은 현대의 모든 진보적 운동들 속에 자취를 남겼다. 20세기 예언의 목소리는 그 유산을 이렇게 파악하고 있다: "여기 작용하고 있는 것은, 종교적 혹은 철학적 비전 속에서 계시나 아이디어로 경험되는 올바름(rightness)에 대한 열망인데, 그 열망은 본성상 개인 속에서 실현되지 못하고 오직 인간 공동체 안에서만 실현될 수 있다."36) 마르틴 부버가 그의 이상향적 사회주의(utopian socialism)를 주창한 데서 드러나듯이, 올바름에 대한 열망(자기-의로움, 독선과는 거리가 멀다)은 근본적인 나-당신(I-Thou) 관계와 함께 시작한다. 그것은 종말론적 가능성으로 둘러싸인 공동체 속으로 성숙해간다. 종말론(eschatology)이 묵시종말론(apocalypse)으로 강화될 때, 체계적인 변화의 길이 열린다.—그

Now and Then: A Feminist Guide to the End of the World (Boston: Beacon, 1996: reprint, Minneapolis: Fortress Press, 2004).

36) Martin Buber, *Paths in Utopia* (New York: Collier/Macmillan, 1949), 7.

리고 그것과 함께, 항상 우리(us) 대(對) 그들(them)의 이원성을 폭력적으로 통합하려는 위험이 있다.

같은 시기에 동독 출신의 철학자인 에른스트 블로흐—그는 자기의 마르크스주의와 무신론이 더 이상 권력 당국자들을 설득하지 못하자 서구로 탈출했다—는 희망 자체의 역사를 썼다. 그는 희망의 사회적 힘이 히브리 예언자들로부터 나와서, 이후 "그리스도교의 사회적 유토피아"37) 속에 전달된 역사를 추적한다. "이리하여 고대 히브리 수도사들(Nazarites)에 의해 기억되었던 절반-원시-공산주의로부터 재부(wealth)와 폭정(tyranny)에 대항하는 예언자들의 설교에 이르기까지, 그리고 사랑 위에 세워진 초기 그리스도인들의 공산주의에 이르기까지 하나의 선이 연결하고 있다."38) 그의 위대한 3부작 〈희망의 원리, *Principle of Hope*〉는 피오레의 요아킴(Joachim of Fiore)을 중심으로 돌고 있는데, 요아킴의 천 년이 넘게 지속된 비전들은 "희망에서 태어난 분노로 불타고 있고 … 이는 세례자 요한 이후 거의 들어보지 못했던 것이었다." 희망은 정의를 위한 분노와 떨어져서는 살지 못한다. "그들은 제단(altars)을 장식하고, 가난한 사람들은 지독한 굶주림으로 고통을 당한다"고 요아킴은 썼다. 우리는 이런 "가장 중대한 사회적 유토피아"의 역사적 결과들을 보았다.39)

수도원 공상가 요아킴을 블로흐가 세속적인 유대인으로서 옹호한 것은 심지어 그것이 혁명의 깊은 묵시종말적 근원들을 발굴했지만, 이중적인 시대착오(블로흐로부터 요아킴으로 되돌아가고, 또한

---

37) Ernst Bloch, *The Principle of Hope*, vol. 2, trans. Neville Plaice, Stephen Plaice, and Paul Knight (Cambridge, MA: MIT Press, 1986), 515.
38) Ibid., 497.
39) Ibid., 498.

우리의 공산주의 이후 현재에서 사회주의자 블로흐로 되돌아가는 시대착오)를 소리 높여 말하고 있다. 요아킴의 중요성은 "삼위일체(trinity)라는 단지 **견해들**(viewpoints)에 불과한 것을 역사 자체 **안의** 3중적 단계(a threefold gradation within history itself)"로 변화시킨 데 있다. 3위의 인격(Persons)이 3시대(epochs), 즉 역동적으로 겹치는 아버지/권위, 아들/형제들, 성령/친구의 3시대로 된다. 성령의 제3 시대는—철저하게 평등주의적으로—사도행전의 그리스도교 사회적 유토피아로부터 유래된 아가페 공산주의(an agapic communism)를 열망한다. "이와 연결된 것으로, 그리고 심지어 더욱 중요한 결과들로서, **다른 세계로부터 오는 빛의 왕국을, 다른 세계의 그 공허한 약속을 역사 속으로** 완전히 넘겨주는 것이다. …" 블로흐는 보헤미아, 독일, 러시아, 그리고 영국에 끼친 요아킴의 영향을 지적한다: "오직 이단 종파들만이—요아킴도 그들 가운데 하나인데—심지어 서양에서조차 계시(revelation)가 새롭게 솟아나오도록 허락했다. 그리고 이에 따라 성령이 그들에게 놀라운 오순절(Pentecosts)을 추천하였다. 그것은 그리스도교의 사회적 원리들을 추천했는데 … 그 원리들은 비굴하게 움츠러들지 않았고, 또한 프롤레타리아들을 천민들로 취급하지 않았다." 블로흐는 세속적 혁명운동들의 영적인 발생을 존중했다. 그는 젊은 엥겔스가 받은 묵시종말적 영향들의 자극과 격려를 인용했는데, 이는 〈공산당 선언, *Communist Manifesto*〉이 나오기 몇 년 전 일이었다: "인간의 자신감은 새로운 성배(Grail)로서, 그 둘레에 민족들이 환호하며 모여든다." 중세기 성배 신화를 계시록의 옥좌가 있는 방에 두고, 엥겔스는 유럽의 깊은 반향을 요구한다: "이것이 우리의 사명이다: 이 성배의 기사단원들(Templars)이 되고, 그것을 위해 허리에 칼을 차고, 마지막 거룩한 전쟁에 기쁘게 목숨을 거는 것이

며, 그것에 뒤이어 자유의 천년기가 따를 것이다."⁴⁰⁾

나중 천년기에는 진보주의자들이, 집단적 해방을 위해 무기를 잡을 용기에 대해 할렐루야라고 말할 것이다. 그러나 대부분의 우리들은 실제로 "거룩한 전쟁(holy wars)"이 벌어지면 비굴하게 굴 것이다. "하느님의 만찬"은 콘스탄티누스 황제 이래로, 십자군에 의해서, 1099년에는 예루살렘에서 1만 명이 넘는 무슬림과 유대인 거주민들이 살해당함으로써 그 식탁이 준비되었다. 그리고 거의 천 년이 지나서, 허리에 칼을 찬 무리들이 스탈린의 소련(Soviet) 만찬에서 2천만 명을 의롭게 대량 학살했다. "회색 얼룩"으로 기억된 스탈린과 함께, 정의와 복수의 구별은 사라졌다.⁴¹⁾ 사자가 그 어린 양을 잡아 먹었다.

아마도 이제는 좌파들이 호전적인 비폭력과 거룩한 전쟁 사이의 긴장에 마음 쓰면서 겨우 제 정신으로 돌아올 수 있을 것이다. 그러면 전체주의적 트라우마를 계속 의식할 것이고, 국가 공산주의라는 메시아에 대한 실망을 슬퍼할 것이다. 그리고 아직도 민주주의적이든 사회주의적이든, 서구의 유혈혁명들로부터 고대의 그 예언자적 희망을 분리시키는 역사적으로 정직한 길은 없다. 이와 마찬가지로, 요한의 천년기에 대한 요아킴의 중요한 꿈 읽어내기는 지난 수 세기 동안의 비폭력 저항운동들 속에 살아있다. 우리는 위에서 퀘이커교

---

40) Ibid., 510, 515.
41) 1917년 3월 혁명이 일어나기 불과 몇 달 전에, "스탈린은 40세가 채 안되었다. 그때는 그는 그저 스탈린이었고, 최선으로는 적당한 지성인이었고 최악으로는 당황스러운 지성인이었다. 그는 좌파도 우파도 아닌, 그러나 뭔가 변덕쟁이였다. 그가 남긴 인상은 별다른 인상을 남기지 않은 것이었다." Sukhanov, chronicler of the Russian Revolution, "would remember his as a 'grey blur.'" China Mieville, *October: The Story of the Russian Revolution* (New York: Verso Books, 2018), 97.

도들(Quakers), 쉐이커들(Shaker), 보편적이고 공적인 친구(Universal Publick Friend—이들은 요아킴의 성령 시대를 친구로 알지 못했을 것인데) 같은 실험들 속에서 그의 (성령의) 제3시대를 태양-여인(the Sunwoman) 표징 아래에서 잠시 살펴보았다. 이와 연결되어 여자들에게 투표권을 주기 위한 운동과 노예 해방을 위한 정치적 운동들은 그 자체로 천년기의 희망으로 가득했으며, 묵시종말적 언급들—그리고 생산적인 환상들—로 채워져 있다.[42]

19세기의 이런 천년왕국설들(millennialisms)은 그리스도인들의 강력한 지원을 받은 세속적 운동들로서, 그와 정반대되는 묵시종말론의 발달—즉, 미국의 개신교 근본주의의 발달—에 의해 그늘이 졌다. 그것의 "전천년설(premillennialism)"은 새로 거듭난(born-again) 그리스도인들의 "휴거(携擧, rapture)"를 약속함으로써 1천 년간 그리스도의 통치를 위한 투쟁을 문자화한 것이다. 앞에서 이미 지적했듯이, 묵시종말적 기대는 종교정치적 보수주의자들의 형성으로 너무도 문자 그대로 무기화되었는데, 그들은 로널드 레이건을 대통령으로 선출했고, 그와 더불어, (마지막) 천년기의 끝에 가서는 핵전쟁을 예상했다. 한편 그런 우파는 거대한 사적 조직의 무장한 대중을 양

---

[42] "'종소리 뎅뎅! 시계는 그 여인의 시간을 쳤고, / 우리는 무릎을 꿇고 그걸 듣는다.' 모든 범죄들은 그칠 것이며, 옛날의 잘못들은 없어진다 / 돌아오는 재판관은 그녀의 저울을 높이 치켜든다 / 세상의 평화와 그녀의 올리브 가지는 더 뻗고자 한다 / 그리고 흰 옷 입은 무죄한 자가 하늘에서 내려온다." See Beryl E. Satter, "New Thought and the Era of Women:1825-1895," Ph D diss. Yale University, 1992. 해방의 묵시록에 관해서는, 흑인해방 신학의 큰 목소리인 제임스 콘(James H. Cone)이 이렇게 말한다: "흑인 노예들도 묵시록의 상상력을 가지고 하느님의 새로운 미래에 대한 그들의 기대를 표현했다. '처음 나팔이 울릴 때, 나는 어디에 있어야 하나? 그 소리는 너무도 커서 죽은 자들도 깨워 일으킬 터인데?'" See James H. Cone, *The Spirituals and the Blues* (Maryknoll, NY: Orbis Books, 1991), 46.

성했다. 비록 근본주의가 이번 세기에 신학적으로 모호하게 말을 더 듬어왔지만, 정치적으로는 여전히 **우파**로 남아 있다. 그것은 복음주의 신학의 사려 깊은 형태를 점차적으로 "폭스복음주의(Foxangelicalism—Fox TV 채널식)"로 둔갑시키고 있다.43)

서구에서 (또한 상당수 아시아 국가에서도) 진보적 운동들 가운데 어느 것도 그들을 길러낸 예언자적인 메시아주의(the prophetic messianism)로부터 자유로울 수는 없다. 그리고 이들 역사적 운동들 가운데 어느 것도 최종적 의미에서 "성공했다"고 할 수는 없다. 월든파(Wadensians, 1173년 Peter Waldo의 종교개혁 이전의 반가톨릭 종파--역자주), 급진적 프란치스코파(Fraciscans), 보헤미안들(Bohemians: Jan Hus의 가르침을 따름—역자주), 급진적인 종교개혁주의자들 같은 종교적 선구자들은 일찌감치, 그리고 확실하게 단절되었다. 일부는 곳곳에 그 씨앗이 뿌려지고, 에둘러 감을 통해 살아남기는 했다.—예를 들어, 우리 시대의 로마가톨릭 교황이 프란치스코(Francis)란 명칭을 채택하고, 프란치스코 성인이 땅과 가난한 이들과의 연대를 이루는 급진적인 영성을 발휘하는 믿음직한 영향들을 생각해보라.

우리는 여기서 광범위하게 다양한 세속적 경향들도 말하고 있는데, 그들의 반-기존질서적인(anti-establishment) 힘은 목표와 전략에 관해 내부적 긴장들이 이룬 층들로 분열되어 있다. 예를 들어, 독일의 초기 사회민주당은 1933년에 자유주의파와 마르크스파로 분열되

---

43) 물론 점차 증가하고 있는 복음주의적 좌파(左派)를 포함하여, 복음주의자들의 다양한 폭넓은 스펙트럼이 변천하고 있다; "The Varieties of American Evangelicalism," *USC Center of Religion and Civic Cultur*e (November 1, 2018), crcc.usc.edu. See Catherine Keller, "Foxangelicals, Political Theology and Friends," chap.11 in *Doing Theology in the Age of Trump: A Critical Report on Christian Nationalism* (Eugene, OR: Cascade Books, 2018), 89-100.

어, 비극적으로 히틀러의 등장을 가능하게 만들었다.[44] 그러나 전쟁 이후에는 그 당의 민주주의적 충동과 사회주의적 충동이 연합하여, 훨씬 진보적인 사회 정책과 환경 정책을 조직화하였다. 혹은 마르틴 루터 킹(Martin Luther King)과 맬컴 엑스(Malcolm X)의 서로 다른 메시아에 대한 비전 사이의 정반대―사자와 어린 양을 말하면서―를 생각해보라. 그들 사이의 긴장은 심각했지만, 제임스 콘이 주장하듯이 그 긴장은 민권운동의 변혁적 에너지의 열쇠이기도 했다.[45]

진보적인 희망들은 끊임없이 실망을 겪었지만, 그러나 묵시종말적으로 근원을 둔 혁명이 간단히 실패했는가? 마른 뼈들이 다시 일어나는 증거를 보지 못하는가?

7. 복수의 잔치냐, 아니면 사랑의 축제냐?

이처럼 묵시록의 칼/말씀(S/Word)을 꿈으로 읽어내는 것은 그 끝없는 실패들 앞에서 움츠리는 것이 아니며, 또한 그 폭력을 행사하는 것을 뜻하지도 않는다. 그것은 해방시키는 메시아성의 역사(a history of liberative messianicity), 심층민주주의(deep democracy)의 역사, 혁명적 변화의 역사, 서로 교차하는 사회운동들의 역사, 그리고 심지어 정의를 향한 우주적 경향성에 관한 역사를 열어젖히는 것을 뜻한다. 그리고 바로 그 열어젖힘 속에서 현재의 긴장들, 바로 그

---

44) Gary Dorrien, *Social Democracy in the Making: Political and Religious Roots of European Socialism* (New Haven: Yale University Press, 2019), chap. 4.
45) James H. Cone, *Martin and Malcolm and America: A Dream or a Nightmare* (Maryknoll, NY: Orbis Books, 1991).

경계, 그 종말에서 변혁을 위한 새로운 주장들이 솟구친다. 그들이 가장 상처를 많이 받는 곳에서.

"예언의 영" 안에서 연대하는 것은 어떤 견고한 공통의 토대에서 일어나는 것이 아니다. 그 토대 자체가 흔들리고 있다. 그저 예를 들어보자면, 인간이 아닌 생물종들을 보호하기 위해 싸우는 백인, 중산층, 과학에 근거하는 환경주의자들이 어떻게 억압당한 인간들을 위해 싸우는 인종차별반대 활동가들과 효과적으로 팀을 이룰 수 있을까? 그리고 그들 사이의 공통분모(common denominator)는 경제가 아닌가? 혹은 경제가 공통의 지배자(common dominator)가 아닌가? (여기 저자의 단어 놀이가!―역자주). 우리들 퀴어(queer, 성소수자)는 어떤가? 간단히 이길 수 있는 상대는? 그리고 아직도 여전히 "내게도 그랬어(Me Too)"인가? 정확히 말해서, 그 다원주의적이며 지구에 대한 관심들 때문에, 진보적인 사람들은 정치적 우파보다, 항상 묵시종말적인 우선순위들 사이의 모순들에 대해 더 취약하다. 우리의 서로 다른 점들은 은폐(closure)로도 폭로(disclosure)로도 작용할 수 있다. 심지어 다원주의의 관점들도 문제가 된다.―어떤 사람들은 민주적인 세속화를 위해서 모든 종교를(이 책을 포함해서) 배제하고, 또 다른 사람들은 동일한 목표를 위해서 종교를 배척하지 않는다.

꿈으로 읽어내는 희망은 "장차 오실 분"이 그 자신의 메시아적인 정신에 참되기를 바라는 것이다. 심지어 묵시록의 그림자 측면이 그런 희망에 대하여―그 비현실적인 꿈들, 그 불가능한 평등주의, 그 진전 없는 진보주의, 그 땅을 향한 무익한 호소에 대하여―칼 같은 혀를 내밀 때도 그러하기를 바란다. 사려 깊은 묵시종말론은 그런 그림자들을 유념해야만 한다. 예언자적인 정신은 언젠가 한 번 약속하기를, 칼을 가지고 마침내 농기구를 만들겠다고 했다.

한편, 그 정신은 애도(griefwork)를 요청한다. 그 칼/말씀(S/Word)이 구원할 수도 없었고, 구원하려고도 하지 않았고, 구원하려고 하지도 않을 그런 모든 사람들 때문에, 우리가 헤아릴 수 있는 숫자를 초과해서 많이 늘어난, 그리고 여전히 늘어나고 있는 상실들을 위한 애도를 요청한다. 철저한 갱신을 바랬던 고대의 희망이 배신당한 것들을 위한 애도, 거듭 거듭 희망의 새로운 시작들은 짓밟혔고, 그것 때문에 생긴 트라우마들이 정상적이 되어버린 것을 위한 애도를 요청한다. 이처럼 낭비된 세상들을 위해서 슬퍼한다는 것이 무슨 뜻일까? 눈물을 흘리면서 낭비해버린다고? 아니면 그 대신에—정화하는 눈물을 흘린 뒤에—낭비된 것을 덮어버리지 않고자 한다고?

그래서 슬픔은 적절하게 밖을 향해 분노로 바뀌기도 한다. 문제는 "분노로 화를 내는 것"이 아니다. 분노는 저항과 변화에 활력을 줄 수 있다. 그러나 초대하는 사랑의 잔치(inviting lovefeast)를 승리하는 원수 갚기-잔치(victorious vengefest)가 미리 차지해버리면, 정의의 정신은 또 다른 패배의 길로 내려간다. 변혁을 위한 긴장은 "우리는 선하고(we-good), 너희는 악하다(you-bad)"로 서로 갈라져 버린다. 그러면 혁명은 마지막 해결책을 향해 미끄러져 내려가서, 계시록의 깊은 그림자가 되고 만다. 그래서 정신분열적-묵시종말론이 급진적 열망과 메시아에 대한 실망들의 역사를 통해 계속해서 전율하게 만든다. 그리고 심지어 그런 전율(몸서리치기)도 새로운 행동들, 새로운 기회들을 흔들어 열어준다.

그러나 현재의 역사 속에서는, 그런 전율이 바로 지구를 흔들고 있다.—그 땅은 그 입을 관대하게도 열어주었던 것이다. 애도하는 새(Mourning Bird)가 노래했듯이, 시간은 바닥이 나고 있으며, 그와 더불어 우리의 공간도 함께 가져간다. 공간이 바닥이 나고 있으며,

그와 함께 시간도 가져간다. 요한은 그런 변천을 이렇게 썼다: "땅과 하늘이 그 앞에서 사라지고, 그 자리마저 찾아볼 수 없었습니다"(계 20:11). 오늘날의 표현으로는, "세상 전체가 이전에도 끝장난 적은 있었지만, 그러나 전체 세상보다 먼저 끝장났던 적은 없다."[46] 그 전체는 우주나, 심지어 지구 행성을 뜻하는 것은 아니다. 그저 살만한 세상, 우리 자신들과 우리의 우주적으로 얽혀있고, 위태롭게 선물로 받은 세상, 마음 아플 정도로 다양한 자기들의 지상 거주지(the earth habitat)이다.[47]

결국엔 단순한 마감이라고? 너무나 늦게 배운 전염병의 교훈들, 정치, 그리고 전 지구적인 비애감이라고? 두 번째 만찬에서 남은 것들을 그 새들에게 던져준다고? "너보다 먼저 총을 뺀 누군가를 먼저 쏠" 마지막 기회라고?

차갑고 또한 끊어진 할렐루야. 그럼에도 불구하고 할렐루야.[48] 고대에 본 미래라는 실상은 닫히지 않았다. 너희는 나의 백성들을 위로하라.

---

46) John Thatamanil, "Enlarging Our Love: Or How to Become Christians Who Truly Belong to the Earth," sermon, St. Philip Anglican Church (November 10, 2019), published at inaspaciusplace.wordpress.com.

47) 편집자주: 2019년 5월 갤럽조사에서 미국인 43%가 사회주의 형태를 요구하며, 18-24세 연령층에서는 61%가 사회주의를 긍정적으로 볼 정도로 새로운 체제에 대한 욕구가 분출하고 있다. Fareed Zakaria, *Ten Lessons for a Post-Pandemic World* (New York, NY: W. W. Norton & Co., 2020), 57; William I. Robinson, *The Global Police State* (London: Pluto Press, 2020), 132.

48) "The 'cold and a broken hallelujah' is an exaltation—even one broken by breaches, chill, and doubt—of one love for another, be it person or God." Marcia Pally, *From This Broken Hill I Sing to You: The Theology of Leonard Cohen* (London: Bloomsbury Academic, 2021).

7장

땅 위에 내려와서

도시, 나무, 물

바위 위에 바위

검게 탄 흙

때가 되면

억센 풀들이 자라나서

여기에서 일어설 것이고,

나무들은 다시 생명을 얻고

토종 꽃들이

희망의 향기를 뿜어내는

부활의 약속

—bell hook's "Appalachian Elegy"

나는 또 거룩한 도성 새 예루살렘이 신랑을 맞을 신부가 단장한 것처럼 차리고 하느님께서 계시는 하늘로부터 내려오는 것을 보았습니다. 그때 나는 옥좌로부터 울려 나오는 큰 음성을 들었습니다. "이제 하느님의 집은 사람들이 사는 곳에 있다.…"

— 요한계시록 21:2

1. 아래로 내려오다

요한이, 그에 앞서서 철저한 사회적 변화와 자연의 갱신을 찾던 예언자들처럼, "새 하늘과 새 땅"을 보았을 때, 그의 주의를 끈 것은 하나의 **도시**였다. 어린 양의 생명-파트너가 되어서, 이 "새 예루살렘(New Jerusalem)"은 축제처럼 새롭게 시작하는 "새로운 창조"의 꿈을 —그리고 하느님을—되찾아온다. 혼인식은 고대 공동체들에서 큰 잔치였다. "희귀한 보석처럼 반짝이며" 아래로 내려오는, 이 고대의 미래 도시는 "새로운 창조"를 드러내 보여주는 클라이맥스다.

그녀(새 예루살렘)로부터 여기에로 확실히 내려옴이지 않은가? 억만장자들의 최신 유행과 화석연료로 밝힌 수십억 개의 등불들이 도대체 어디에서 그 도시의 휘황찬란함을 드러내는가?

그러나 아직 잠깐. 아무리 실패하고 조각나버렸거나, 잊혀지고 초라하게 되었어도, 묵시록의 그 신부 도시(the Bride City)는 역사상 가장 영향력 있는 유토피아로 여전히 남아 있다. 그것은 새로운 공동체, 공동의 지구 행성, 보다 나은 세계를 실현하기 위한 메시아적인 열망의 세속-종교적 스펙트럼을 가로질러 빛을 낸다. "좋은 장소(eutopos)"를 향한 희망: 그것은 한 번도 있어본 적이 없는 저 터무니없이 멋진 미래, 전근대 혹은 종말 이후의 섬광으로 빛나는 도시의 어떤 흔적을 항상 아래로 끌어내린다. 우리가 그리스도교 시대—초기 그리스도인 공동체의 실현되지 않은 기대의 시대—의 제3 천년기의 세 번째 십 년대(2020년대)로 걸어 들어가면서, 유토피아에 대한 희망은 그 모든 신빙성을 상실하였는가?

유토피아는 또 다른 메시아를 찾아서 그 어린 양을 떠났다. 그러나 인간의 진보에 대한 서구의 신앙은 인간들의 거주지에 인류세(Anthropocene)의 황폐를 전달했다. 그리고 그리스도교의 **반현대주의**(anti-modernism) 속에서, 새 예루살렘은 근본주의자들의 더 좋은 세상을 위한 준비가 아니라, 이 세상을 **벗어나** 휴거(携擧)를 위한 준비로 전락했다. 이 세계를 다 써버려도 좋겠지: 그래서 오늘날 현대주의자들과 반현대주의들이 후기 자본주의의 정치적 생태론과 은밀히 결탁한다. 그것의 화폐로 가치를 정한 땅이, 도시의 개발과 시골의 황폐를 가져오는 부동산으로 묶여서, 그것을 차지할 만한 소수를 위한 유토피아로, 도시든 시골이든 아직은 매력적인 중심에서 광채를 내고 있다.[1] 가장 돈 많은 부자들의 일부는 또한 그들의 투자로 인해서 닥쳐올 더욱 뜨거워진 시대를 위한 "대파멸의 날을 준비"하고자, 보다 북쪽 지방의 부동산을 사들이고 있다. 만일 지구상의 **좋은 곳**으로 여겨질 바로 그 공간이 별로 남지 않았다고 보인다면, 그건 사람들이 단지 너무 많아서가 아니며, 더욱 많아지기 때문만도 아니라, 너무 적은 수의 사람들이 그 **상품들**을 통제하기 때문이다.

땅과 바다의 점점 쇠약해가는 생명, "하늘의" 화학적 변화, 생물 종들의 멸종, 사라져가는 빙하들과 홍수를 겪는 해안선들이 모두 장

---

1) 나오미 클라인에 의하면, 소수자들을 위한 그런 유토피아는 "푸에르토피아(Puertopia)"를 위한 계획에서 암시되었는데, 그것은 북부의 기업가들이 허리케인 마리아(Hurricane Maria)가 푸에르토리코를 황폐화시켰을 때 이익을 노렸던 것이다. "푸에르토리코는 유토피아 전투 속에 갇혀버렸다." See Naomi Klein, *The Battle for Paradise: Puerto Rico Takes On the Disaster Capitalists* (Chicago: Haymarket Books, 2018), 78. 클라인은 대재앙 이후에 외부의 백만장자들을 위한 자본가 Aynrandian의 비트코인 파라다이스의 푸에르토리코와 허리케인 마리아나(Mariana)와 연결된 태양광 발전 패널로 조직된 공동체들을 나란히 열거한다. 대파멸의 날에 대한 준비는 예를 들어, see Evan Osnos, "Doomsday Prep for the Super-rich," *New Yorker* (January 23, 2017), newyorker.com.

차 기후 때문에 이주하는 수억 명의 사람들과 함께 다가올 것이다.[2] 그들의 다가옴은 인종차별주의자들, 민족주의자들, 그리고 기후 부인론자들의 정책을 확대할 것이다. 전 지구적인 새로운 죽음의 춤판(new global dance of death)에서는, **기후 재앙들의** 규모가 영화 "일곱 번째 봉인(*The Seventh Seal*)"의 클라이맥스 광경을 압도할 것인데, 그 광경은 중세기의 대유행병의 지역 희생자들이 서로 손을 잡고, 유명한 인물들의 권위 있는 춤 속에서 그 '죽음의 사자'를 따라간다. 나는 현재의 대규모 팬데믹 사태가 지나갈 것이라 희망한다. 그러나 다른 인간들 및 인간 아닌 것들과의 불균형의 규모는 지나가지 않을 것이라고 우려한다. 그래서 기후 문제와 "혼돈의 열풍"에 초점을 맞추어 생각하는 사람들은 유토피아적 대안들을 전혀 제공하지 못한다.[3] 미래의 희망은 점점 더 현재를 호도하는 것으로 보인다.[4]

이 시점에서, 잘 꾸미고 차려입은 새 예루살렘이 어떻게 고대의 가짜뉴스로 보일 수 있을 뿐인가? 어울리지 않는 문명의 오지도 않을 미래인가? 그 좋은 장소는 남은 시간이 별로 없다. 그 좋은 시간은 있을 장소가 없어지고 있다. "그는 어디에도 없는 사람, 그의 어디에도 없는 땅 위에 앉아 있는데 … 그는 약간 당신과 나와 같지

---

[2] 문자 그대로, 오늘 내가 이 장의 원고를 마치는데, 뉴욕타임스 잡지의 제목은 "The Great Climate Migration"이었다. See Abram Lustgarten, "The Great Climate Migration," *New York Times Magazine* (July 23, 2020), nytimes.com.

[3] See Christian Parenti, *Tropic of Chaos: Climate Change and the New Geography of Violence* (New York: Nation Books, 2011).

[4] Miguel A. De La Torre, *Embracing Hopelessness* (Minneapolis: Fortress Press, 2017). 또한 자신들을 아프리카염세주의자들(Afropessimists)이라고 부르는 사상가들의 훌륭한 저작들을 고려하라. 예를 들어, see Frank B Wilderson III, Saidiya Harman, Steve Martinot, Jared Sexton Hortense J. Spillers, *Afro-Pessimism: An Introduction* (Minneapolis: Racked and Dispatched, 2017), rackedanddispatched.noblogs.org.

않은가?"⁵⁾라고 노래 부르고 있는 자는 누구인가?

그 좋은 장소는 어디에도 없는 땅인가?

2. 아래로 떨어짐인가, 아래로 내려옴인가

"유토피아(utopia)"란 단어는 무엇보다도 "없는 장소(no place)"를 의미하는데, 그 의미는 토마스 모어가 그의 1516년 저서 〈유토피아, Utopia〉⁶⁾를 위해 지어낸 말에서 의도했던 것이다. 그는 상상으로 이상적인 장소와 실제의 장소를 혼동하기를 원치 않았다. 그는 또한 그리스어 "아니요(ou)"와 "좋은(eu)"이 구별하지 못할 정도로 발음이 비슷한 것을 알았다. "없는 장소"와 "좋은 장소"의 구별은 무엇인가? 유토피아는 항상 어디에도 없는 곳인가? 그 좋은 장소가 실제 삶의 장소인가? 혹은 그것은 현재 상황을 부정함으로써만 작용하는 이상적인 희망인가?

1천5백 년 전, 요한계시록이 새로운 예루살렘의 출현을 위한 대격변을 준비한 것이 원문에는 이렇게 적혀있다: "땅과 하늘이 그[하느님] 앞에서 사라지고, 그것들을 위한 장소마저 찾아볼 수 없었습니다"(계 20:11). No place (was found for them), 즉 "없다(ou) 장소

---

5) The Beatles, "Nowhere Man," side 1, track 4, on *Rubber Soul* (Capitol, 1965, vinyl).
6) Thomas Moore는 그 단어를 희랍어로 지었고, 책은 라틴어로 썼다. 책의 제목 *De optimo rei publicae statu deque nova insula Utopia* 는 문자 그대로 번역하면, "Of a republic's best state and of the new island Utopia" (공화국의 제일 좋은 국가와 새로운 섬 유토피아에 대하여). See Thomas Moore, "Utopia," trans. John P. Dolan (New York: New American Library, 1967).

(*topos*)": 이 두 개의 그리스어가 합쳐져 "유토피아(utopia)"가 나왔다. 그 구절은 흔히 원래의 땅과 하늘이 그 참혹한 모습은 사라지고, 새로운 창조와 그 수도(예루살렘)가 들어설 자리를 마련한 것을 뜻했다. 이런 관점에서는, 무(nothing)에서 세계를 창조한 하느님이 이제 다시 무(nothing)로 되돌린 것이다. 깨끗이 청소해서, 깨끗한 판(*tabula rasa*)으로 만든 것이다. Floccinaucinihilipilification. ("무[nothing]"를 뜻하는 네 개의 라틴어를 조합해서 "아무런 가치도 없다고 평가하고 행동함을 뜻하는 것[輕視]을 말하는 가장 긴 영어 단어를 당신이 모른다고?7)") 무에서 창조(creation from nothing)하고, 무로 돌아가고 (return to nothing), 그리고 무에서 새 창조(new creation from nothing)를 하는 사이클이 그리스도교 역사 속에서 깊게 되풀이 된다. 그러나 성서에선 단지 무(無, *nihil*)로부터의 창조 혹은 새로운 창조란 말이 없다.8) 또 계시록의 장소 없음(no place)을 단지 멸절(annihilation)로 해석하는 것은 나중에 자연적 우주를 경멸하는 태도를 확대할 뿐이다. 최근 수십 년 동안, 그것이 기후과학을 부인하는 종교적 정당화를 제공해왔다: 만일 주님이 어떤 방식으로든 조만간 세계를 없애버리기로 한다면, 그걸 청소하거나 온도를 낮추는 것이 무슨 소용이란 말인가? 주님이 우리를 곧 완전히 새롭게 만들 것인데 말이다.

"장소 없음(no place)"을 꿈으로 읽어내는 것이 시급하다. 만일 그 문맥상 하느님의 옥좌 앞에서, 하늘과 땅을 위한 "자리를 찾아볼 수

---

7) "Floccinaucinihilipilification, n.," *OED* Online (June 2020, Oxford University Press).
8) 나는 성서적으로 *creation ex nihilo*라는 것에 반대하는 학자들의 공통견해를 요약하고, 대신에 *creatin ex profundis* (깊은 것으로부터 창조)를 주장한다. see Catherine Keller, *Face of the Deep: A Theology of Becoming* (New York: Routledge, 2003).

없었다"면, 이는 피조세계 자체가 이제는 아무런 가치도 없는 것으로 여겨지고, 땅은 심판을 받아 인간 범인들과 함께 파멸되고, 물질적인 모든 것들에 의해서 가망이 없도록 오염되었기 때문인가? 확실히 요한의 지구 중심적 비전에서는 피조물들이 비통한 해를 입었다. 철저한 새로운 재출발이 요청된다.—그래서 고대의 "새 하늘과 새 땅"의 새로운 창조라는 변혁의 원동력이 요청된다. 그러나 그의 비전에서 우리는 땅이 그 우주적인 태양-여인(Sunwoman)을 구조하는 것을 본다. 우리는 "땅의 파괴자들"이 저주 받는 것을 들었다. 그러니 도대체 어떻게 하느님이 갑자기 땅(지구)을—정말로 피조물들을—파괴할 때란 말인가? 그러나 만일 그렇지 않다면, 왜 피조물들이 하느님의 옥좌 앞에서 있을 "장소 없음"을 발견한단 말인가?

그것은 요한이 하느님 **자신의** 장소가 신비하게 바뀐 것을 꿈으로 읽어낸 탓이 아닐까? 혹은 더욱 정확히는, 하느님의 장소에 대한 인간의 **이해**가 바뀐 때문이 아닐까? 우리가 앞으로 보게 될 것인데, 일곱 번째 표징의 전체 움직임을 "새 예루살렘이 하느님으로부터 하늘에서 벗어나 내려옴"으로 요약할 수 있다. 그러나 이런 축제의 순간에 하느님은 이미 거기에 내려와 존재한다. "옥좌에서 나오는" 목소리가 울린다: "보라, 하느님의 집은 사람들 가운데 계신다"(계 21:2 이하). 어린 양과 **함께** 하느님이 새로운 예루살렘으로 옮기신 것은 문자적인 장소가 아니라 영적인 관점의 변화를 알리려는 것인가? 다른 말로 해서, 신적인 것이 여기에선 세상 속에 내재하는(immanent) 것으로 드러난다. 그것은 그 이전과 이후의 전통 대부분에서 추정하듯이, 더 이상 **위에 있는**(above) 거처를 발견하지 않고, "그들과 함께 거주—동거"한다(계 21:3b). 그런 관점들의 철저한 변화가—꿈의 논리로—왜 "옥좌 앞에서" 땅과 하늘을 위한 공간이 없는지 그 이유를 설명하는 것이 아닐까?

신적인 공간이 바뀐 것의 진정한 의미는 피조물들을 더 이상 창조주 **아래에**(beneath) 있는 그 무엇으로 읽지 않는다는 것이다. 왜냐하면 창조주가 피조세계 **안에**(within) 거주하기 때문이다: 땅과 하늘 안에 말이다. 심지어 그 도시 안에도: "하느님과 어린 양의 옥좌가 그 도시 안에 있다"(계 22:3). 만일 새 예루살렘이 새로운 옥좌의 방이 되었다면: 그럼 옥좌가 하늘과 땅 **안에**(within) 있으니, 물론 옥좌 **앞에는**(before) 하늘과 땅을 위한 장소가 없다. 하늘, 땅, 도시는 **하느님의 장소**(theotopia)로 드러나고 갱신된 공간이다. 신적인 공간은 우주적 공간**이다**. 피조세계는 그 창조주와 동일한 것이 아니라 친밀한 것이다.—그 창조주는 유한한 생명들의 "눈물을 닦아줄" 것이다.

창조주가 창조세계에 그렇게 철저히 내재한다는 것은 요한 자신에게도 놀라운 것이었으리라. 그의 유신론은 신비적 교제의 유신론(a theism of mystical communion)이 아니라 예언자적 대결의 유신론(a theism of prophetic confrontation)이었기에, 위에 계신 하느님이 아래에 있는 우리와 대결하고 계신다고 예상했다. 그래서 새로운 우주적 도시(cosmopolis) 안의 이런 신적인 내재는 꿈처럼 희미하게 감지된다. 이런 신의 장소론(theo-topology)은 훨씬 나중에 내재의 신, 범재신론(panentheism)의 신, 혹은 만물 안에 있는 영(spirit)에 대한 직관들을 예상하고 있다. 하느님의 내주(indwelling)는 축하의식을 거행하며 내려옴(downcoming) 속에 암호화되는데, 그것은 동시에 그 신부-도시가 그 신랑-어린 양에 합치기 위해 내려옴이기도 하다.(혼인식을 위해 그 어린 양의 흰 옷에서 피를 씻어내었는지 여부를 우리는 듣지 못한다.) 그 셋은 "땅으로 내려오고 있다." 여기에 소위 "휴거(携擧, rapture)" 따위는 없다. 즉, "구원 받은 자들"이 땅을 벗어나서 "위로 들려 빨려 올라감" 따위는 없다.

이처럼 그 셋의 내려옴은 그 이전의 추락(downfall)에 대한 대답으로 일어난다. 이런 묵시종말적 축하예식은 전 지구적 제국들—그리고 그 세 짐승들(trinity of beasts)—의 끔찍한 붕괴를 넘어서 미래에 대해 은폐된 것을 폭로(dis/close)한다. 그 이전의 바빌론/로마의 생태-정치적 붕괴가 그 공간을 청소해줄 것인데, 이것은 확실히 대량파괴의 무기화된 말씀으로 그 공간을 청소해줄 것이며, "두 번째 죽음"을 겪기보다는 "정복하는 자들을" 위한 공간이다. 그러나 그 치유하는 비전은 그럼에도 불구하고 추진된다. 이런 우주적 대변형(cosmic metamorphosis)은 마치 무(nothing)로부터 생겨나듯이, 혹은 불가피한 진보처럼, 순조롭게 일어나지는 않는다.

신의 장소를 옮겨가는 것은 이런 것 같다: 집단적 변혁은 하느님이 하늘 위에서 황제처럼 통치하는 구도에서 극적으로 벗어나는 것과 함께 **일어난다/장소를 차지한다**(take place).9) 오직 신이 세계 속의 내재로 "내려옴"으로써 이런 새로운 창조가 일어날 수 있다.

가장 중요한 것은 이것이다: 이렇게 새롭게 만들기는 우리의 실제 장소를 "**대체함**(replacement)"이 아니라 "**갱신함**(renewal)"으로써 이루어진다. 그것은 자연세계를 철저히 회복하는 것이지, 초자연적인 대체를 뜻하지 않는다. 그것은 오직 역사 안에서 파괴적인 세력들에 맞서서 적극적인 투쟁의 혼돈을 통해서만 일어난다. 하느님이 —처음 시작하는 장 이후 처음으로—말씀하신다. "보라, 내가 모든

---

9) 광범위한 신약성서의 황제(Caesar)에 저항을 다룬 최근의 훌륭한 분석은 see Stephen D. Moore, *Empire and Apocalypse: Post-colonialism and the New Testament* (Sheffield: Sheffield Phoenix Press, 2006), and Joerg Rieger, *Jesus vs. Caesar: For People Tired of Serving the Wrong God* (Nashville, TN: Abingdon Press, 2018).

것을 새롭게 한다"(계 21:5). 이것은 하느님이 간단히 통째로 새로운 우주를 만들어 옛 우주를 대체하신다는 식의 아연실색케 하는 예상과는 거리가 멀다. 요한계시록은 새로운 **것들을** 모두 만들어내는 것(making all new *things*)에 관한 기록이 아니라, 모든 것을 **새롭게** 만드는 것(making all things *new*)에 관한 기록이다.10)

묵시적 종말은 신적인 내재를—하느님의 "본성"의 형이상학적 변화로서가 아니라—관점의 철저한 변화로 드러낸다. 그렇지만 그 신비한 내면성은 사적인 영성(private spirituality)에 흡수되지 않는다. 그 내면성의 영이 세계에 스며든다. 안과 밖, 위와 아래, 인간과 비인간, 창조주와 피조물이 더 이상 단순히 대립하는 것으로 여겨질 수 없다. 신적인 것은 바로 우주의 장소다: 그래서 이름붙일 수 없는 한 분(Unnameable One)에 대한 히브리어 명사들 중 하나는 '마콤(*Makom*),' 즉 히브리어로 "장소(place)"다. 정말로 그 여성적인 도시 속에 나타난 신적인 내재는 또 다른 신적인 의미를 지닌다. 위르겐 몰트만은 이 장소 안에서, 그리고 이 장소로서 하느님의 쉐키나(*Shekinah*), 즉 "현존(presence)"을 뜻하는 히브리 단어를 인정한다. "하느님의 쉐키나는 편재(omnipresent, 모든 곳에 존재)하여 모든 공간적 경계선들을 통과한다."11) 중세의 카발라(Kabbalah) 유대 신비주의에서는, 이 여성성이 유배당한(exile) 유대인들과 동행하는 하느님의

---

10) "새로운 창조 뒤의 추진력은 아마도 계 21:5에서 '보아라, 내가 모든 것을 새롭게 만든다'(사 43:19 참조)라는 선포로 가장 잘 요약될 것이다. 하느님은, 내가 모든 새로운 것을 만든다고 말하지 않는다. 새로운 창조에서는, 하느님이, 모든 것이 파괴된 다음에 무로부터 창조하여, 모든 것을 새로 시작하지 않는다." See William P. Brown, *Sacred Sense: Discovering the Wonder of God's Word and World* (Grand Rapids, MI: Eerdmans, 2015), 149.

11) Jürgen Moltmann, *The Coming of God: Christian Eschatology*, trans. Margaret Kohl (Minneapolis: Fortress Press, 2004, 1996), 115.

여성적 현존으로—위에 계신 남성-하느님과 분리된 모습으로—인격화된다. 카발라 유산 속에선, 이름붙일 수 없는 분과 "그의" 쉐키나가 화해를 하는 것이(그리고 안식일에 그 성적인 재결합을 행사하는 것이) 모든 유대인 부부의 의무였다.

묵시록에서도 그 신적인 내재를 구체화하는 것이 부부간 축하 의식적인 에로스(eros)였다. 여기에서 성서가 이성애주의를 고착시킨 것을 발견하자는 것이 아니다. 새로운 예루살렘의 여성성은 남성적 통치에 대한 대안으로 제시된 것이 아니라, 여성화된 탕녀-도시 바빌론에 대한 대안이다. 그러나 여성주의적인 학문은 주장한다: "요한계시록의 저자가 우리로 하여금 좋은 여자를 선택하라고 하는 것은 젠더 선택도 아니고, 개인적 선택도 아니며, 오히려 정치적 선택이다. 그것은 하느님의 도시(God's polis)를 선택하는 것이며, 하느님의 대안적인 정의와 행복의 도시를 선택하는 것이다."12) 그리고 우리가 앞으로 볼 것이지만, 그것은 다시 균형을 잡은 생태계, 하느님의 우주적 도시(a cosmopolis of God), 우주 안에서 풍성하게 함께 거주하기(a cohabitation rich in cosmos)를 선택하는 것이다.

3. 알파와 오메가(Alpha and Omega)

그 때 옥좌에 앉으신 분이 "보아라, 내가 모든 것을 새롭게 만든다" 하고 말씀하신 뒤 다시금 "기록하여라, 이 말은 확실하고 참된 말이다." 하고 말씀하셨습니다. 또 이어서 이렇게 말씀하

---

12) Barbara Rossing, *The Choice Between Two Cities: Whore, Bride, and Empire in the Apocalypse* (Harrisburg, PA: Trinity Press International, 1999), 165.

셨습니다. "이제 다 이루었다. 나는 알파와 오메가, 곧 처음과 마지막이다. 나는 목마른 자에게 생명의 샘물을 거저 마시게 하겠다."(계 21:5-6)

만일 '에스카톤(*eschaton*)'이란 말을 마지막(The End)이라고 솔직하게 읽을 수 없다면, 그건 그 말이 역동적인 끝부분 경계(edge)가 닫혔던 것을 열어젖히기(dis/close) 때문이다. 시간이나 세계의 경계선에선, 끝나려는 것과 시작하려는 것 사이의 구별이 불가능하다는 것이 드러난다. 그래서 성서(*Biblios*)의 처음 책과 마지막 책이 새로운 관계로 다가온다. 요한은 자신의 문서가 실제로 큰 두루마리의 맨 마지막 부분이 될 것이란 생각은 못했겠지만, 우리는 왜 이런 배치가 그리스도교의 정경화(canonization) 작업을 한 사람들에겐 거부할 수 없었는지를 알 수 있다. 그래야 성서가 창조로부터 시작해서, 모든 알 수 있는 역사를 거쳐, 약속된 새로운 창조에로 펼쳐나가기 때문이다. 그러나 이것이 계시록의 사건들이 모든 시간의 맨 끝에 있어야 한다는 뜻인가? 아니면 성서가 원을 둥글게 다 돌아서 그 시작에로 되돌아오는가? 아니면 다시 말해서, 직선도 아니고 원도 아닌가?

계시록 1장 처음에 "나는 알파요 오메가다"(계 1:8)라고 말씀하신 하느님이 이제 다시 맨 끝에서 말씀하신다: "나는 알파와 오메가, 처음과 마지막이며, 시작과 끝이다"(계 22:13). 그래서 이처럼 끝까지 비직선적 시간성(nonlinear temporality)에서는, 창세기와 계시록이 하나의 존재의 두 끝(edges), 하나의 되어감, 하나의 창조 과정의 두 다른 끝을 이름붙인 것으로 보인다. 그러나 처음 것과 마지막 것이 똑같은 것이 되는 것은 아니다. 그것들은 **일치한다**. 오메가 포인트(끝점)

에선 창세기(genesis, "되어감"의 그리스어)의 창조성이 그 자체의 **재생**(regenesis)으로 나타낸다. 땅과 대기권의, 그리고 그 안에 담고 있는 피조물들의 묵시종말적 재생은, 신적인 것이 그것들 안에 내주하는 새로운 경험 안에서 일어난다.

변혁의 원동력(은유)으로서 이런 신적인 좋은 장소는—그때나 지금이나—중요한 의미에서 **없는 장소**(no place)로 남아 있다. 즉 그것은 **순수한 가능성**의 비전이다. 과정신학(process theology)에서는, 세계를 위한 신적인 비전의 내용이 순수한 가능성으로—가능성의 무한한 스펙트럼으로—구성되어 있다. 마르쿠제의 정치신학에서는 유토피아 역시 "현재의 현실태(actuality)의 부정으로 작용한다. 장소-없음의 유토피아는 일어난 적이 없다. 그러나 그것은 현재 있는 것과 대조를 이룬다."13) 그처럼 대조적인 예리함(an edge of contrast)이—종종 날카롭게 부정적인 예리함이—없이는, 우리는 정말로 새로운 가능성을 상상할 수 없다. 그런 대조적인 예리함이 없으면, 새로운 것은 어떤 예상할 수 있는 시간, 혹은 아마도 오고 있는 시간에로 축소된다. 그리고 그런 투사(projection)는 가능성들을 구체적 실현들과 혼동시킬 수 있을 뿐이다. 그게 바로 화이트헤드가 "도치된 구체성의 오류(the fallacy of misplaced concreteness)"라고 한 것인데, 가능한 것을 이미 현실화된 것으로 잘못 인식하는 것이다.

생성의 가능성들은 이룩될 수도 있고, 되지 않을 수도 있는 꿈들처럼 몰려든다. 그것들은 요한계시록의 처음 시작하는 표징처럼 구름 속에 덮여 있다. 그것들은 심지어 구름 같은 것 속에서도 엄청난 영속성을 지닌 상징들, 기본적 형태들로 나타날 수도 있다. 사실상

---

13) Herbert Marcuse에 대한 Hunter Bragg의 성찰을 감사한다. *Counterrevolution and Revolt* (Boston: Beacon, 1972), chap. 3, "Art and Revolution," 79-128.

묵시록의 끝에 나오는 어떤 기본적 이미지들은 창세기와 함께 거울처럼 서로 비추어 꿈으로 읽어내야만 한다. 그러나 새 예루살렘은 에덴동산을 회복하는 것이 아니기 때문에, 광야의 낙원으로—혹은 그 이전의 바다 같은 혼돈에로—되돌아가는 일은 없다.14) 그래서 찬란한 그 도시의 미래와 에덴의 부드러운 들판들을 연결하는 기본적인 형태들은 더욱 놀랍다.

> 천사는 또, 수정과 같이 빛나는 생명수의 강을 내게 보여 주었습니다. 그 강은 하나님의 보좌와 어린 양의 보좌로부터 흘러나와서, 도시의 넓은 거리 한가운데를 흘렀습니다. 강 양쪽에는 열두 종류의 열매를 맺는 생명나무가 있어서, 달마다 열매를 내고, 그 나뭇잎은 민족들을 치료하는 데 쓰입니다. (계 22:1-2).

한 그루 나무, 한 줄기 강.

4. 생명나무, 아직도 여전히

우리의 현대 명상에선 한 그루 나무가 보다 조용한 변두리에서

---

14) 요한계시록에서 "더는 바다가 없다"는 것은 창세기 1:2의 물을 없애는 것으로 보인다. 요한에게 바다는 침략해 들어오는 무서운 로마의 선단(船團)들과 또한 해상 무역의 탐욕을 대표한다. See Craig R. Koester, *Revelation: A New Translation with Introduction and Commentary*, Anchor Bible (New Haven: Yale University Press, 2014), 803. See also Micah D. Kiel, "Revelation's Upbringing: Critique of Empire and Its Ecological Components," chap. 3 in *Apocalyptic Ecology: The Book of Revelation, the Earth, and the Future* (Collegeville, MN: Liturgical Press, 2017), esp. "The Sea, the Sea," 78ff.

자라고 있다. 낙관주의가 터를 잡지 못하는 땅의 변두리에서 더 어두운 희망이 뿌리를 내린다: 우리가 알지 못하는 장소-없는(no-place, 유토피아-역자주) 바로 그곳에서 말이다. 그리고 이제 별안간, 끈덕진 동시성 속에서, 그 나무는 다음 일곱 가지 광경으로 가지를 친다: (1) 새로운 예루살렘에서 에덴동산의 "생명나무"가 재현된다. (2) 땅 위에서 가장 이상스런 그 나무를 위해 이름을 지은 활동가들의 네트워크(연결망). (3) 놀라운 나무 소설. (4) 사실적인 대량학살. (5) 숲을 재조성함으로써 생태계 구조. (6) 나무 수도사. (7) 그리고 "일백 개 뿌리를 지닌" 어두운 하느님.

(1) 우리는 요한에게서 한 그루의 생명나무를 듣는다. 그러나 창세기 기사에선 미학적으로, 혹은 영양학적으로 좋은 모든 나무가 에덴동산에 심어졌다고 한다. 오직 두 나무만 이름을 가졌다. 하나는 "생명나무"인데, 그것에는 금지도 권장도 붙어있지 않았다. 다른 나무는 "선악을 아는 지식의 나무"인데, 그것엔 "먹지 말라"는 지시가 붙어있었다. 그 지시를 위반하고 무화과(소위 "사과")를 먹으면, 죽게 된다. 폴 틸리히에 의하면, 그것이 의미하는 바는, 죽음의 **의식**(consciousness)이, 그래서 "자유 속으로 떨어짐"으로써 인간들이 "꿈꾸는 무죄(innocence)"를 넘어 성장한다고 한다. 티크바 프리머 켄스키는 하와를 판도라(Pandora)가 아니라 프로메테우스(Prometheus)와 연결한다.15)

요한의 나무는 이제 새로운 에덴 같은 광야에서 자라지 않고, 그 새로운 세계의—갱신된—도시 중심에서 자란다. 그 나무는 그동안 내내 자라나고 있었을 것인가? 아니면 그것은 완전히 새로운 "정원

---

15) Tikva Frymer-Kensky, *In the Wake of the Goddesses: Women, Culture, and the Biblical Transformation of Pagan Myth* (New York: Free Press, 1992), 109ff.

도시"에서, 몰트만이 "이상적인 생태 도시 문명"이라고 부른 곳에서, 묘목으로 심어질 것인가?16) 그곳에선 자연과 문화가 서로 조화된다. 그러나 "더는 죽음이 없는" 곳인 새로운 예루살렘이 얼마나 자연스러울까? 선악의 지식을 많은 괴로움으로 소화한 다음에, 집단적인 재활(re-arising)이 약속된다.—에스겔서에서처럼, 외롭게 고립되거나 육체가 없는 개인들을 위해서가 아니라, 공유된 생명으로 부활되어서 말이다. 그것은 초자연적인 내세의 생명으로 문자화될 수 있다. 혹은 그 상황 속에서 꿈으로 읽어, 삶의 철저한 새출발이란 죽음의 공포로부터 자유롭게 되는 것으로 볼 수도 있다. 그건 모든 생명들에게 책임을 묻는 "심판"의 힘이 작용하는 범위 밖에서 일어날 수는 없는데, 그 심판에서는 지구의 운명에 대해 동등하게 잘못이 있지는 않은 생명들에게, 그러나 "생명의 책" 속에선 그들의 특수성으로 모두 영원히 살게 된 모든 생명들에게, 어찌 되었든 모두 책임이 있다.

이야기의 이 시점에서, 밧모 섬의 요한은 이미 악을 싣고 있는 모든 것들을 불의 연못 속에 던져버렸고, 그래서 지옥(inferno, 사실은 구덩이들[the pits])에 대한 서구 사회의 상상력에 기름을 부었다. 그러나 지금은 마치 그 원래 나무의 열매의 구덩이들이 새로운 땅의 비옥한 배양토가 된 것 같아서, 거기에서 새로운 싹들이 돋아날 것이다. 철저한 변화가 일어날 것이다. 그 뿌리(*radix*)로부터.

(2) 그러나 요한계시록의 그 나무의 독특함에는 뭔가 이상스러운 게 있다. 즉 "강의 양쪽에 생명나무가 있다." 따라서 그 새로운 도시에 대한 스티븐 무어의 신랄한 비평은 이렇다: "나무 한 그루를 가진 대륙만한 크기의 쇼핑 몰." 건강과 재물의 복음(Health and

---

16) Moltmann, *The Coming*, 315.

Wealth Gospel)이 말하는 소비주의를 종교적 우파가 옹호하는 것을 볼 때, 그 풍자는 너무도 적절하다. 그런데 나무 한 그루가 어떻게 강의 양쪽에서 자랄 수 있단 말인가? 적어도 두 그루는 되어야 할 것이다. 윌리엄 브라운은 여기에 사용된 그리스어가 집합적 단수명사라고 주장한다.[17] "우리 캠퍼스엔 참나무가 무성하다. 수백 그루가"라고 나도 말하고 싶듯이 말이다.

그리고 여기에서 또 다른 이미지가 떠오른다. 유타 주에는 실제로 한 나무가 그 자체로 집합적 단수로 살고 있다. 그 이름은 '판도 포풀루스(pando populus)'인데, 그 뿌리들이 엄청난 줄기뿌리 체계를 갖고 있다: 그것은 약 100 에이커에 걸쳐서 흔들리고 있는 사시나무 포플러나무 둥치들 수천 개를 지탱하고 있다. 그것은 또 가장 오래된 것으로 알려진 나무, 아마도 세계에 살아 있는 유기체들 가운데서 가장 오래된 것이리라. 그 뿌리 체계는 8만 년 된 것으로 추정된다. 하도 오래되어 식물들의 알파요 오메가다. 판도 포풀루스는 "강의 양쪽에 있는" 한 그루 나무의 수수께끼를 비유적으로 풀어준다: 그런 줄기뿌리 체계는 강 아래로 건너갈 수 있을 가능성이 있다.

그래서 여러 사회정의 운동을 생태운동들에 연결해주는 로스앤젤레스의 활동가 연결망은—존 캅(John B. Cobb)이 고안해 낸 것으로—판도 포풀루스(pando populus)라는 이름을 차용하고 있다.[18] 과정

---

17) Brown은 "그리스어에서는 단수명사 '나무'가 가로수 길 혹은 숲을 집합적으로 지시하도록 사용된다"고 시석한다(William Brown, Sacred Sense, 148). 요한은 창세기의 나무뿐만 아니라 에스겔서의 비전(겔 47:12) 속에 있는 나무도 상기시키고 있다: "그 강가에는 이쪽이나 저쪽 언덕에 똑같이 온갖 종류의 먹을 과일 나무가 자란다." 여기 히브리어로 나무도 역시 단수명사지만 그러나 문맥으로는 여러 나무들을 암시한다.

18) *Pando Populus*, pandopopulus.com. 끝없는 자연 재해들을 거쳐 살아남았지만, 그 자체의 생명보다도 비교할 수 없이 빠른 속도로 움직이는 환경의 인

신학자인 존 캅은 기후변화의 전 지구적 경제에 대한 대안을 찾고자 50여 년 동안 노력해왔다. 과정신학은 모든 존재들 사이의 관계들에서 순간순간 나오는 우주를 상상해왔다. 세속적 및 종교적 행동주의 속에서, 과정신학은 그 비전들이 "생태문명"을 향해 집단적이며 물질적 실천들 속에 파생되기를 옹호한다.[19] 생태도시(Ecociv): 그 복수적-단수(plurisingular) 생명나무와 치유하는 공생(symbiosis) 속에서.

(3) 거대한 한 그루 나무처럼, 리처드 파워스의 소설 〈오버스토리, The Overstory〉(숲 상층부의 전체적인 모습을 뜻하는 말-역자주)는—첫 페이지에서 열일곱 종류의 나무 이름이 열거되는데—단편소설들처럼 여러 개의 하부 줄거리들로 갈라지는 것으로 시작한다. 그 줄거리들은 점차 성장하여 엄청난 식물처럼 뒤얽혀간다. 한 줄거리는 작은 소녀를 따라가는데, 그녀는 사람들보다 나무들을 사랑한다. 패트리샤는 식물학자가 되어 숲 속에서 조사연구를 하면서 홀로 여러 해를 보낸다. 처음에는 그녀의 동무들이 그녀를 조롱했으나, 나중엔 그녀의 놀라운 발견을 두고 그녀를 축하한다: 그녀가 발견한 것은, 나무들이 항상 미묘한 의미를 지닌 화학적 언어를 뿌리에서 뿌리를 통해 서로 전달한다는 것이었다.[20] 재판에서 그녀의 전문가다운 증

위적 변천에 의해서 위협을 받고 있다.

[19] 존 캅의 환경주의적 철학에 의해 영감을 받아, 생태문명연구소(the Institute for Ecological Civilization)는 문명전환을 통해 사람들과 지구 행성의 장기적 안녕을 촉진하기 위해서 필립 클레이톤(Philip Clayton)과 윌리엄 앤드루 쉬워츠(Wm. Andrew Schwartz)에 의해 공동으로 설립되었다. See EcoCiv.org.

[20] Barbara Kingsolver는 The Overstory에 대하여 이렇게 쓰고 있다: "나무들은 어디에나 있지만, 그 시리즈의 일곱 번째 이야기에서 대부분의 사람들보다 나무를 더 사랑하는 이상한 작은 소녀가 자라나서 과학자가 되기까지는, 나무들이 별로 주목을 받지 못한다. 패트리샤 웨스터포드 박사(Dr. Pat. Westerford)란 이름을 가지고 숲 속에서 조사연구를 하며 홀로 여러 해를 보내는 동안, 그녀는 처음에는 동료들로부터 조롱을 받았지만, 결국엔 너무도

언이 의심에 가득했던 판사의 눈을 열게 만들어, 그는 놀라마지 않는다: "그럴 리가! (난 그런 건 상상도 못해봤소!) 나무들이 동물들을 불러서 그들을 부려먹는다고? 나무들이 기억을 해요? 나무들이 서로를 느끼고 돌본다고?"21) 패트리샤의 계시적인 식물학이 21세기에 과학으로 인정될 것을 예상하는 것은 이제 우연이 아니다.22)

고대의 그 생명나무는 그 직접적 모습을 나중에 그 소설 속에 드러내는데, 한 베트남전쟁 참전 용사가 나무 활동가가 되었다가, 지금은 감옥 안에서, 패트리샤의 강연 테이프를 듣는다:

> 그 교수는 자신의 위대한 주제인 수많은 나무의 삶, 번식, 가지치기, 꽃피우기 등에 되돌아온다. 그게 바로 나무들이 하고자 원하는 전부인 것만 같다. 추측을 하고, 변화를 계속하고, 충격

놀라운(그리고 사실 진짜인) 발견에 대해 축하를 받았다: 숲 속의 나무들은 모두 항상, 미묘한 의미를 지닌 화학적 언어를 뿌리에서 뿌리를 통해 전달하면서, 정보교환을 한다. 이런 새로운 사실이 밝혀지면서, 독자들은 앞에 있던 이야기들 속의 인물들 가운데 연결됨을 순간적 섬광처럼 보고 깜짝 놀란다. 그리고 우리는 참으로 천재적 재능이 있는 리처드 파워스(Richard Powers)의 손 안에 있음을 기억해야 하는데, 그는 대단한 이야기꾼이라서 마가레트 애트우드(Margaret Atwood)가 묻기를, '만일 파워스가 19세기의 미국 작가였다면, 그는 어떤 작가였을까? 그는 아마도 '*Moby-Dick*'의 허만 멜빌(Herman Melville)이었으리라." Barbara Kingsolver, "*The Overstory* by Richard Powers," *Environmental Ethics*, April 16, 2018, envirojpo.blogspot.com.

21) Richard Powers, *The Overstory: A Novel* (New York: W. W. Norton, 2018), 283. 김지원 역 <오버스토리>(은행나무, 2019).

22) Powers의 소설 속 인물 패트리샤 웨스트포드 박사(Dr. Pat. Westerford)는 어떻게 나무들이 서로 통신 교통을 하는지를 처음으로 연구했던 브리티시 컬럼비아 대학(University of British Columbia)의 식물 생태학자인 수잔 시몬느 박사(Dr. Suzanne Simone)를 닮았다. See also the German author, arborist, and forest ranger Peter Wohlleben, *The Hidden Life of Trees: What They Feel, How They Communicate: Discoveries from a Secret World* (Berkeley, CA: Greystone Books, 2016).

을 완화하고… 그녀는 하나의 거대한 나무 몸통으로부터 수억 개의 새로운 줄기들과 꼬인 것들이 돋아나는, 살아있는 형태들의 폭발을 묘사한다. 그녀는 타네 마후타(Tane Mahuta), 이끄드로일(Yggdrawil), 지안-무(Jian-Mu), 선악의 나무, 뿌리들은 위에 있고 가지들은 아래로 자라는 파괴되지 않는 아스바타(Asvattha) 등을 말한다. 이어서 그녀는 원래의 세계수(World Tree)로 돌아온다. 그녀는 말하기를, 그 나무는 적어도 다섯 차례 넘어졌고, 그리고 다섯 번이나 그루터기에서 새로 싹을 틔웠다고 한다. 이제 그 나무는 다시 쓰러지고 있는데, 그리고 이번에는 어떤 일이 일어날지 아무도 모른다.[23]

이것은 대략 4억 4천만 년 전에 시작해서, 이미 다섯 차례 대멸종 사건들이 일어났던 것, 그리고 지금 진행 중인 여섯 번째 대멸종에 대하여 언급하는 것이다.[24] (배경에서 666이라고 신호음이 울리고 있다.) 인류세(anthropocene) 전체가 붕괴하고 있는데, 우리의 경제가, 환경 개선들을 위해 얼마나 효과적으로 마지막 수단을 쓸지는 아무도 모른다. 선악을 알게 하는 지식의 나무 열매를 먹었으니, 우리 인류는 악을 인정하면서도 그걸 계속한다.

---

23) Powers, *Overstory*, 491.
24) "생물학자들은 우리가 여섯 번째 대멸종의 시대를 살아가고 있다고 의심한다. 생물종들 75% 이상이 사라졌던 것이 다섯 번 있었다고 지구는 증언한다. 고생물학자들은 생물종의 화석들이 전 지구적 화석 기록에서 빠진 때를 지적했다. '무엇이 그 이유였는지를 우리는 모른다. 그러나 대부분은 급격한 기후변화와 관계가 있다'고 멜버른의 고생물학자 롤프 슈미트(Rolf Schmidt)는 말한다." 최초의 멸종 사건으로 알려진 것은 4억4천4백만 년 전의 것이다. See Viviane Richter, "The Big Five Mass Extinctions: Extinctions Where More Than 75% of the Species Disappears!" *Cosmos: The Science of Everything* (July 6, 2015), cosmosmagazine.com.

그 붕괴의 영향이 전체적이지는 않다. 그것의 획기적 생태환경을 직접적인 정치를 떠나 추상적으로 읽을 수도 없다. 그것은 인간들 사이의 트라우마로 가지를 쳐나갈 것이다.

(4) 나는 어느 학회에서 그 식물들의 상호연결에 대해 말했다. 내가 집으로 돌아오는 동안에, 피츠버그에 있는 생명나무 회당(the Tree of Life Synagogue)에서 대량학살이 벌어졌다.25) 11명이 사망했다. 같은 주간에 그 도시에서 열릴 다른 사건에 참석하고자 나는 오래 전에 이미 예약을 했었다. 어두운 동시성이 나로 하여금 그 장소를 방문하도록 했는데, 그 이웃은 불타듯 아름다운 가을 단풍이 한창이었다. 나는 이 새로운 반유대주의(Anti-Semitism)의 발현에 두려움으로 떨고 있는 독일에서 온 나의 동료 곁에 서 있었다. 그 총격이 새로운 홀로코스트(Holocaust)의 경고는 아니었지만, 그것은 유대인 대학살(*Shoah*)에 대한 상처 깊은 기억을 흔들어 일깨워주었다.

생명나무 회당 학살은 한 사건이 아니다. 그것은 이 땅을 휩쓴 인종차별적 폭력을 표현한다. 그 징후는 생명나무를 죽이지는 않았다. 그것은 생명나무의 취약성을 드러낸다. 생명나무는 악몽처럼 흔들린다. 소설 〈오버스토리, *The Overstory*〉의 마지막 단어는 "STILL(고요하다)"이다. 그 말은 땅 속에서 애통하며 숨어있는 조용함을 요청한다. 그리고 여전히(still) 그 유대교 회당 건물에는 "생명나무"라는 회당 이름 옆에 "*Or L'Simcha*(기쁨의 빛)"이라고 새겨져 있다.

---

25) "AR-15 자동소총과 최소한 3개의 권총으로 무장한 한 젊은이가 반유대주의적 욕설을 외치면서 토요일 아침 피츠버그의 유대인 회당 안에서 총을 발사하여 회중 가운데 최소 11명을 살해했고, 4명의 경찰관과 기타 사람들에게 총상을 입혔다고 당국자는 발표했다." Campbell Robertson, Christopher Mele, and Sabrina Tavernise, "11 Killed in Synagogue Massacre: Suspect Charged with 29 Counts," *New York Times* (October 27, 2018), nytimes.com.

(5) 이제는 우리가 이것을 안다: "전 세계에 걸쳐 수십억 그루의 나무들을 심는 것이 지금으로서는 기후 위기를 대처하는 가장 크고 가장 값싼 길이라고 과학자들은 말하는데, 그들은 농지와 도시 지역들을 잠식하지 않고 얼마나 많은 나무들을 심을 수 있을지 처음으로 계산했다." 숲을 재조성하는 것(reforestation)이 어떻게 이런 구원(salvation)을 일으킬 수 있는가? "나무들이 자라면서, 그것들은 지구 온난화를 일으키는 이산화탄소 방출을 흡수하여 저장한다. 새로운 연구가 추정하기로는, 전 세계에 나무심기를 하면 인간들의 활동들로 인해 대기 중에 방출한 이산화탄소의 2/3를 제거할 수 있다니, 과학자들이 발견한 참으로 기막힌 숫자"다.

숲의 재조성을 반대하는 것이 큰 충격을 주지는 **않는다**. 비록 숲을 파괴하는 것은 대기 중의 열을 악화시킬 뿐 아니라, 심지어 코로나바이러스로 인한 팬데믹을 가능하게 만들었다는 사실을 알고 있지만 말이다. 숲의 서식지들을 파괴하는 것은 생물종들 간의 관계들(이 경우엔 "박쥐"들과의)이 유지되지 못하게 한다.[26] 설사 "우리가" 대기 온도 상승을 파괴적인 섭씨 2도 이내에 멈추도록 노력해도, 충분한 숲의 재조성은 충분히 빨리 이루어질 수 없다. 그럼에도 불구하고 우리의 거주지를 녹색으로 치유하는 것이 불가능하지는 않다.

(6) 앞의 연구를 내놓기 오래 전에, 나의 친구인 나무 수도승(Tree Monk)은 자기가 살고 있는 섬에서 이렇게 썼다: "내가 이해하기로는, 우리 인간들에게는 기후변화에 대처하기 위한 두 가지 매우 직접적이고 효과적인 행동들이 있다.─숲의 재조성과 토양을 경작해

---

26) Maciej F. Boni et al, "Evolutionary Origins of the SARS-CoV-2 Sarbecovirus Lineage Responsible for the COVID-19 Pandemic," *Nature Microbiology* (July 28, 2020). nature.com.

서 부식토(humus)를 만드는 일이다." 우리는 이미 3장에서 그녀의 영속농업(permaculture) 실천을 들었다. "우리는 모두 이런 행동들로 한 배에 탈 수 있다. 둘 모두 효과적인 이산화탄소 제거 전략이다."27) 둘 모두—에덴동산의 수렵채집의 천년기 뒤에—우리가 먹을 양식을 길러내는 것에 관한 것이다. 대부분의 숲의 파괴는 농업을 위해 진행되었다. 현대에는 그것이 점점 더욱 공격적인 단일작물 수확을 의미했다. "인간의 미각은 순환농법을 지향하도록 할 수 있는데, 그런 농법은 산업적 규모의 단일경작이 할 수 없는 방식으로 토양의 건강을 보살핀다." 그리고 결정적으로, 숲의 재조성은 도시들을 위해서도, 특히 나무가 없는 저소득층 거주 지역에서, 전 지구적인 것은 물론, 국지적인 직접적 건강과 관련해서 중요하다.

(7) 오랜 친구가 내 손에 릴케의 시집 〈시간들의 책, *Book of Hours*〉을 쥐어주었다.28) 그 시들 가운데 하나는 "전능하신 하느님이 축복 가운데 행진하는" 거인 같은 영광을 명상하고 있다. 이어서 릴케는 요한의 신학과는 거리가 먼 영(a spirit), 그러나 그의 복수-단수적인(plurisingular) 나무로부터는 멀지 않은 영을 드러내 보이면서, 그 무기화된 묵시종말을 벗어난다:

>그러나 아무리 내가 나 자신에게 기대어도
>나의 하느님은 어둡고, 그리고
>백 개의 뿌리들이 엉킨 듯이, 조용히 마신다.29)

---

27) Sharon Betcher, 농업생태계개발자요, 생태여성주의 신학자인 그녀는 나에게 이메일로 통신을 해왔다(September 9, 2019).
28) Rainer Maria Rilke, *The Book of Hours: Prayers to a Lowly God*, biligual edition, trans. Annemarie S. Kidder (Evanston, IL: Northwestern University Press, 2001). 적시에 독일어와 영어판을 준 Ignacio Castuera에게 감사드린다.

이 하느님은 언제나 이미 땅으로 내려와 있었다. 어두운 깊이에서 그 하느님은—피에 굶주리지 않고—세계를 빨아들인다. 젊은 릴케의 일기장에서 한 대목을 인용해보자. "개인적인 것은 아무것도 남지 않는다.… 우리는 우리 자신들을 비우고, 우리는 항복하고, 우리는 펼친다.—어느 날 우리의 몸짓들이 흔들리는 나무 꼭대기들에서 발견되고, 우리의 웃음이 이들 나무들 아래에서 놀고 있는 어린이들 가운데서 부활할 때까지."30)

5. 신적인 내재와 민족들의 치유

강의 양쪽에서 자라나는 그 나무에 관해서 "열두 종류의 열매를 맺는 생명나무가 있어서, 달마다 열매를 내고, 그 나뭇잎은 민족들을 치료하는 데 쓰입니다"(계 22:2)라고 본문은 말한다. 일단 그 나무(들)가 그 다양성을 드러내면, 해마다 내는 열두 가지 열매들이 더욱 식물학적 의미를 준다. 그러나 마지막 절에서 전달된 것은 요한의 이 비유의 정치적 측면이다: "그리고 그 나뭇잎은 **민족들을 치료하는 데** 쓰입니다." 앞장들에서 트라우마가 집단적이었고, 전 지구적이었듯이, 이 의료용 나뭇잎들의 치유하는 꿈같은 일(*Traumwerk*)도 역시 그러하다.

"민족들"은 내세(afterlife)나 초자연적 하늘을 뜻하지 않는다. 나의 동료 웨슬리 아리아라자(Wesley Ariarajah)가 드류대학교 채플에서 한 설교 가운데 이 점을 지적했다. 요한은 변경되었어도 알아볼 수 있

---

29) Rilke, *Book of Hours*, 4f.
30) Ibid., 68.

는 세계 문명을 마음속에 그려보고 있는데, 이는 로마제국 이전의 정치체제의 흔적을 보여준다. 치유하는 영은 다민족적으로 실현된다. 생명나무도 유대교의 묵시문학인 에녹서(Enoch)에 마찬가지로 나타났는데, 거기에선 종말론적 치유의 힘이 그 잎들의 향기로 방출된다: "[나무의] 향기가 그들의 뼈들 속에 있어서, 그들의 선조들이 그들의 시대를 살았듯이, 그들도 땅 위에서 오래 살 것이고, 또한 괴로움과 전염병들과 고통들이 그들을 건드리지 않을 것이다."31)

요한은 민족들의 다중성을, 그리고 마침내 그들의 서로 다름 속에 이루어진 평화를 꿈으로 읽어내고 있다. 이스라엘 12지파들의 내부적 다민족성이 그런 가능성을 미리 보여주었다. 그 탕녀-짐승 제국주의가—그리고 또한 이 변혁의 원동력에서는, 요한의 복수하려는 욕망들도—치유되어, 여기서 민족들은 건강한 지구 행성 위의 삶으로 갈라져 나간다. 민족들은 공정한 협동성을 위한 고귀하지만 그러나 실망하게 되는 시도들을 해본 뒤에, 그리고 그리스도교 민족주의자들의 국제주의에 대한 혐오에도 불구하고, 민족들의 동맹이라는 풍성한 잎들로 성장할 수 있을 것인가? 심지어 땅 위의 나무들과 동맹을 맺는 다중성이라고? 이런 세계도시적인 비전에서 나무들처럼—그저 하나의 제국이 아니라, 그리고 단지 하나의 서로 싸우는 다

---

31) 1 Enoch 25:6, trans. Eric J. Gilchrest, in *Revelation 21-22 in Light of Jewish and Greco-Roman Utopianism* (Boston: Brill, 2013), 245. "계시록의 향기의 장소(topos)에 대한 이해를 위해서는, 1 Enoch서의 서사가 나무의 향기를 종말이 닥친 사람들의 치유와 건강에 연결시킬 때, 1 Enoch 24-25의 중요성이 드러난다.... 장수(長壽)와 '괴로움, 역병, 그리고 고통'이 없는 것 모두가 계시록 22:2의 '치유'라는 아이디어와 일치한다. 1 Enoch 24-25, 4Ezra 2, 그리고 2 Baruch 29의 빛에서 보면, 계시록 22:2의 '민족들을 치유'하는 나뭇잎들이... 생명나무의 향기로운 본성에 대한 전통과 연결된 향기로운 나뭇잎들로 들릴 것이다."

수가 아니라—어떻게 해서든 복수-단수성(plurisingular)을 이룬다고? 그러나 이런 연결들은, 설사 좀체 눈에 띄지 않아도, 오직 심오한 신학적인 변화 때문에만 이루어질 수 있다.

새 예루살렘이라는 표지 아래에서, 땅위의 사람들의 다수성은 땅에 내재하는 신성으로부터 분리될 수 없다. 다른 말로 하자면, 그 위대한 내려옴은 이런 형태를 지닌다. 하느님이 "그들과 함께 계실 것이요, 그들은 하느님의 **백성**(peoples)이 될 것이다.…"(계 21:3).32) "우리 (특별한) 백성들(We *the* people—미국 헌법 첫머리 말—역자주)"이라는 말, 혹은 내내 하느님의 오직 하나뿐인 백성들이라고 귀청이 터지게 외치는 예외주의(exceptionalism) 속에서는 그 고집스런 복수(plural)의 주장은 겨우 들릴 듯 말 듯하다. 게다가 그 ("두 번째 죽음"으로 저주받은 사람들을) 배제하는 그 편지에 따라서, 그리고 축하하는 다중성의 영에 반대하여, 본문을 읽어내기가 어렵지 않았다. 그럼에도 불구하고, 그 신적인 내주(the divine indwelling)는 건강을 위한 치유를 잘하는 땅의 서민들 가운데서만 일어나는 것 같다. 의학 약제용 나뭇잎들의 향기가 스며든 곳에서 말이다.

그리고 신비로운 광채에 대해서는, "그 도시에는, 해나 달이 빛을 비출 필요가 없습니다. 그것은, 하나님의 영광이 그 도성을 밝혀주며, 어린 양이 그 도성의 등불이시기 때문입니다"(계 21:23). 다시 말해서, 자연계의 창조—적어도 태양계—는 없어진 것으로 생각할 것만 같다. 그러나 이 광채를 천문학적으로가 아니라 신학적인 꿈으로 읽어내기를 하면, 그 "영광"은 휘황찬란한 백색광이 아니라, 어린 양-등불(Lamb-lamp)로 보인다.—아마도 양 가죽으로 만든 등불 갓이

---

32) 요한계시록은 여기서 예언자 에스겔을 인용한다. 에스겔서 37:27.

라기보다는 신적인 동물성의 내재(a dininanimal immanence)일 것이다.33) 또한 등불은 오직 어둠 속에서만 빛난다. 그 어두움이 빛나는 것으로 된다: 고대의 신비주의에서 "찬란한 어둠(brilliant darkness)"처럼, 영적인 내려옴(the spiritual downcoming)에 의해서 불이 켜진다.34)

다음 구절은 그 정치적 희망을 드러낸다: "민족들이 그 빛 가운데로 다닐 것이요, 땅의 왕들이 그들의 영광을 그 도시로 들여올 것입니다"(계 21:24). 우리는 그 영광이 종종 비극적으로 피투성이로 변해서 신적으로 통일된 제국을 위한 영광으로 오해한다. 그러나 고대에 터져 나온 그 비전들에서는, 그것이 바빌론/로마의 중앙집권적 가혹한 지배로부터 자유롭게 된 다수와 연대하여 흐른다. 많은 사람들과 왕들이 동시에 인종적 및 정치적 다원주의를 주장하여, 그들이 서로 다름의 권위를 가지고 늘 열려 있는 출입문들을 통해 움직이고 있다. 그래서 위협적인 신국가주의(neonationalism)의 시대에, 우리는 분명히 의견을 내어—퀘이커들이 "빛 속에서(in the light)" 위기를 보듯이—새로운 예루살렘에 암시된 인종적 문화적 다원성을 이해하자.

종교적으로 말해서, 여기에는 무언가 비범한 것이 일어나고 있

---

33) Mayra Rivera에게는 "영광(glory)"이 만물을 감싸는 "관계적 초월"이다. See Mayra Rivera, *Touch of Transcendence: A Postcolonial Theology of God* (Louisville, KY: Westminster John Knox Press, 2007), 129-30. 신성과 동물성 사이에서 신학적인 흔들림에 대해서는, 드류대학교에서 열린 제11차 학제간 신학 콜로키움에서 나온 책을 보라: Stephen D Moore, ed., *Divinanimality: Animal Theory, Creaturely Theology* (New York: Fordham University Press, 2014).

34) "찬란한 어둠(brilliant darkness)"이라는 은유는 4세기, 니사의 그레고리우스(Gregory of Nyssa)에서 나온 것인데, 2세기 뒤 아레오파고의 디오니시우스(Dionysius of Areopagite)에 의해 "부정(否定)의 신학"으로 발전되었다. 이런 전승의 논의를 보려면, Catherine Keller, "Enfolding and Unfolding God: Cusanic Complicatio," chap. 3 in *Cloud of the Impossible: Negative Theology and Planetary Entanglement* (New York: Columbia University Press, 2015)을 보라.

다: "나는 그 안에서 성전을 볼 수 없었습니다. 그것은 전능하신 주 하나님과 어린 양이 그 도시의 성전이시기 때문입니다"(계 21:22). 성전은 없다.―제의를 위한 장소들도 없고, 종교적 기관들도 없고, 교회들도 없다: 왜냐하면 하느님이 성전이 **되셨기** 때문이다. 몰트만이 말하듯이, "이 도시엔 성전이 없다. 왜냐하면 하느님의 영광이 빛이요 또한 모든 거주자들에게 빛을 비추기 때문이다."35) 이 "정원 도시," "종교가 없는 하느님의 왕국의 도시"는 "종말론적 도시"이다.―시간의 끝(end of time)에서가 아니라, 그 도시가 오는 것에서, 그것이 **종말**(eschaton)이 되기에서, 그 "끝(edge)"이 되기에서 그러하다. 결과적으로 다중(multiplicity)은 경쟁하는 "종교들" 안이 아니라 서로 협력하는 사람들 속에서 나타나고 살아간다. 초자연적 초월(supernatural transcendence) 속이 아니라 최고의 자연적 내재(super, natural immanence) 속에서.36)

땅으로 내려와서: 이것은 실망의 내려옴(descension), 혹은 겸손으로 생색내기(con-descension, 내려옴의 반대―말장난)의 내려옴이 아니다. 이처럼 축하하여 내려오기의 방만한 잔치 속에서, 신부(bride)라는 성애적(erotic) 은유가 아직도 우리를 보고 **땅으로 내려오라고** 유혹하는가? 우리는 땅이 아닌 다른 곳에서 살았던 적이 없다. 따라서 새 하늘과 새 땅이 언제나 뜻했던 것은 아마도 우리의 공동체 삶을 철저하게 땅에 발붙이고(down-to-earth) 갱신하는 것이 전부였으리라. 아니면 그 불가능한 평화(*shalom, salaam, salim*)37)는 모두 너무도 유

---

35) Jürgen Moltmann, *Theology of Hope* (New York: Harper & Row, 1967), 84.
36) 초자연적인(supernatural) 것에서 진정한 자연적인(genuinely natural) 것에로 옮겨가는 변화에 대해, 나를 이끌어준 생태신학자 Sallie McFague, *Super, Natural Christians: How We Should Love Nature* (Minneapolis: Ausgsburg Fortress, 1997)에 감사드린다.

토피아적(아무데도 없는 곳)임을 폭로하는가? 여기 다국적 평화가 치열한 경쟁의 전 지구적 시장에 투자하는 곳, 국가주의가 지역을 위한 주장을 하는 곳, 국가들이 집단적 치유가 아니라 환경적 정신병과 결탁하는 곳에선, 그 어디에서도 좋은 장소를 위해 땅을 돌보는 곳은 없다. 그러나 비폭력적인 그 어린 양이 묵시종말적 빛을 발하는 곳에서는, 있을 법하지 않은 그 좋은 것이 단지 불가능한 것들로부터 차츰 멀어진다.

땅을 무차별적으로 파괴해온 일부 결정적인 생물종(인간을 말함)이 그래도 아직 그 땅을 "우주적 성소(cosmic sanctuary)"라고 인정할 수 있는가?[38] 그 시작을 되풀이하는 것이 아니라, 그 끝에서 깊이 성찰할 수 있는가? 설사 우리가 약초 잎새들(마약이나 대마초?-역자주)을 흡입하면서도?

6. 불가능한 것의 건축

요한의 비전으로 되돌아가자: 새 예루살렘이 땅으로 내려오면서, 그것은 세계주의(cosmopolitanism)를 괴상스럽게 우주적 높이에로 들어올린다. 그리고 새 예루살렘은 장벽으로 둘러싸인다. 요한의 덜 비전적인 해석이 극도의 배타주의들을 옹호할 수 있기에, 우리는—

---

[37] "Salim(살림)"은 한국어로 "Life"를 뜻하는데, *Shalom, Salaam, Salim*의 3 자음(S)을 공유할 뿐만 아니라, 고대의 어원적인 뿌리도 공유하는 것처럼 보인다. See Jea Sophia Oh, *A Postcolonial Theology of Life: Planetarity East and West* (Upland, CA: Sopher Press, 2011).

[38] "창세기 1장에서 하느님의 우주적 보호 성소로서 창조를 보는 것을 회상하면서, 맨 마지막이 맨 처음을 거울처럼 반사한다"(Brown, *Sacred Sense*, 147).

그 미래에 대한 터무니없는 메아리처럼—"장벽을 세우고 그 비용을 그들이 내게 하라"는 소리(미국 대통령 트럼프가 한 말)를 듣는가? 최근의 기억 속에서, 혼인식 행진이 아니라 가난과 인종차별과 기후변화의 절망적인 희생자들이 보호처(sanctuary)를 찾아 이주하는 "행렬(caravan)"을 여전히 내려 받을 수 있는가? 그게 아니라면 그 대신에 그것은 필사적으로 약속의 땅을 향해 걸어가던 도망친 노예들의 출애굽 기억을 떠올리는가? 그리고 성서의 명령, 즉 "너희는 나그네를 사랑해야 한다, 너희도 한때 이집트에서 나그네로 살았기 때문이다"(신 10:19)라는 기억을 떠올리는가? 장벽들을 자꾸 높이고 있는 시대—경제적으로, 인종적으로, 정치적으로—에, 묵시종말적 세계도시의 설계명세서에는 뚜렷한 거절이 내려온다: "그 도시에는 밤이 없으므로, 온종일 대문을 닫지 않을 것입니다"(계 21:25). 다른 말로, 이들 출입문들은 **결코 닫혀 있지 않다**.(미국 트럼프 대통령은 국경을 닫기 위해 장벽을 건설했다.-역자주)

도대체 장벽이 왜 필요한가? 근대 이전의 도시들은 거의 항상 보호하는 성벽들로 둘러싸여 있었다. 그러나 요한은 다른 어떤 것과도 같지 않은 벽을 상상한다. 각각이 거대한 진주(pearl)로 만들어진 대문이—당신은 베드로가 이 원래의 진주문을 지키고 있는 것을 발견하지 못할 것이다—한 벽면에 3개씩 모두해서 12개나 있을 뿐 아니라, 그것들은 인종적-정치적 다중성(12지파)과 동시에 우주적 리듬(12개월)을 암호화하고 있다. "벽은 벽옥(jasper)으로 만들어져 있다." 처음 비전에서 "옥좌에 앉은 이가 사람 같지 않은, 그러나 벽옥과 녹주석(에메랄드) 같은"이란 말(계 4:3)을 회상해보라. 그래서 벽은 신적인 광물성을 전시한다. 그리고 벽의 기초들로 찬란한 보석들이 열거되는데, 열두 가지 고귀한 돌들이고, 그 도시 자체는 "유리처럼 투명하다"(계 21:19-20). 신적인 내재의 기본적인 형태가 여기에서는 다면체의 투명성으로 묘사된다. 그 여러 색깔의 다양성은 그 도시가 환영하는 여러 민족들의 다양성을 반영한다.

이처럼 찬란한 초청의 그림에서는, 그 보석들이 가능성의 기본적 형태들로 보이는 꿈으로 읽혀진다. 실제로는 어디에도 없는 곳이나, 그것들은 좋은 장소를 가능하게 한다. 여러 시대를, 너무도 많은 여러 시대를 걸쳐서, 각각의 보석은 지속적인 광휘를 방출한다. 그것은 화이트헤드가 "하느님의 원초적 본성(primordial nature of God)"이라고 말한 것을 그림처럼 비춰주는데, 그 본성은 순전히 가능성들로—빛들, 음악의 음색들, 기하학들, 혹은 복잡한 이상들처럼—만들어진 신적인 면모이고, 우주의 창조적 과정에서는 실현될 수도 있고 되지 않을 수도 있다.39) 이런 보석들/가능한 것들은 추상적인 형태들의 피 흘리지 않는 아름다움을 지니고 있다. 우리 살아있는 피조물들은 그것들을 무시할 수도 있고 실현할 수도 있다. 우리는 그것들을 조금만 혹은 많이, 이런 저런 방식으로 현실화할지도 모른다.

다른 말로 해서, 그 이중-보석인 신성(the double-gem deity)은 우리를 위해 활동할 수도 없고, 하려고 하지도 않을 것이다. 그러나 그것은 우리를 그 자리에 초청한다. "나는 가능성 안에 거주한다."40)

---

39) 원초적 신성한 비전 속에 "순전한 가능성"은 그것의 실현을 위해서는 창조물들의 협동에 달렸다. See Alfred North Whitehead, *Process and Reality* (New York: Free Press, 1978), 341-51. 화이트헤드를 이해하기 쉬운 소개 및 그가 영감을 준 과정신학에 대해서는 See John B. Cobb Jr. and David Ray Griffin, *Process Theology: An Introductory Exposition* (Louisville, KY: Westminster John Knox Press, 1976); Catherine Keller, *On the Mystery: Discerning Divinity in Process* (Minneapolis: Fortress Press, 2008).

40) Emily Dickenson, "I Dwell in Possibility--(446)," in *The Poems of Emily Dickenson: Reading Edition,* ed. Ralph W. Franklin (Cambridge, MA: Belknap Press of Harvard University Press, 1998).

그러면 그곳에 집단적 위로의 따뜻함과 치유의 향기가 있다.—냉정하게 반짝이는 속으로 그 새로운 것에 대한 **묵시**가 들어가는 것은 단순한 유토피아, 추상적 이상(abstract ideal)으로 남아 있을 뿐이다. 그것의 가능성은 실제로 시민적인 도시, 다가올 생태문명의 기회를 가지고 우리를 감질나게 괴롭힌다. 결코 완전하게 실현되지 않으면서. 그리고 기후가 뜨거워지면서 더욱 올 것 같지 않다.

그러나 요한이 본 그 성벽 안의 건축은 눈에 띄게 괴상하다. 본문은 이런 불가능한 규모를 고집한다: "그 도시는 네 모가 반듯하고, 가로와 세로가 같았습니다. 그가 자막대기로 그 도시를 재어 보니, 가로와 세로와 높이가 서로 똑같이 1500마일(만 이천 스타디온)이었습니다"(계 21:16). 그 높이는—**똑바로 위로 1500마일로서**—새 예루살렘을 괴물 같은 입방체로 만들 것이다. 이 높이면 지구 대기권 높이보다도 15배는 되는데 그게 도대체 무엇인가? 내려 온 것은 올라가야 한다고? 심지어 꿈의 세계도시라 해도 그 입방체는 우리를 아찔하게 만든다. 요한이 2500년 뒤 미래에, 뉴욕, 도쿄에서 거대한 상자 모양 구조물들이 낮에는 유리로, 밤에는 전기를 사용해서 번쩍이면서, 위를 향해 밀고 올라가는 도시들을 대충으로라도 상상했는지 당신은 의아해 할 것이다.

그보다도 요한은 (파괴된) 성전의 중심에 있던, 옛 예루살렘의 지성소(holy of holies)의 상자 모양을 성전이 없는 그의 도시에 옮겨 놓고 있었다. 그래서 그의 백성들의 내부 성소(sanctum)는 모든 사람들의 지상 보호처로 투사된 것이다. 어쨌든 나는 그런 입방체를 쓸 데없는 것들을 넣어두는 상자 속에 던져버렸다. 그 후 나는 뭔가가 나를 잡아당기고 있음을 알았는데, 그것은 원래 나를 계속해서 신학을 공부하도록 유혹했던 책, 존 캅의 〈다원주의 시대의 그리스도,

Christ in a Pluralistic Age〉였다.

그 책의 "하느님의 도시(The City of God)"라는 장은 파울로 솔레리(Paolo Soleri)의 환상적인 건축을 논의한다. "지금까지는 도시들이 2차원적이라서 너무 뻗어나가고 암처럼 퍼졌다. … 우리의 집들, 건물들 수백만 개의 입방체들은 **3차원적인 단 하나의 큰 입방체**로 형성될 수 있다." 솔레리의 건축계획에서는 그 도시를 **위로 향하게** 만들어, 집단적인 공간 안에서 모든 사람들이 걸어서 혹은 에스컬레이터를 타고 어느 곳이든 갈 수 있다. 솔레리의 도시들―"완전 환경도시들(arcologies)"―은 그 안에 있는 인간들 가운데 사회적 평등주의를 지닌, 그리고 땅과 대기권에 관하여 지속가능성을 위한 청사진들이다. 자동차, 도로, 그리고 주차장을 제거함으로써 얻은 넓은 공간은 그 도시 안에서 사회적인 생기가 넘치게 만든다. 동시에 그 도시는 그것을 둘러싸고 있는 농지와 광야에 직접 개방된다. 물론 완전 환경도시, 사실상 "어떤 도시도 완전한 평면으로 전개될 수는 없고, 솔레리도 거대한 입체도시들을 건설하겠다고 전망하지는 않는다. 결국 솔레리는 예술가요 인도주의자다"(그리고 프랑크 로이드 라이트[Frank Lloyd Wright]의 제자다). "그의 완전 환경도시 계획에서는, 광대한 영역이 빛과 공기가 투과하도록 열려져 있다. 그러나 설사 대부분의 공간이 열려 있다 해도, 3차원적 도시는 현재의 2차원적인 도시가 점령하는 지표면의 겨우 1% 정도를 차지할 것이다."[41]

솔레리의 도시들은 단 하나도 건축된 적이 없다. 나는 애리조나 사막에 자리 잡은 (가능한) 완전 환경도시의 지하에 있는 학습센터(Arcosanti)를 방문한 적이 있었다. 30년이 지나 내가 다시 방문했을

---

41) John B. Cobb Jr., *Christ in a Pluralistic Age* (Philadelphia: Westminster Press, 1975), 76-77.

때 느낌은 과거의 미래(future-past)였다. 아마도 또 다른 무너짐이 있었으리라. 그러나 학습센터는 여전히 남아 있었다.

보석으로 된 그 가능성들은 사라져버린(lost) 기회들의 먼지로 사막 속에 묻혀버리는가? 아니면 그것들은 아직도 **마지막**(last) 기회들의 건축을 암시하는가?

7. 묵시종말적 공생공락(conviviality)

요한계시록 본문의 트라우마는, 인간의 역사에 대한 트라우마와 비슷해서, 확실히 해소되지는 않는다. 인간의 타락의 그림자들은 남아 있다. 비록 그 무기화된 말씀들이 이미 새 예루살렘의 모든 잠재적인 적대자들을 제거해버렸고, 그 출입문들은 주 7일 24시간 열려 있지만, 요한은 자기 자신이 그 수문장(gatekeeper) 역할을 맡는다. "개들과 마술쟁이들과 음행하는 자들과 살인자들과 우상 숭배자들과 거짓을 사랑하고 행하는 자는 다 바깥에 남아 있게 될 것이다"(계 22:15). 그러나 그들은 여전히 주변을 맴돈다. 그들은 유토피아의 초자연적인, 땅의 지위를 증거하고 있다. 그러나 그 공격적 도덕주의는 본문에 영원히 얼룩진 오점이 된다. 틀림없이 그가, 혹은 나중의 편집자가 동시대 사람들을 겁주어 모범적인 행동을 하도록 만들려고 한다. 그는 "누구든지 이 예언의 책에 기록한 말씀에서 무엇을 없애 버리면, 하나님께서 이 책에 기록한 생명나무와 그 거룩한 도시에서 그가 누릴 몫을 없애 버리실 것입니다"(계 22:19)라고 경고한다. 이로써 요한은 불가해한 것에 대하여 2차적인 주석으로써 그의 목소리를 드러낸다. 그러나 그의 위협하는 목소리 자체가 그 자신의 예언에서 "말씀의 무엇을 없애버리는 것"은 아닐까?

우리는 트라우마로 얼룩진 정신분열적 묵시를 우리 모두에게 문제꺼리로 떠올리면서, 때로는 요한 자신에 반대해서 그의 비전을 꿈으로 읽어 내려왔다. 그래서 우리가 본문 안에서 혹은 시간이 지나면서 순수한 포용의 유토피아(a utopia of pure inclusion)를 희망한다는 것은 아니다. 본문에서 반복되는 원한은 우리 문명의 해결책이라기보다는 문제꺼리에 속한다. 그것들은 열린 출입문에 철조망을 친다. 그래서 심지어 새 예루살렘에 들어가는 입구에서도 요한계시록을 복음으로 잘못 볼 수가 없다. 요한의 좋은 도시는 예수의 "기쁜 소식(복음)"과 같지 않다.—무엇이 어쨌거나, 어디서나, 언제나 작용하는 돌봄의 말이 아니다.

그러나 나는 요한이 필요로 했던 폭로들에서 "그 말씀을 없애버리겠다"는 뜻이 아니다. 요한계시록의 장소-없음(유토피아)은 좋은 장소의 가능성을 열어주며, 그것이 꽝 닫힌 뒤에도 다시 또 다시 열어준다. 꿈같은 1차적 비전은 "기쁜 소식"에 가깝다.—그것은 그것을 위한 **장소**를 마련한다. 그것은 기쁜 정의의 체계적인 구조를 상상하며, 우주적 돌봄의 건축물을 상상한다. 그리고 무장한 천사들 분대가 성벽을 순찰하지도 않는다. 요한을 너그럽게 읽으면서, 우리는 그의 완강한 배척들(exclusions)을 이렇게 풀이할 수도 있으리라. 즉 어떤 솔직한 인간의 집단적인 의지도 그 완강한 배척의 너무도 인간적인 역사에 의해서 여전히 괴롭힘을 당한다. 그것은 탐욕과 착취의 오래된 습관들을 간단히 잊어버리지 않을 것이다. 설사 그것이 대체로 그런 것들을 벗어났어도 말이다. 그것은 "원죄(original sin)"의 원초적이 아닌 반복들을 지워버리지 않는다. 그것은 그 반복을 **마음 깊이** 주의하고 있다.

새로운 창조는 분해될 것이 아니다. 새 예루살렘은 유토피아의 가능성에 대한 비전의 장소로, 즉 가능한 한 최선으로 **실현될** 장소로 남아 있다. 단지 이상에 불과한 것으로 말라버려서 죽도록 남겨지지 않는다.

> 여기 내가 네게 천둥을 내려서
> 너의 심장을 비로 산산이 흩어버리고,
> 눈을 내려 너를 진정시켜주고,
> 너를 치유하는 물을
> 깨끗하고 달콤하게 만들며,
> 거룩한 샘에서 목마른 자들이
> 물을 마시게 할 것이다. 동물들과 모두.
> ―bell hooks, "Appalachian Elegy"[42]

그리고 바로 "수정과 같이 빛나는 생명수의 강이 … 도시의 넓은 거리 한가운데를 흘렀습니다"(계 22:1). 그것의 변혁의 원동력(은유)은 제한할 수 없는 은혜로 반짝거린다. 복수-단수의 생명나무가 이 강의 양쪽에서 자라나며, 그 물의 흐름은 에덴동산의 네 강들의 오랜 과거를 다시 돌고 있다. 이미 우리는 땅으로 향하는 알파와 오메가가 하는 말을 들었다: "나는 알파와 오메가, 처음과 마지막이다. 목마른 사람에게는 내가 생명수 샘물을 거저 마시게 하겠다"(계 21:6). 이제는 예수(Jesus), 영(Spirit), 신부(Bride)가 끈덕지게 반복한다.―"목마른 자들은 모두 오라"고(계 22:17).

---

[42] bell hooks, "Appalachian Elegy (Selections 1-6)," in *Appalachian Elegy* (Lexington: University of Kentucky Press, 2012).

영적으로 물을 주어 새롭게 하는, 재탄생과 갱신을 위한 물들. 그리고 동시에 거룩한 샘물이 물질적인 회복을 하며 흐른다: 그것은 일곱 번째 봉인을 열었을 때 선언되었던 땅위의 물들의 독성화(toxification)에 대해 꿈의 논리로 대답한다. 생명의 물을 두고 물질적 물과 상징적 물로 분리하지는 않는다.43) 고대 근동 지역에서는 가뭄과 목마름이 자주 위협적이었다: 물을 두고 벌이는 전쟁이 지금 다가온다. 곳곳의 지하수가 더욱 낮아지고 있다. 용기에 담아서 파는 물이 점점 더 큰 사업이 되고, 정확히 말해서 선물로 주어지는 것이 아니라, "바다의 생명"들에 더욱 독성을 증가시키는 유독성 플라스틱 용기에 담겨서 판매된다.

이 점에 대하여 요한은 가장 고집스럽다: 생명의 물은 팔 수 없다. "생명의 물을 원하는 사람은 거저 마시십시오"(계 22:17). 다른 말로 해서, "묵시록의 반대-경제(counter-economy)는 눈에 드러나도록 쌓아두는 것을 눈에 드러나도록 관대함(베풂)으로 대체한다." 물이라는 선물은 캐나다 토착민들이 "내어주기(Giveaway)"라고 부른 것과 비교된다. 그리고 그런 유비는 또 다른 기본 형태를 보여준다: "라코타(Lakota)와 나코다(Nakota) 부족의 중심이자, 또한 주술의 춤(Medicine Dance) 혹은 목마름의 춤(Thirst Dance)이라고도 알려진, 태

---

43) Jim Perkinson은 주장하기를 "오늘날 물에 대한 권리를 두고 어떻게든 정치적 투쟁을 하는 것으로는 충분치 않다. 토착민들의 지혜와 성서의 예언에선 모두 물의 영성(water spirituality)을 회복하는 것이 지속가능한 미래를 위한 핵심"이라고 한다. 퍼킨슨은 "물의 묵시종말 시대를 위한 성서 읽기"를 격려한다. 그는 토착민들의 지혜와 성서의 예언을 인용하여 "산들, 나무들, 물과 기후, 흙과 태양, 그리고 씨앗의 영적이고 정치적인 잠재능력"을 역설한다. James W. Perkinson, *Political Spirituality for a Century of Water Wars: The Angel of the Jordan Meets the Trickster of Detroit* (New York: Palgrave Macmillan, 2019), 13.

양 춤(Sundance)은 특별히 세운 나무 둘레를 돌며 하늘과 땅, 그리고 모든 생명의 거룩한 특성 사이의 관계를 상징하는 거룩한 춤과 내어주기(베풂)를 연결한다."44)

나무, 물: 종족학살과 생태학살로 생명을 무시함에도 불구하고—그런 관대한 베풂은 여전히 흐르고, 그런 연결은 여전히 가지를 치는가? 요한 자신의 치유되지 않은 트라우마는 토착민들의 주술 춤으로부터 효험을 볼지도 모른다. 요한의 악몽 같은 짐승의 식민지화 세력은 로마인들로서, 그 후손들인 **그리스도인들의** 식민지화 세력은 캐나다와 미국의 토착민들에게 악몽이었다. 예속과 멸절과 상품화의 파도들—다른 말로 "문명"이라고 알려진 것—은 계속 다가온다. 어떻게 내어주는 물이 계속 나올 수 있을까?

생명을—**땅 위의** 생명을—소생시키는 물의 선물이 요한계시록 마지막 장에서 많은 생성의 극적인 노래로 터져 나온다. 첫 번째는 "알파와 오메가, 처음과 마지막"의 약속의 이행이 이렇게 말하며 나온다: "보라 내가 곧 오리라!"(계 22:7). 그리스도인들의 기억 속에서 이 "나(I)"는 다른 요한의 목소리 속으로 흘러들어간다: "그러나 내가 주는 물을 마시는 자들은 다시는 목마르지 않을 것이다"(요한 4:14). 상징적이고 물질적인 내어주기는 결코 끊어지지 않는다.

---

44) "내어주기(Giveaway)는 몇 군데 평야 토착민들에 의해 행해지는 의식인데, 재부(財富)와 가치 있는 물품들을 의식적으로 포기(내어주어)해서 성공이란 타자들에 의존되어 있음을 인정한다. 내어주기를 통해 부자들은 물품들의 공평한 분배를 장려하기 위해 그들의 재부(財富)를 사용하는 사회적 의무를 공개적으로 확인한다." 그래서 여기에서는 성서의 전통들 없이도, 생명나무와 생명의 물이 함께 나타나서 상호의존적 생명의 거룩함을—의식의 춤이라는 시골의 유토피아 속에서—표현한다. Harry O. Maier, "There's a New World Coming! Reading the Apocalypse in the Shadow of the Canadian Rockies," in *The Earth Story in the New Testament,* ed. Norman C. Habel and Vicky Balabanski (London: Sheffield Academic Press, 2002), 179.

그래서 "영(Spirit)과 그 신부(bride)가 말하기를 '오라!'"고 한다. 그 초청은 목마른 모든 자들에게, 그리고 동시에, 그들 자신의 세 번째인 어린 양에게 제공된다. 메시아적인 "나다(I am)"가 땅으로 내려오는 것은 요한이 썼던 대로 아직도 열정적으로 기다려진다. 어떤 의미에서 그는 이미 내려왔다. 비록 "재림(Second Coming)"이란 말이 언급된 적은 없지만, 메시아(Messiah)는 유대교에서 그렇듯이 요한에게도 장차 오실 분이다.—여전히 "곧 오신다"(계 22:7). 곧(soon)이라고? 요한이 틀렸나? 반박하기가 어렵다. 아니면 우리는 "곧"을 종말(eschaton)의 관점에서, 시간의 끝에서, 어떤 "지금"도 그려볼 만하도록, 그렇게 읽어야 하는가?[45]

"그리고 들을 귀 있는 자는 누구나 '오소서'라고 말하라." 그것은 마치 하느님, 메시아, 새로운 우주도시를 향하여 **땅으로 내려오시라**고 부르는 것 같다. 그들 세 분의 "오심"은 **우리가** 그들을 아래로 불러 내릴 것을 요구한다. 말을 바꾸어, 그들의 내재(immanence)는 우리의 초청을 필요로 한다. 형이상학적으로가 아니다.—만일 우리가 신이라고 이름붙이는 것이 무한함, 경계가 없음을 의미한다면, 그것은 이미 어디에나 항상 있다. 그러나 분명히 이런 신의 장소(theotopia)가 우리들 가운데 **물질화**되기 위해서는 우리의 초청을 필요로 한다. 우리는 그 "오는" 생명을 더 이상 우리의 생명들 됨(our becoming lives)으로부터 분리할 수 없다. 이런 새로운 창조는 우리의 욕망, 공모, 창조성이 없이는 일어나지 않을 것이다. 그것의 새로워진, 그리고 새롭게 만드는 물들과 숲들, 그것의 실제로 살 수 있는 거처들, 들판, 시골의, 도시의, 별이 빛나는 거처들이 모두 우리의

---

45) Koester, *Revelation*, 839.

집단적인 부름의 초청에 달려 있다. 함께 **내려오기**, 고대의 혼인 잔치 전체와 함께 땅으로 내려오기가 우리에게 달려 있다.

본문은 이제 좀체 눈에 띄지 않는 반전(inversion)을 이룬다: "그리고 목마른 자들은 누구나 오라." "들을 귀가 있는 자들 누구나"에 **의해** "곧 오실" 분을 초청하는 것으로부터—이제 본문은 필요가 있는 자는 누구나**를**, "모두 각각"을 초청하는 것으로 방향을 바꾼다. 목마른 자들은—어떤 방식으로든—그들의 필요를 **직시하고** 인식하는 자들이다. 두루마리의 이 끝에서는 철저한 관계성이 자체를 드러내려고 한다: 초청하는 자들이 초청을 받고, 부르는 자들이 부름을 받는다. 그것은 마치 항상 아직 "오실 분"인 메시아 같은 분이 집단적인 생성(collective becoming)으로 다시 표현되는 것만 같다. 우리 자신들을 땅 위의 신성과 편안히 지내기 위해서, 우리가 도시, 나무, 강의 "통합적 생태론(integral ecology)" 속에서 마음을 집중하며 살기를 배워야 한다.46)

서로 얽힌 뿌리들 속에는, 불에 탄 땅과 불안정한 기억 속에는, 아직도 여전히 적대감의 거대한 장애와 방해물이 있다. 그리고 그에 대한 대답으로 경계가 없는 환대(hospitality)의 노래가 솟아난다. 유행병이 분리시킨 곳에서 우리는 연결할 수 있다. 외형적인 목숨이 살아남는(survival) 것이 불확실한 곳에서, 공생공락(conviviality)이라는 함께하는 삶의 축제성이 터져 나온다. 피투성이 영광의 이야기(the story of gory glory)가 아직 끝나지 않았지만, 그것의 유혹적인 매력이 피로 흘러나온다. 그곳에, 여기 어린 양의 등불의 어둠 속에서, 우리—목마른 "모든 동물들"—는 무엇을 보고, 또 맛볼 수 있는가?

---

46) Pope Francis, *Laudato Si': On Care for Our Common Home*.

열린 눈들과 "희망의 향기"을 지닌 **묵시적 종말** 앞에서, 우리는 승리의 행진이 아니라 지구 둘레에서 벌어지는 주술 춤(medicine dance)을 알아볼 수 있을까?

똑같은 옛 태양이 빙빙 돌면서 우리의 광야에서 그 여인을 둘러싸고, 두 개로 갈라진 혀는 그것이 입힌 상처를 핥는다. 치유하는 나무들이 도시들, 강들, 호수들, 바다들에서 번창한다. 그것의 향기가 우리를 취하게 만든다. 그것을 깊이 들여 마셔라. 더욱 깊이.

두루마리를 닫고

　모든 정직한 묵시는 미래를 직시한다. 그것은 미래를 닫아버리지 않는다.—그것은 미래를 억지로 연다. 그러나 그렇게 해서 무엇이 드러나는가? 나는 요한과 함께, 그리고 그가 없으면, 그 미래는 이미 존재하지 않는다고 애써서 주장했다. 따라서 그 미래는 마치 사실인 것처럼 직시할 수가 없다. 그게 바로 "미래"란 말이 의미하는 것이다. 즉, 아직은 아닌 현재다. 그리고 결코 일어나지 않을지도 모른다. 이미 존재하는 미래들은 가능성으로만 존재한다. 그리고 그것은 수많은 가능성들을 뜻하는데, 가능한 세계들의 다중우주(multiverse)다. 우리는 그런 미래를 읽지 않는다.
　우리는 현재의 패턴들을 읽는다: 어떻게—가령 전 지구온난화의 통계들을 보면서—그런 패턴들이 어디로 향하고 있는가? 우리는 과거 패턴들을 읽는다.—어떻게 그것들이 작용했고, 아직도 작용하고 있는가? 그리고 고대의 예언의 도움으로, 고대의 미래가 드러내는 패턴들을 꿈으로 읽어내었다. 그런 패턴은 자체를 어떤 고대의 과거 속에, 어떤 영속하는 현재 속에, 어떤 알 수 있는 미래 속에도 국한시키지 않는다. 그래서 그것의 계시는 시간을 통과하여 두루마리처럼 나선형으로 전개된다. 그것은 우리를 그 원(circle) 전체를 빙 돌아

어떤 오래된 시작점에로 다시 되돌아오게 하지 않는다. 그것은 우리 자신들의 지금-여기(here and now)라는 팽팽한 시제들(tense tenses)을 통해서 나선형으로 꼬인다. 그 추세(trends)들, 역사들, 꿈들을 통해서 말이다.

이 책의 명상은 그 두루마리를 펼치면서 시도해보았다. 이제는 그것을 이렇게—한 문장으로—요약할 수도 있으리라(남아 있는 시간이 제한되어 있기 때문이다): 불확실성의 짙은 구름이 계속 밀려오면서, 우리 문명이 저지르는 지구 행성에 대한 파괴성과 더불어 기회라는 양면의 칼날이 드러나는데, 그 기회란 만일 우리가 정의를 위해 함께 슬퍼하고, 투쟁하고, 창조적으로 분노한다면, 우리 공동의 땅-생명의 갱신을 위한 기회가 될 것이다.

아마도 결국엔 나로선 이 요약한 문장을 우리가 이 책에서 탐색해본 일곱 가지 이상스런 표징들로 해설해야 할 것이다. 1장에서 그 구름들이 펼쳐 보인 것은, 쌍날을 지닌 칼 같은 혀, 젖가슴, 양털 같은 머리카락을 지닌 인물이 어린 양으로 변한 것이다: 그래서 우리는 두려움과 가능성 모두로 어둡게 빛을 내는, 우리 세계의 미래에 대한 구름 낀 불확실성으로 지금 고통을 겪고 있다. 2장의 애곡하는 독수리는 인간들 및 인간 아닌 것들이 불필요하게 파괴된 것에 대한 우리의 슬픔을 불러일으킨다. 우리는 그 태양-여인(the Sun-woman)이 엄청난 출산의 고통을 겪는 것에 동행한다. 우리는 땅에 의해 도움을 받고 땅의 광야에서 양육된다(3장). 슬픔이 정의를 위한 분노, 즉, 사회적, 정치적, 경제적, 그리고 생태적 정의를 위한 분노로 자라나면서, 위대한 변화를 향한 요구는 큰 폭력을 모험으로 감행한다(4, 5, 6장). 그 투쟁은 이미 항상 여기에 있는 영(the Spirit)을 땅으로 내려오게 한다: 그리고 어쩌면—그저 혹시나—뭔가 한때 새 예루살렘(New Jerusalem)이라고 불렸던 그 순진한 사랑스런 도시 같은 것이 어떤 방식으로든 우리의 감금된 희망(locked-down hope)의 문들을 열어줄 것이다. 심지어 지금도.

우리는 땅의 운명을 신이 통제하는(divined control) 것에 호소하지 않고, 성서 본문을 꿈으로 읽어내었다. 통제는 문제로 삼을 관심거리가 아니다. 문제는 우리가 함께 무엇을 하고, 어떻게 살아가느냐 하는 것이다. 그리고 어떤 방식으로든, 때로는, 그 영이 우리들의 함께함 안에―그것을 가능하게 하면서―신적으로(거룩하게) 머문다. 그러나 그것이 일어나게 하지는 않는다. 일어나게 하는 것은 우리들에게 달렸다. 무엇이든 집단적인 것들과 상호 통신들, 조직 기관들 및 운동들 안에서, 우리는 용기를 내고, 헤쳐 나가도록 해줄 연대를 촉진할 수 있고, 또 해야만 한다. 현재의 위기들을 통해서, 우리들 땅에서 사는 것들 모두를 위해서, 더 좋은 지금-여기(here and now)에로 나아갈 수 있다.

더 좋은 때에 그 좋은 장소란 심지어 지금도 거의 불가능하게 가능한(impossibly possible) 것으로 남아 있다. 그리고 그것은 그 독수리의 애통해함을 계속해서 듣는다는 뜻이다. 그것은 비참한 불확실성의 구름들과 함께 휘말림을 뜻하며, 그 양날을 지닌 슬픔이 분노로 변하고 또한 행동으로 변해간다는 뜻이다.―그리고 그런 행동이 우리가 최선의 노력을 한 보람이 있는 세계로 우리를 엮어가는 창조성으로 변한다.

그리고 특별한 행동들이 너무도 자주 그러하듯이 실패할지도 모른다. 그러나 그것들은 아무 보람이 없는 것은 아니다. 만일 우리가 믿음을 지킨다면 말이다. 정의, 자비, 그렇지, 심지어 사랑의 영과 함께라면 말이다. 그러면 당신의 생명은 더 큰 생명의 아름다움 속에, 모든 것 속의 모든 것인 (무엇보다 소중한) 생명 속에 굳게 잡힐 것이다. 어떤 일이 벌어진다 해도 말이다. 그리고 당신은 그것이 가장 중요한 때에 그걸 느낄 것이다. 심지어 끔찍한 낭비 가운데서도, 당신의 노력들, 우리의 짧은 순간적인 실천들은 낭비된 것이 아님을 알게 될 것이다.—그것들은 다른 가능한 미래들로 예상할 수 없는 방식으로 함께 작용하기 때문이다. 어떤 것들은 다른 것들보다 훨씬 더 좋게 말이다. 어떤 것들은 인간의 이해라는 레이더에 포착되지 않는다.

우리가 이해할 수 있는 미래, 혹은 꿈으로 읽어낼 수도 있을 미래들에 관해서라면, 이들 추세들, 역사들, 그리고 꿈들이 우리로 하여금 그 무한한 가능성들을 몇 가지 가능한 형태(윤곽)들로 좁혀준다. 그 무한한 가능성들의 구름이 가장 개연성이 있는 인간의 미래들 속으로 압축된다. 그것들이 이미 시작되었기에 "개연성이 있는" 것이다. 우리가 인간의 관점을 벗어날 수 없기에 "인간적인" 것이다. 우리는 단지 그것을 변화시킬 수 있을 뿐이다. 그런 "미래"에 관해서라면, 그것은 오직 현재의 관점 안에서만 존재한다. 그래서 지금 우리가 그럴 법한 일련의 미래들 속을 훑어 내려갈 때, 그것들은 어떤 예측 가능한 계획을 드러내 보이지는 않는다. 이미 결정된 척하는 어떤 미래도 바로 현재 인간의 힘이 들떠서 즐기는 것에 불과하다.

여기에 구름에 덮인 미래들의 시나리오 일곱 가지(놀라운 우연의 일치)가 있다. 그 각각은 인류세(anthropocene)의 묵시종말에 관한 것을 표현한다. 즉, 그 각각은 측량할 수 없는 낭비와 트라우마를 일으킬 파괴를 통해 열어 보이는 미래를 드러낸다. 그리고 그 각각은 이상향(유토피아)다운 새 예루살렘과 어떤 관계를 갖고 있다. 그러나 나는 그것들을 그녀(새 예루살렘)의 옷들로 꾸며보지는 않을 것이다. 이들 광경들은 희망과 거짓 선전을 구별할 것이다.

그것들은 희망과는 지독하게 반대되는 것에서 시작된다.

1. 이전 인간(Exhumanity)

불쑥 이런 미래가 지금 상상된다: 우리 인류의 멸종이다. 우리는 특별히 예외적인 재능들을 가졌으며 하느님의 약속을 지녔기에, 우리도 그저 또 다른 생명체 종자에 불과하다는 것을 우리는 믿지 않았다. 그런데 어떻게 우리 인간이 멸종하는 일이 벌어질 수 있단 말인가? 그럴 수도 있다. 그리고 이제 예상할 수 있는 미래에—바로 우리의 예외주의(exceptionalism) 때문에 멸종할 수 있다. 수십만 년 되어 나이 늙어 죽는다는 것은 우리 고귀한 인종답지 않다. 혹은 영화 "우울증(*Melancholia*)"에서 유성(meteor)과의 충돌 같은, 회피할 수 없는 자연적 원인으로 죽는 것도 고귀한 인종답지 않다. 우리는 기후 대파국을 향한 경로에 그냥 머물러 있을 수 있다. 이것이 택하는 모든 것이란 그저 비즈니스를 늘 하던 대로(business as usual) 하는 것이다. 비록 핵폭탄이 터져서 문제를 일으킬 수도 있겠지만 말이다. 경제, 폭력, 전염병, 생태: 당신 자신이 네 마리 말을 탄 사람의 이름을 지어보라. 피할 수도 있는 파괴에 의해 살아가면서, 우리는 그것으로 인해 죽는다. 멸종에 맞서는 고귀한 반란들은 실패한다. 호모 사피엔스(homo sapiens)를 다시 부팅하는 일은 없다. 이미 (멸종된) 이전 인간(Exhumanity)이다.

간단히 말해서, 끝장(The End)에선, 우리가 단지 묵시록을 닫는 나팔을 불 수 있을 뿐이다. 근본주의자들의 입장에서야 좋지만, 그러나 그 폭로적인 원래의 것(묵시록 본문)을 위해선 아니다. 아무도 살아남아서 우리의 문명을 발굴하여, 우리 이전 인간들(exhumans)이 서로 가르치지 못한 교훈을 배울 사람은 더 이상 없다. 우리들 없이도 잘 살아갈 살아남는 생물종들, 다른 행성들에 있는 생물종들은 말할 것도 없고―그들이 모두 번성하기를! 우리가 관여할 일은 아니다. 우리의 레이더에선 사라졌다. 아마도 우리들의 찌꺼기들이 우주적인 기억 속에서 살아남겠지.

건축되지 않은 새 예루살렘(New Jerusalem)의 몇몇 보석들이 아직도 사막의 모래 속에서 반짝거린다. "평화 속에 잠든 인류."

2. 야만적인 남은 자들

인간이 일으키는 황폐화가 아무리 급속하게 진행된다 해도 소수의 인간들은 살아남을 수도 있다. 이 시나리오에서는 우리가 가까스로 멸종을 피한다. 우리들 가운데 일부는 살아남아, 슬퍼하고, 그리고 다시 건설하고자 한다. 그러나 그 대신에, 야만적 약탈과 야만적인 생존이 횡행한다. 호모 레둑스(Homo redux, 돌아온 인간), 혹은 후계들이라고 우리는 이름 짓기를 삼가야 한다. 시(詩)의 남은 것들, 경전, 예술, 공학기술 어느 것도 재생할 것이 남아 있지 않다. 아마도 그들은 이해 못할 호기심과 헛된 분노를 전해줄 정도의 우리의 1만 년 전성기의 찌꺼기를 지니고 있는 일부 건축물의 폐허들 속을 헤맬 것이다.

이런 신야만주의(neo-barabarism)를 신구석기시대(Neo-paleolithic)라고 말할 수는 없다. 구석기시대와 신석기시대, 그리고 나중의 인간 부족들은 그들이 황폐화시키지 않았던 거주지의 도전들 속으로 살고자 들어갔다. 그러나 야만적인 남은 자들에게는 그렇지 않다. 단순한 이전 인간(exhumanity)보다는 좀 더 나으리라. 그리고 충분한 수의 인간들이 충분한 시간 동안 존속하여 창조적인 진화가 일어날 수도 있으리라. 그러나 그런 가능성이 우리에게 희망을 위한 변명을 주지는 않는다. 그것은 묵시록의 성서적인 의미나 혹은 종말 이후의 과학픽션(sci-fi)의 의미로, 거대한 대파멸 이후에 새로운 출발을 대표하지는 않는다.

정말 이것은 진정한 묵시종말 이후(postapocalypse)다: 새 예루살렘의 가능성에 대한 기억은 지워졌다.

3. 소수를 위한 새 예루살렘

전 지구적인 최고 부자들은 지구상의 거주할 만한 남아 있는 구석들을 그들 자신들의 사유지로 만들려고 소유를 주장한다. 이것은 이미 시작되었다. 기후변화가 진행되면서, 그들은 이런 시나리오를 확대하여 그들 나름으로, 아마도 대기권이 잘 규제된 지구로, 더 큰 통제된 환경들을 만들고, 자신들을 보호하기 위한 사유 군대들과, 그들이 징발한 아직도 개간할 만한 땅을 경작할 사실상의 노예들을 소유할 것이다. 반란은 고도 기술의 무기들로 진압된다. 지구 위에 있는 인구 대부분이 죽임을 당할 필요는 없다. 그들은 가뭄, 굶주림, 홍수, 그리고 자포자기해서 죽게 내버려둘 수 있다. 그들에겐 밤이고 낮이고 전자 장치된 출입문들이 닫혀 있다. 너무도 적은 수에게 너무도 많은 것이 달려 있다. 그들은 방어벽으로 둘러싼 결의를 강화하기 위해서 우리가 지녔던 계급과 인종에 대한 오랜 관습들을 지닐 것이다. 그들의 빛나는 지역들의 일부를 얄궂게도 새 예루살렘이라고 이름 붙일지도 모른다. 여러 세기에 걸친 비인도주의(inhumanism)를 펴면서, 자체의 잔인함을 용서하는 능력을 정교하게 발휘할지도 모른다. 잔인하다고 여겨질 자들은 항상 저 밖에 있는 타자들일 것이다.—방어벽 밖으로 내몰린, "우리"로 여겨졌던 자들도 그리 될 수도 있다.

만일 인도적인 가능성의 기억이 드러나게/은밀히 괴롭힌다면, 하느님이 그것에 은총을 내리시기를.

4. 사이버토피아(Cybertopia)

이와 긴밀하게 연관된 시나리오에서는, 인류의 상당히 많은 사람들이 살아남을 수 있다. 그들이 "진보"를 뒷받침하는 한 그럴 수 있다. 그들은 인류가 오래 동안 지향해왔던 하이테크 문명에로 통합될 것이다. 조지 오웰(George Orwell, 영국 작가, 반-전체주의적 사회비평가. 〈동물농장〉, 〈1984〉 등 저서, 본명 Eric Arthur Blair 1903-1950—역자주)의 경고에도 불구하고 인류는 그런 하이테크 문명을 지향해왔다. 인공지능(Artificial Intelligence=AI)의 믿어지지 않는 놀라운 발전이 무슨 수단을 써서라도 "인간 이후(posthuman)" 목표를 성취할 것이다. 그것은 지구의 북반구 인구 대부분과 남반부 지배층들을 확실히 자발적으로 이끌어 갈 수 있다. 우리는 패데믹 이전에 이미 질적으로 새로운 수준의 가상공간에 의존하여 줌(zoom) 기능을 갖춘 전 세계적 스크린들—먼 거리에서도 낮은 에너지로 통신하는 확실한 기능을 갖춘—

에 연결되었다. 우리는 묵시적 파멸이라고 할 그 경고들을 차단해 버린 것 같다: "21세기의 주요 생산품들은 몸의 장기, 뇌(brains)일 것이고, 그리고 몸의 장기들과 뇌를 공학적 기술로 다룰 줄 아는 자들과 모르는 자들 사이의 간격은 … 네안데르탈인들과 호모 사피엔스 사이의 간격보다 더 클 것이다. 21세기엔 진보란 기차에 올라탄 사람들은 창조와 파멸의 신적인 능력들을 얻을 것이고, 뒤에 남은 사람들은 멸종당할 것이다."[1] 창세기의 **하느님의 형상**(*imago dei*)은 이런 진보의 **호모 데우스**(*homo deus*, 신적인 인간)가 되었다. 그것의 번쩍이는 광섬유(fiber-optics)는 새로운 하늘과 땅을 지구 밖에 건설된 식민지에 투사하면서, 사이버-예루살렘(Cyber-Jerusalem)을 무한히 확장할 것이다.

잠시 멈추어 숨을 고르고

위에서 말한 네 가지 시나리오 각각은 이미 시작된 대멸종을 위한 발작을 일으키면서—서로 다른 방식들로—움직인다. 어느 것이 최악인가? 1(이전 인간), 왜냐하면 인간의 어떤 미래도 끝났으니까? 2(야만적인 남은 자들), 왜냐하면 인간다운 삶은 우리가 정직하게 상상할 수 있는 어떤 시간 프레임 속에서도 살아갈 가치가 없으니까? 혹은 3(소수를 위한 새 예루살렘), 4(사이버토피아), 왜냐하면 살아남는 방식들이 너무도 인종말살적이며 고도기술 집착적이라서, 지구는 우리가 없는 것이 더 좋으니까?

이런 선택들이 제외된 것도 아니고 기대되는 것도 아니라는 것만은 나도 알고 있다. 설사 우리가—당신이—그런 시간을 직면하게

---

[1] Yuval Noah Harari, *Homo Deus: a Brief History of Tomorrow* (New York: Harper, 2018), 271.

된다 해도, 무의미함(meaninglessness) 속으로 녹아버릴 이유는 여전히 없다. 당신은 여전히 어떤 미래가 실현될지 확신을 갖고 알지는 못할 것이다. 그런 때에는, 긴밀한 공동체적 공유, 이웃 사랑, 무집착의 선(禪, Zen), 신비한 어둠, 요가의 숨쉬기 훈련, 금욕적 및 미학적 단순성, 슬퍼하기와 잘 죽기 등을 실천하는 것이 특별히 가치가 있을 것이다. 이런 실천(수행)들은 어떤 묵시적 종말이라도 맞서기 위한, 개인과는 관계가 없는(impersonal) 마음 집중하기를 표현한다. 그리고 그런 것들이 일종의 집단적인 희망이 망상으로 녹아버리는 곳에서 당신을 유지시킬 수도 있다. 어떤 친밀한 살아남는 공동체들은 "생존(survivance)"이란—단순한 살아남기(survival)를 넘어서 생명의 충만함과 생생함이라는—토착민의 의미를 택할 수도 있을 것이다.[2] 야만적인 잔인함과 멸종에 항거하는 새로운 전통들이 뿌리를 내릴 것이다. 어떻게 해서라도.

그리고 설령 살아갈 수 있는 집단적 미래가 아직 기회를 갖고 있다 해도—다음 세 가지 구름 덩어리들처럼—묵시종말적인 마음 집중하기는 대파멸과 약속이라는 양면성을 탐지할 것이다. 그것은 그 독수리의 외침인, 슬퍼하는 "우아이, 우아이(ouai, ouai)"에 소리를 맞출 것이다. 그래서 다음 시나리오들에서는, 호모 사피엔스가 그저 영리함이 아니라, 그 지혜들 일부를 실제로 행사할 것이다. 어떤 방식으로든, 생명체의 한 종자로서—우리는 반성한다. 우리는 사실상

---

[2] Anishinaabe (미국, 캐나다 일부에 사는 토착민들) 학자인 Gerald Vizenor는 survivance를 정의하기를, "단순한 반응이나 혹은 살아남기(survival)의 이름이 아니라, 현존의 능동적 의미, 원주민 이야기들의 계속이다. 원주민의 survivance는 지배, 비극, 그리고 희생을 폐기하는 것"이라고 한다. Gerald Vizenor, *Manifest Manners: Narratives on Postindian Survivance* (Lincoln: University of Nebraska Press, 1999), vii.

다중(multiple) 인간들, 그리고 다중 생물종들의 어렵지만 굳건한 "우리"로 변모할 것이다: 우리, 땅위에 사는 것들로 말이다. 다음에 나오는 어떤 것도 앞에서 말한 네 가지 어둠들의 하나가 떨어지는 곳에서, 갑자기 자리를 잡을 수도 있다. 그리고 다시 무너질 수도 있으리라.

5. 마을 지구(Village Earth)

이 시나리오에서는, 정치적 테러, 세계적 전염병 유행, 과학기술 장치들의 역공격으로 장식된 생태학적 대재앙으로 문명이 붕괴된다. 전 지구적인 비상사태로부터 신-신석기(neo-Neolithic) 문명이 등장할 수 있는데, 공공성은 별로 살아남지 못하고, 최소한의 정중함은 지속될 수 있다. 이것은 도시들보다는 작은 규모의 농업 공동체들을 우선적인 형태로 지닐 것이다. 설사 가능하다 해도, 가까운 미래에 도시를 지향하지는 않을 것이다. 문명이 어떻게 땅과 그곳의 사람들, 토착민을 차지하고 예속시키고, 황폐하게 만들었는지를 기억하고 있기 때문이다. 이런 시나리오를 가능하게 만들 인구의 붕괴는 아마도 아마겟돈 같을(Armageddonesque) 것이고, 그래서 슬픈 교훈을 가르칠 것이다. 집단적인 애통해함은 정신적으로 서로 얽히고 뿌리를 내린 공동체들이 자라나도록 도울 것이다. 이미 지속가능한 농사짓기를 실천한 자들이 앞서 인도할 것이다.

이런 생태-마을(eco-villages)의 세계는 사이버토피아(Cybertopia)와는 반대로 보인다. 그러나 연결망이 강화된 사실상의 통신이 생존을 격려해줄 뿐만 아니라, 공동체들 사이의 경계들이 굳어짐을 방지해줄 수도 있을 것이다. 현명하게 만들면, 그것은 세계도시적인 다양성 및 교육과 통합적 생태론의 보석들을 유포시킬 수도 있다. 도시의 복잡성의 흔적이 없어서, 잠재적인 생태마을들이 재빨리 현재의 백인 포퓰리즘에로 떨어질 것이고, 결국엔 "야만적인 남은 자들"(2번)로 붕괴될 것이다. 도시 문명의 유물들 가운데서 나그네-사랑이라는 영적인 전통들이 비단 필요성 때문만이 아니라 공생공락(conviviality)의 중요성으로 다시 뿌리를 내릴 수 있다. 새로운 광야에서 정원 가꾸기―요구되는 행동이지, 원래의 에덴동산으로 돌아감은 아니다―를 집단적 최우선 사항으로 삼는 것은, 우리 인류를, 마치 위험에 빠진 그 태양-여인처럼, 땅의 엄격한 돌봄 속에 감싼다.

6. 우주묵시록(Cosmocalypse)

수십억 명이 죽고, 그것도 아주 끔찍하게 죽는다. 그들은 잠시 동안 세계의 종말에서 살아남은 자들처럼 느낄 것이다. 그러나 마을 지구(Village Earth)와는 달리, 상당히 많은 사람들이 살아남는다. 사람들은 도시로 집중배치되고 시골로 다시 분산될 필요가 있다. 문명이 건설했고 배웠던 것들이 상당히 다시 모아질 것이고, 그 자체의 더 좋은 천사들을 어떻게 배반했는가를 가르쳐줄 것이다. 그런(우리가 보았듯이, 호전성이 부족하지 않은) 천사들은 새로운 창조를 위해, 우리를 애통해함을 거쳐서 항상 되살아나는 억압의―야만적이고, 엘리트적이고, 파시스트 같은, 실질적인―구조들에 대항하여 혁명 속으로 움직여간다. 이것은 이들 일곱 가지들 가운데서 계시록의 예언을 가장 문자 그대로 성취하는 것이리라: 인간과 자연의 대격변의 비극적 수준을 겪고 나서 마침내 근사한 새 도시, 문명이 뒤따른다. 우리가 알아왔던 것이 아닌 문명이다. 그러나 그것은 조상들의 부족들과 나라들의 대표자들을 지속가능하며 또한 지속시키는 정의의 엄청나게 새로운 건축으로 초대한다. 그것은 그들을 개방된 출입문들로 환영한다: 폐쇄된 것을 개방하는 것(dis/closure)이지 폐쇄(closure)는 아니다.

이것은 고대의 형태에 맞는 묵시적 종말이다. 우리의 큰 마지막에는 우리의 시작이 있다. 그 새로운 창조는 대파멸에 의해 촉진된다. 그것의 새 예루살렘도(영원한 동정녀가 아님) 모든 것들을 포함하는, 정적인 행복의 유토피아를 제공하지 않는다. 그러나 그것의 현실적인 집단은 생태-문명의 새로운 패턴을 만들어낸다. 기후의 지속적인 도전들과 배반을 통해서, 그것은 땅 위에서 어렵고도 협동적인 지상-공유지들 안에서 희망을 유지한다. 그것은 인간들 및 그 밖의 것들이 크게 서로 다름을 존중한다.—정말로 그걸 필요로 한다: 왜냐하면 이것이 우주 속에 싸인 세계주의(cosmopolitanism)이기 때문이다. 공간의 어둠을 배경으로 그것의 별을 수놓은 가운(겉옷)이 반짝거린다.

7. 활기(Enlivenment)의 시대

일곱 번째 시나리오는 우주묵시록(Cosmocalypse)과 공유하는 점이 많다. 그러나 그것은 전환 과정에서 대량 파괴를 덜 겪는다. 문명은 폭발하기보다는 생태문명 속에로 비틀려 들어간다: 코스모폴리탄(세계주의적)의 유산은, 거의 알아 볼 수 없지만 변혁된 모습들로 남아 있다. 우리는 생태사회적으로 무질서의 거대한 파도들 안에서 흔들리는 일종의 걱정스러운 역사적 변증법 속에서, 그러나 어리석은 대가를 치루면서, 최악의 사태를 모면하고 근근이 살고 있다. 사회적 주장과 생태적 건강을 통해, 지구온난화를 2도 쯤에 머물도록 더욱 녹색의 새로운 정책들(greener, newer deals)을 통해서, 규제되지 않는 자본주의는 물러나게 된다. 백인 남성들의 계몽(enlightenment)이 실패한 것에 시달렸기에, 이제는 땅에 조율된 활기(enlivenment)를 잡고 있다. 약간의 사회적 민주주의(어떤 이름으로 하든)를 가지고, 우리는 거의 충분한 나무들을 심었고, 인구 곡선을 고정했고, 핵전쟁을 피했고, 백인 우월주의는 깨졌다.3) 인터넷 그물망(web)이 지역과 전 지구의, 도시와 시골의 호혜주의(reciprocities)로 진화하도록 도와준다. 우리는 생태문명의 방향 근처로 비틀거리며 걷고 있다.

우주묵시록에서처럼―혹은 어떤 사려 깊은 묵시종말론에서도―새로운 연대와 고대의 연대의 깊이를 열어버린 것은, 위기를 공유하는 급진성(radicality) 때문이다. 그러나 이 시나리오에서는 지금도 우리가 느끼는 활기가 충분히 많은 우리들 가운데 일깨워져 더 나쁜 여섯 가지 상위 시나리오를 곧 피할 수 있게 한다. 부활의 감화력(a contagion of resurrection)과 마찬가지로, 행성계의 영(a spirit of planetarity)이 퍼져나간다. 일부 사람들에게는 거룩한 것으로, 그리고 다른 사람들에겐 영감으로 인정되어, 그것은 문명의 위계서열이 갖는 옛 폭력에 맞서 저항하지만, 그러나 서로 다름의 복잡함들을 매우 즐긴다. 모든 종교 사이와 그것을 넘어서, 모든 생물종들을 초대하면서, 그 내재하는 영(the immanent spirit)이 땅과 대기를 끊임없이

---

3) Gary Dorrien, *Breaking White Supremacy: Martin Luther King Jr. and the Black Social Gospel* (New Haven: Yale University Press, 2020).

갱신한다. 새로운 창조는 무로부터(ex nihilo)가 아니라 심연으로부터(ex profundis)—혼돈(chaos) 속에서 이제 그것의 눈이 휘둥그레질 묵시종말론을 생각했다. 기후변화 부인론자도 아니고 허무주의자도 아닌 대부분의 우리들은 이런 조심스럽고 잡다하고 은혜롭게 현실적인 결과를 향해 앞으로 힘차게 나아가리라고 나는 느낀다. 그리고 그런 기회를 상상하면서 우리는 현실태에 활기를 준다.

물론, 핵심 문제는 이들 시나리오 각각이 다른 것들 안에, 그리고 그 자체도 모르는 것 안에도 암시되어 있다는 점이다. 심지어 최악의 경우인 단순한 멸종(전멸)은 아직 소멸되지 않은 자들만 직면할 것이다. 그리고 설사 그런 사람이 있다 해도, 그는 다른 생명체들이 충분히 많지 않아서 뭔가가 가능할지를 알 수 없다. 어떤 유쾌하며 즐거운 방식으로 지구위에서 함께 살 수 있을지를 말이다.

"임박한 꽃 피어남의 정원"(Garden of Impending Bloom)[4]—

작은 표지판 위에 이런 단어들이 손으로 쓰여 있는 것을 나는 지난여름에 보았다. 그것은 서부의 작은 도시 안에 있는 주차장 곁에, 분명히 유독성 물질들로 더럽혀진 작은 황폐한 땅을 둘러친 철조망 위에 붙인 것이었다. 참으로 초라한 모습이었다. 그 메시지는 나를 홀로 남겨두지 않으려 했다. 아마 그것은 당신에게도 올 것이다. 언젠가 당신이 분명히 대파멸을 직면하게 되는 때에.

끝(The End)인가?

---

[4] 역자주: 저자는 여기서 Doom 대신 Bloom으로 반어를 사용한다.

감사의 말씀

물론 나는 무엇보다도 먼저 옛날 밧모 섬의 요한이 그의 암울하게 희망적인 묵시종말론을 수천 년 전에 써준 것에 대해 감사한다. 그의 편지 본문에 대하여 수없이 많은 글이 (그리고 여기도 또 하나) 써졌음에도 불구하고, 그의 영혼은 편히 누워 쉬지 못한다. 그것은 역사를 따라다니며 괴롭힌다. 우리가 그의 유령을 쫓아내지 못하기에, 우리는 그의 협조를 간곡히 청한다. 우리는 그의 더 좋은 천사들을—아주 고약한 천사들도 있으니—청하여 그 비전을 은혜롭게 실현하도록 영감을 달라고 하자. 요한계시록에 대한 어떤 책도 넘어서는, 세계-실현들을 달라고.

그러나 이 책을 위해서는, 대부분의 나의 감사는 살아있고 활기찬 많은 독자들에게 드리고자 한다.

나는 현재와 과거의 학생들로부터 필수적인 지원을 받았다. 오닐 반 혼(O'neil Van Horn)은 음악과 시들의 중요한 보석들을 나의 방식으로 전해왔다. 연구조교인 헌터 브래그(Hunter Bragg)는 수많은 빛나는 통찰들을 제공했다. 댄 시이델(Dan Siedell)은 적절한 미학을 베풀어주었다. 윈펠드 굿윈(Winfeld Goodwin)은 의견을 털어놓은 여러 작은 조각들을 제공했다. 바이런 벨리트소스(Byron Belitsos)는 자애로운 천상의 것들에 조율된 작가로서 땅 위에서 출판하는 지혜를 제공했다. 편집과 도서목록 작성의 수고를 엄밀하고도 유쾌하게 수행한 메첼데(J. D. Mechelde)가 없었더라면, 내가 언제 원고를 끝내었을지 누가 알겠는가?

여러 친구들이 이 책의 각 단계마다 나의 글쓰기를 촉진해주었다. 일찍부터 뎁 울만(Deb Ullman)과 신시아 비베(Cynthia Beebe)는 비신학적인, 그리고 비학문적인 독자들을 고려하도록 나를 도와주었다. 내가 산스크리트어를 잘 모르는데도 불구하고, 로릴리아이 비에르나키(Loriliai Biernacki)는 초기의 깊은 숨을 쉬게 하는 통찰을 주었다. 가장 관계적인 정치신학자인 마르시아 팔리(Marcia Pally)는 원고를 엄격하게 읽어주었다. 40년간 나의 친구이며, 여성주의 문학의 학자인 메리 드 샤저(Mary DeShazer)는 이 책이 그녀를 가장 필요로 할 때 뛰어들어서, 신속하게 마지막 원고들의 언어와 선명성을 높여주었다.

그 나름의 온갖 능력을 가지고, 샘 캐슬베리(Sam Castleberry)는 이 과제의 힘든 부분에 참여했다. 빛나는 주장을 갖고 그는 한 부분, 또 다른 부분들을 차례로 논평해주었다. 참으로 놀라운 재능이다.

이 모든 것들 아래에는 신학교 연합의 지원이 있는데, 나로 하여금 드루 신학교(Drew Theological School)의 총장 자비에르 비에라(Javier Viera)의 격려와 함께, 2017-2018년도 헨리 루쓰 신학 장학금(Henry Luce III Fellowship in Theology)을 받는 특권을 주었다. 스티븐 그레함(Stephen Graham), 조나단 반 앤트워펜(Jonathan van Antwerpen)의 신학적인 지도력과, 그리고 동료들인 빌 브라운(Bill Brown), 엠마누엘 카톤고울(Emmanuel Katongole) 및 꾸준한 응답자인 탁월한 신학자이자 친구 존 다타마닐(John Thatamanil)과의 기억에 남는 대화들에 감사드린다.

이 책의 출판에 없어서는 안 될 것은 물론 출판사다. 이 책 내용과 모습은 오비스(Orbis) 출판사의 로버트 엘스버그(Robert Ellsberg)가 여러 차원에서 참여해주어서 크게 향상되었다. 또한 폴 코벨스키(Paul Kobelski)와 편집 관리자 마리아 안젤리니(Maria Angelini)의 중요한 공헌에도 감사드린다.

그리고 어떤 묵시종말들을 통해서라도 우리 방식으로 살아오는 파트너, 제이슨(Jason)으로부터 언어를 넘어서는 음악이 흘러나온다.

Catherine Keller

캐서린 켈러는 드류대학교의 구성신학 교수로서, 요한계시록 해석의 세계적인 전문가이다. 하이델베르크대학교, 에덴신학교, 클레어몬트대학원에서 공부했다. 제2차 세계대전이 끝나고 동서냉전 체제의 핵무기 경쟁과 함께 세계경제가 급격히 성장하면서 인류세(Anthropocene)가 본격화되었고, 결국 인류는 두 가지 절박한 위기들에 직면하게 되었다. 핵전쟁 위기와 생태계 파괴와 기후변화로 인한 대멸종 위기다. 켈러는 휴거와 내세 중심의 현실도피적 종말론이 아니라 현실 변혁과 치유의 예언자적 종말론을 제시한다. 또한 성차별, 인종차별, 경제적 불의, 민주주의의 해체 위기 등 긴급한 문제들에 대해 과정신학, 여성신학, 생태신학, 정치신학의 관점에서 치열하게 접근하여 오늘날 가장 창조적 신학자 가운데 한 사람으로 인정받고 있다. 발표한 저서들은 *From a Broken Web: Separation, Sexism and Self* (1988), *Apocalypse Now & Then: A Feminist Guide to the End of the World* (1996), *Face of the Deep: A Theology of Becoming* (2003), *God and Power: Counter- Apocalyptic Journeys* (2005), *On the Mystery: Discerning God in Process* (2008, 박일준 역, 『길 위의 신학』), *Cloud of the Impossible: Negative Theology and Planetary Entanglement* (2015), *Incarnations: Exercises in Theological Possibility* (2017) *Political Theology of the Earth: Our Planetary Emergency and the Struggle for a New Public* (2018, 박일준 역, 근간), 그리고 이 책 *Facing Apocalypse: Climate, Democracy, and Other Last Chances* (2021)가 있다.

한성수 목사는 서울문리대 물리학과, 감신대, 예일대, 뉴욕 유니온신학교에서 공부했으며 미국 연합감리교회에서 은퇴했다. 『사탄의 체제와 예수의 비폭력』, 『참사람: 예수와 사람의 아들 수수께끼』, 『무신론자들의 망상』, 『내 몸과 영혼의 지혜』, 『지구를 공경하는 신앙』 등 10여 권을 번역했다.